2025 최신개정판

LOGIN

TAT 1급
기출문제집

김영철 지음

도서출판
어울림
www.aubook.co.kr

 **머리말**

회계는 기업의 언어입니다. 회계를 통해서 많은 이용자들이 정보를 제공받고 있습니다.
회계는 약속이며 그리고 매우 논리적인 학문입니다.

회계를 잘하시려면
왜(WHY) 저렇게 처리할까? 계속 의문을 가지세요!!!
1. 회계는 이해하실려고 노력하세요.
   (생소한 단어에 대해서 네이버나 DAUM의 검색을 통해서 이해하셔야 합니다.)
2. 세법은 법의 제정 취지를 이해하십시오.
3. 이해가 안되시면 동료들과 전문가에게 계속 질문하십시오.

수험생 여러분!!

회계를 공부하시는 수험생들 중 대다수는 이론실력이 없는 상태에서 전산프로그램 입력연습에 많은 시간을 할애합니다. 그런 수험생들을 보면 너무 안쓰럽습니다. 회계이론의 기초가 바탕이 되지 않은 상태에서 입력에 치중해 시험을 대비한 수험생이라면 십중팔구 실패의 쓴 맛을 보게 될 것입니다.

TAT1급 기초이론과 실무능력을 먼저 공부하시고 최종적으로 본 교재에 있는 TAT1급 기출문제를 90분 안에 푸시는 연습을 계속하세요. 그래서 수험생 자신이 시간안분과 실력을 테스트하시고 부족한 부분은 보충하시기 바랍니다.

회계는 여러분 자신과의 싸움입니다. 자신을 이기십시오!!!

마지막으로 이 책 출간을 마무리해 주신 도서출판 어울림 임직원들에게 감사의 말을 드립니다.

2025년 2월
김 영 철

2025 AT 자격시험 일정

1. 시험일자

회차	종목 및 등급	원서접수	시험일자	합격자발표
79회		02.06~02.12	02.22(토)	02.28(금)
80회		03.06~03.12	03.22(토)	03.28(금)
81회		04.03~04.09	04.19(토)	04.25(금)
82회		06.05~06.11	06.21(토)	06.27(금)
83회	FAT1,2급 TAT1,2급	07.03~07.09	07.19(토)	07.25(금)
84회		08.07~08.13	08.23(토)	08.29(금)
85회		10.10~10.16	10.25(토)	10.31(금)
86회		11.06~11.12	11.22(토)	11.28(금)
87회		12.04~12.10	12.20(토)	12.27(토)

2. 시험종목 및 평가범위

등급			평가범위
TAT 1급 (90분)	이론 (30)	재무회계	
		세무회계	부가가치세, 소득세(원천징수), 법인세
	실무 (70)	회계정보관리	• 특수 상황별 회계처리, 결산 등
		부가가치세관리	• 전자세금계산서 관리 및 부가가치세신고
		원천징수관리	• 소득세의 원천징수신고(수정신고 포함)
		법인세 관리	• 법인세 세무조정

3. 시험방법 및 합격자 결정기준

(1) 시험방법 : 이론(30%)은 객관식 4지 선다형 필기시험으로, 실무(70%)은
　　　　　　　교육용 더존 Smart A 실무교육프로그램으로 함.
(2) 합격자 결정기준 : 100점 만점에 70점 이상

4. 원서접수 및 합격자 발표

(1) 접수기간 : 각 회별 원서접수기간내 접수
(2) 접수 및 합격자발표 : 자격시험사이트(http://at.kicpa.or.kr)

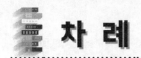 # 차 례

기출문제

[로그인 시리즈]				
전전기	전기	**당기**	차기	차차기
20yo	20x0	**20x1**	20x2	20x3
2023	2024	**2025**	2026	2027

백데이타 다운로드 및 설치

1 도서출판 어울림 홈페이지(www.aubook.co.kr)에 접속한다.

2 홈페이지에 상단에 자료실 - 백데이타 자료실을 클릭한다.

3 자료실 - 백데이터 자료실 - LOGIN TAT1급기출 백데이터를 선택하여 다운로드한다.

4 압축이 풀린 데이터는 "내컴퓨터\C드라이브\duzonbizon\백업 데이타 복구\login" 폴더 안에 풀리도록 되어 있습니다.

5 백업 데이타 복구

　㉠ [데이타관리]→[백업데이타 복구]를 클릭한다.

　㉡ 데이터 경로 "내컴퓨터\C드라이브\duzonbizon\백업 데이타 복구\login"으로 지정하고
　　 회사를 선택한다.

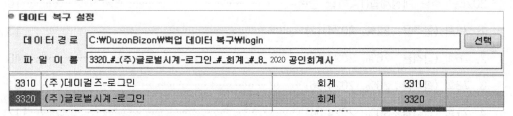

　㉢ 복구하기를 실행하면 다음화면에서 데이터 복구를 할 수 있다. 새롭게 회사코드를 설정도
　　 가능하고 기존 회사코드로도 복구할 수 있다.

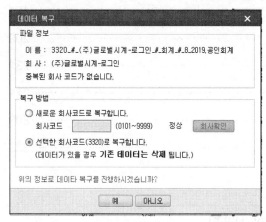

　㉣ 복구를 실행하면 작업결과에 성공이라는 메시지가 뜨면 정상적으로 복구가 된 것이다.

> **이해가 안되시면 도서출판 어울림 홈페이지에 공지사항(82번)**
> **"더존 스마트에이 데이터 백업 및 복구 동영상"을 참고해주십시오.**

1분강의
QR코드 활용방법

본서 안에 있는 QR코드를 통해 연결되는 유튜브 동영상이 수험생 여러분들의 학습에 도움이 되기를 바랍니다.

방법 1

❶ 스마트폰에서 다음(Daum)을 실행한 후 검색창의 오른쪽 아이콘 터치

❷ '코드검색'을 터치하면 카메라 앱이 실행됨

❸ 도서의 QR코드를 촬영하면 유튜브의 해당 동영상으로 자동 연결

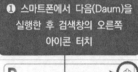

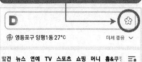

되는 현금 및 현금성자산을 구하면 얼마인가

- 배당금지급통지표 : 500,000원
- 양도성예금증서(100일 만기) : 500,000원

방법 2

카메라 앱을 실행하고, QR코드를 촬영하면 해당 유튜브 영상으로 이동할 수 있습니다.

개정세법 반영

유튜브 상단 댓글에 고정시켰으니, 참고하시기 바랍니다.

댓글 1개 ⚌ 정렬 기준

LOGIN 댓글 추가...

LOGIN @loginat1 1년 전
<개정세법 2023> 2023년 0.8억원 2024.7.1~2025.06.30
👍 👎 ♡ 답글

✔ 과도한 데이터 사용량이 발생할 수 있으므로, Wi-Fi가 있는 곳에서 실행하시기 바랍니다.

기출문제

⟨TAT 1급 시험⟩

			문항수	방법	배점
이론	재무회계	재무회계	5	객관식 4지선다형	30
	세무회계	부가가치세, 소득세, 법인세	5		
실무 수행 과제	회계정보관리	1. 거래자료입력	2	수행과제 입력 후 수행평가 답안 작성	–
		2. 결산	1		
	부가가치세관리	3. 부가가치세 신고서등	2		
	원천징수관리	4. 원천징수	2		
	법인세관리	5. 법인세무조정	5		
수행 평가	재무회계관리	1. 회계정보 및 부가가치세 신고서 조회	10		25
	원천징수관리	2. 원천징수정보 조회	2~4		10
	법인세관리	3. 법인세세무조정 조회	15		35
	계				100

2025년 주요 개정세법(TAT1급 관련)

Ⅰ. 부가가치세법

1. 경조사 등과 관련된 재화(다음 구분별로 각각 사용인 1명당 연간 10만원 이하는 공급의제 제외)

현행	① 경조사 ② 설날 · 추석 · 창립기념일 · 생일	개정	① 경조사 ② 설날 · 추석 **③ 창립기념일 · 생일**

2. 질병 치료 목적의 **동물혈액 부가가치세 면제**

3. 명의 위장 사업자 가산세 강화

현행	일반과세자 1%, 간이과세자 0.5%	개정	일반과세자 2%, 간이과세자 1%

Ⅱ. 소득세법

1. 임직원 할인금액에 대한 과세 합리화(사업수입금액 및 필요경비)

신설	- 사업자의 임직원에 대한 재화 등 할인금액은 사업수입금액 - 사업자의 임직원에 대한 재화 등 할인금액은 필요경비

2. 종업원할인 금액에 대한 근로소득 규정과 비과세 기준

신설	- 자사 및 계열사의 종업원으로 일반소비자의 시가보다 할인하여 공급받는 경우 근로소득으로 규정 - (대상금액) 재화 등을 시가보다 할인하여 공급받은 경우 할인받은 금액 - (비과세 금액) MAX(시가의 20%, 연 240만원)

3. 기업의 출산지원금 비과세

신설	- 전액 비과세(한도 없음) - 근로자 본인 또는 배우자의 출산과 관련하여 출생일 이후 2년 이내에, 공통지급규정에 따라 사용자로부터 지급(2회 이내)받는 급여

4. 총급여액 7천만원 이하자의 추가 소득공제(조특법)

신설	**수영장 · 체력단련장 시설 이용료**(2025.7.1. 이후 지출분)

5. 결혼세액공제(조특법)

신설	(적용대상) 혼인신고를 한 거주자 (적용연도) 혼인 신고를 한해(생애 1회) (공제금액) 50만원

6. 자녀세액공제 확대

현행	(1인) 15만원, (2인) 35만원, (2인 초과) 30만원/인	개정	**(1인) 25만원, (2인) 55만원, (2인 초과) 40만원/인**

III. 법인세(조특법 포함)

1. 임직원 할인금액을 수익에 포함

신설	법인의 임직원에 대한 재화·용역 등 할인금액

2. 임직원 할인금액을 손비에 포함

신설	법인의 임직원에 대한 재화·용역 등 할인금액 법인이 계열회사에 지급하는 할인금액 상당액

3. 부동산 임대업을 주된 사업으로 하는 소규모 법인에 대한 세율 조정

신설	200억원 이하 19%

4. 다음의 업종은 중소·중견기업에서 제외(조특법)

추가	• 부동산임대업 • 성실신고확인대상 소규모 법인(부동산 임대업을 주된 사업)

회계가 바로 서야 **경제**가 바로 섭니다.

제○○회 AT(Accounting Technician)자격시험

TAT 1급

Tax Accounting Technician

■ **시험시간** : 90분

■ **이론배점** : 문항당 3점

■ **실무배점** : 문항별 배점 참조

※ **더존 Smart A 프로그램을 최신버전으로 시험에 응시하여야 합니다.**

※ **실무는 실무수행을 입력 후 실무수행평가를 수행하셔야 합니다.**

일부 항목은 프로그램에서 자동계산되므로 시점(세법개정, 프로그램 업데이트)마다 달라질 수 있습니다.

- 세법·회계처리기준 등을 적용하여 정답을 구하여야 하는 문제는 **시험시행 공고일 현재 시행 중인 법률·기준 등을 적용**하여 그 정답을 구하여야 합니다.

- 이번 시험에서는 타계정 대체와 관련된 적요만 채점하며 그 외의 적요는 채점에 반영되지 않습니다.

KICPA 한국공인회계사회

합격율	시험년월
22%	2024.12

실무이론평가

아래 문제에서 특별한 언급이 없으면 기업의 보고기간(회계기간)은 매년 1월 1일부터 12월 31일까지입니다. 또한 기업은 일반기업회계기준 및 관련 세법을 계속적으로 적용하고 있다고 가정하고 물음에 가장 합당한 답을 고르시기 바랍니다.

[1] (주)한공은 기업의 이해관계자에게 적시성 있는 정보를 제공하기 위해 사업연도(1년) 단위 재무제표 뿐 아니라 반기 및 분기재무제표를 작성하여 공시하고 있다. 이와 관련된 재무제표의 기본가정은 무엇인가?

① 계속기업
② 기업실체
③ 발생주의 회계
④ 기간별 보고

[2] 다음의 대화에서 빈칸에 들어갈 내용으로 옳은 것은?

> 정과장 : 재고자산 구입가격은 계속 하락하고 판매부진으로 기말 재고수량이 기초 재고수량보다 많은데, 이 경우 재고자산 원가결정방법이 당기순이익에 어떤 영향을 주는가요?
> 이대리 : 그러한 상황인 경우 ___(가)___ 을 사용하면 ___(나)___ 을 사용할 때보다 당기순이익이 크게 계상됩니다.

※ 1차 저작권자의 저작권 침해 소지가 있어 삽화 삽입은 어려우니 양해바랍니다.

	(가)	(나)
①	선입선출법	후입선출법
②	후입선출법	선입선출법
③	선입선출법	총평균법
④	총평균법	후입선출법

13

[3] (주)한공의 20x1년 12월 말 현금 및 금융상품 관련 자산은 다음과 같다. (주)한공의 기말 재무상태표상 현금및
현금성자산은 얼마인가?

• 자기앞수표 250,000원	• 타인발행수표 100,000원	• 당좌예금 50,000원
• 배당금지급통지서 30,000원	• 받을어음(만기 20x2년 1월 31일) 100,000원	

① 400,000원　　　② 410,000원　　　③ 430,000원　　　④ 500,000원

[4] (주)한공의 결산정리사항 반영 전 법인세비용차감전순이익은 2,000,000원이다. (주)한공은 기중 현금을
수령하거나 지급할 경우 전액 수익 또는 비용으로 처리한다. 다음 결산정리사항을 반영한 후 법인세비용
차감전순이익은 얼마인가?

• 미수이자 400,000원	• 선급비용 200,000원
• 미지급이자 300,000원	• 선수수익 100,000원

① 2,100,000원　　　② 2,200,000원　　　③ 2,400,000원　　　④ 2,500,000원

[5] 다음은 (주)한공의 20x1년 말 보유중인 상품에 대한 자료이다. 다음 자료를 토대로 매출원가에 포함될 재고자
산감모손실과 재고자산평가손실의 합계액을 계산하면 얼마인가? (단, 재고자산감모손실은 정상적으로 발
생하였다.)

• 장부수량 1,000개	• 실사수량	920개
• 단위당 취득원가 1,000원	• 단위당 순실현가능가치	900원

①　80,000원　　　　　　　　　　② 92,000원
③ 172,000원　　　　　　　　　　④ 180,000원

[6] 다음 자료를 토대로 (주)한공의 20x1년 제2기 확정 신고기간 부가가치세 과세표준을 계산하면 얼마인가?
(단, 모든 금액에는 부가가치세가 포함되어 있지 아니하다.)

• 내국신용장에 의한 재화의 공급액	2,000,000원
• 중고승용차의 매각액	900,000원
• 주택과 그 부수토지의 임대용역	400,000원
• 공급받은 자에게 도달하기 전에 파손된 재화의 가액	1,000,000원

①　400,000원　　　　　　　　　　② 2,400,000원
③ 2,900,000원　　　　　　　　　　④ 3,900,000원

[7] 다음 중 소득세법상 연말정산에 대한 설명으로 옳지 <u>않은</u> 것은?

① 간편장부대상자인 보험모집인에게 사업소득을 지급하는 원천징수의무자는 사업소득금액에 대해 연말정산을 하여야 한다.

② 공적연금을 지급하는 원천징수의무자는 20x1년 연금소득에 대하여 20x2년 2월분 공적연금을 지급할 때 연말정산을 하여야 한다.

③ 중도 퇴직자에게 근로소득을 지급하는 원천징수의무자는 퇴직한 달의 급여를 지급할 때 연말정산을 하여야 한다.

④ 일용근로소득을 지급하는 원천징수의무자는 해당 소득에 대한 연말정산을 하지 않는다.

[8] 다음은 제조업을 영위하는 개인사업자 김한공 씨의 손익계산서에 반영되어 있는 자료이다. 사업소득 총수입금액의 합계액은 얼마인가?

(단, 김한공 씨는 간편장부대상자이다.)

가. 매출액		10,000,000원
나. 거래상대방으로부터 받은 판매장려금		4,000,000원
다. 기계장치처분이익		9,000,000원
라. 공장건물의 화재로 인한 보험차익		2,000,000원
마. 배당금수익		1,000,000원

① 14,000,000원   ② 16,000,000원

③ 24,000,000원   ④ 25,000,000원

[9] 다음 자료를 토대로 (주)한공의 제10기(20x1.1.1. ~ 20x1.12.31.) 상여로 소득처분 할 금액의 합계액은 얼마인가?

가. 발행주식총수의 20%를 소유하고 있는 대표이사(갑)가 개인적으로 부담하여야 할 기부금을 (주)한공이 지출한 금액	5,000,000원
나. 퇴직한 임원(을)의 퇴직금 한도초과액	8,000,000원
다. 소액주주인 사용인(병)에 대한 사회통념상 타당한 범위를 초과하는 경조사비 지출액	2,000,000원
라. 발행주식총수의 10%를 소유하고 있는 (주)회계와 공동행사에 사용한 비용으로서, 법인세법상 한도초과액	3,500,000원

① 8,000,000원   ② 13,000,000원   ③ 15,000,000원   ④ 18,500,000원

[10] 다음 중 법인세 신고를 위한 각 사업연도 소득금액 계산 시 세무조정을 하여야 하는 경우는?

① 급여지급기준을 초과하여 직원(지배주주 등인 직원이 아님)에게 지급한 상여금을 급여(판매비와 관리비)로 회계처리하였다.

② 토지매입시 부담한 취득세(농어촌특별세와 지방교육세 포함)를 토지의 취득가액에 포함하여 회계처리하였다.

③ 지분법적용투자주식의 지분법평가로 인한 이익을 지분법이익(영업외수익)으로 회계처리하였다.

④ 유형자산의 취득과 함께 국·공채를 매입하는 경우 기업회계기준에 따라 그 국·공채의 매입가액과 현재가치의 차액을 해당 유형자산의 취득가액으로 계상하였다.

■■■■ 실무수행평가

(주)두레테크(1780)는 조명장치를 제조하여 판매하는 법인기업으로 회계기간은 제7기(20x1.1.1. ~ 20x1.12.31.)이다. 제시된 자료와 [자료설명]을 참고하여 [수행과제]를 완료하고 [평가문제]의 물음에 답하시오.

실무수행 유의사항	1. 부가가치세 관련거래는 [매입매출전표입력]메뉴에 입력하고, 부가가치세 관련 없는 거래는 [일반전표입력]메뉴에 입력한다. 2. 타계정 대체와 관련된 적요는 반드시 코드를 입력하여야 한다. 3. 채권·채무, 예금거래 등 관리대상 거래자료에 대하여는 반드시 거래처코드를 입력한다. 4. 자금관리 등 추가 작업이 필요한 경우 문제의 요구에 따라 추가 작업하여야 한다. 5. 제조경비는 500번대 계정코드를 사용한다. 6. 판매비와관리비는 800번대 계정코드를 사용한다. 7. 등록된 계정과목 중 가장 적절한 계정과목을 선택한다. 8. [실무수행 5. 법인세관리]는 별도의 회사가 주어지므로 회사 선택에 유의한다.

실무수행1 거래자료 입력

실무프로세스자료이다. [자료설명]을 참고하여 [수행과제]를 수행하시오.

① 리스회계

자료 1. 전자세금계산서

전자세금계산서		(공급받는자 보관용)			승인번호			

	등록번호	135-81-11229				등록번호	104-81-43125		
공급자	상호	(주)한화리스기계	성명(대표자)	이선경	공급받는자	상호	(주)두레테크	성명(대표자)	윤기성
	사업장주소	서울특별시 강남구 강남대로 100				사업장주소	서울특별시 강동구 강동대로 183 (성내동)		
	업태	제조, 서비스업	종사업장번호			업태	제조업	종사업장번호	
	종목	기계 리스				종목	조명장치 외		
	E-Mail	hanwh@bill36524.com				E-Mail	doore@bill36524.com		

작성일자	20x1.4.25.	공급가액	60,000,000	세액	6,000,000	비 고	
비고							

월	일	품목명	규격	수량	단가	공급가액	세액	비고
4	25	CNC선반	대	1		60,000,000	6,000,000	

합계금액	현금	수표	어음	외상미수금	이 금액을	○ 영수	함
66,000,000				66,000,000		● 청구	

자료 2. 리스원리금 상환표

(단위 : 원)

회차	일자	리스료	리스이자	원금상환액	미상환원금잔액
리스계약일	20x1.4.25.	-	-	-	60,000,000
1	20x1.5.25.	1,132,274	250,000	882,274	59,117,726
2	20x1.6.25.	1,132,274	246,323	885,951	58,231,775
3	20x1.7.25.	1,132,274	242,623	889,642	57,342,133
4	20x1.8.25.	1,132,274	238,925	893,349	56,448,784

자료 3. 보통예금(국민은행) 거래내역

		내용	찾으신금액	맡기신금액	잔액	거래점
번호	거래일	계좌번호 150-581-541300 (주)두레테크				
1	20x1-4-25	부가세	6,000,000		***	***
2	20x1-5-25	(주)한화리스기계	1,132,274		***	***

자료설명	(주)한화리스기계와 CNC선반 구입에 대한 리스계약 체결하고, 해당 기계를 구입하였다. 이 기계에 대한 리스계약은 금융리스 요건을 충족한다. 1. 자료 1은 (주)한화리스기계로 부터 발급받은 전자세금계산서이다. 2. 자료 2는 리스원리금 상환표이다. 3. 자료 3은 리스료 1회차를 국민은행 보통예금계좌에서 이체한 내역이다. 4. 회사는 금융리스부채에 대하여 '금융리스차입금' 계정을 사용하고 있다.
수행과제	1. 4월 25일 기계장치 취득에 대한 거래자료를 입력하시오. 2. 5월 25일 리스료 1회차 지급에 대한 거래자료를 입력하시오.

2 중간배당

이 사 회 의 사 록

주식회사 두레테크

20x1년 5월 1일 11시 본 회사의 본점 회의실에서 이사회를 개최하다.

　　이사총수 3명 중 출석이사수 3명
　　감사총수 1명 중 출석감사수 1명

　대표이사 윤기성은 정관의 규정에 따라 의장석에 등단하여 위와 같이 법정수에 달하는 의결권을 가진 이사가 출석하였으므로 본 이사회가 적법하게 성립되었음을 고하고 개회를 선언한 후 다음의 의안을 부의하고 심의를 구한다.

제1호 의안 : 중간배당(안)

　의장은 당사의 영업 내용에 비추어 중간배당을 할 필요가 있다고 판단되고, 배정기준일과 배당의 내용을 다음과 같이 승인하여 줄 것을 물은 바, 출석이사 전원의 찬성으로 승인가결 하다.

배당기준일	배당금액	배당금지급시기
20x1년 5월 1일	금 5,000,000원	20x1년 5월 10일

　의장은 이상으로서 회의목적인 의안 전부의 심의를 종료하였으므로 폐회한다고 선언하다.
(회의종료시각 11시 40분)
　위 의사의 경과요령과 결과를 명확히 하기 위하여 이 의사록을 작성하고 의장과 출석한 이사가 기명날인 또는 서명하다.
　　　　　　　　　　20x1년 5월 1일
　　　　　　　　　　- 이하 생략 -

자료설명	회사는 자료와 같이 중간배당에 대하여 이사회 결의를 하였다.
수행과제	이사회 결의일의 거래자료를 입력하시오.('372.중간배당금' 계정을 사용할 것.)

실무수행2 | 부가가치세관리

부가가치세 신고 관련 자료이다. [자료설명]을 참고하여 [수행과제]를 수행하시오.

1 수정전자세금계산서의 발급

전자세금계산서				(공급자 보관용)				승인번호		

공급자	등록번호	104-81-43125			공급받는자	등록번호	116-82-01538		
	상호	(주)두레테크	성명 (대표자)	윤기성		상호	(주)쿨조명	성명 (대표자)	김성일
	사업장 주소	서울특별시 강동구 강동대로 183 (성내동)				사업장 주소	서울특별시 강남구 강남대로 256 (도곡동, 대우양재디오빌)		
	업태	제조업	종사업장번호			업태	도소매업	종사업장번호	
	종목	조명장치 외				종목	조명기구 외		
	E-Mail	doore@bill36524.com				E-Mail	clean@bill36524.com		

작성일자	20x1.6.21.	공급가액	2,500,000	세액	250,000
비고					

월	일	품목명	규격	수량	단가	공급가액	세액	비고
6	21	LED 조명		10	250,000	2,500,000	250,000	

합계금액	현금	수표	어음	외상미수금	이 금액을	○ 영수	함
2,750,000				2,750,000		● 청구	

자료설명	1. (주)쿨조명에 제품을 공급하고 발급한 전자세금계산서이다. 2. 6월 27일에 해당 제품의 하자가 일부 발견되어 공급가액의 5%를 차감하기로 하였다.(외상대금 및 제품매출에 (-)로 처리할 것.)
수행과제	수정사유를 선택하여 전자세금계산서 발행 및 내역관리 메뉴에서 발급 및 전송하시오. (전자세금계산서 발급 시 결제내역 입력 및 전송일자는 무시할 것.)

② 예정신고누락분의 확정신고 반영

자료 1. 매출(제품) 전자세금계산서 발급 목록

번호	작성일자	승인 번호	발급일자	전송일자	상호	공급가액	세액	전자세금 계산서 종류
				매출 전자세금계산서 목록				
1	20x1-8-20	생략	20x1-11-1	20x1-11-2	(주)이상조명	10,000,000	0	영세율
2	20x1-9-24	생략	20x1-11-1	20x1-11-2	(주)빛샘조명	20,000,000	2,000,000	일반

자료 2. 매입 전자세금계산서 수취 목록

번호	작성일자	승인 번호	발급일자	전송일자	상호	공급가액	세액	전자세금 계산서 종류
				매입 전자세금계산서 목록				
1	20x1-9-30	생략	20x1-9-30	20x1-10-1	(주)현대카센타	1,500,000	150,000	일반

자료설명	제2기 부가가치세 예정신고 시 누락한 자료이다. 1. 자료 1은 제품을 외상으로 매출하고 발급한 전자세금계산서이다. 2. 자료 2는 대표이사가 사용하는 법인차량(제네시스(3,470cc))을 외상으로 수리하고 발급받은 전자세금계산서이다. 3. 위의 거래내용을 반영하여 제2기 부가가치세 확정신고서를 작성하려고 한다. 4. 20x2년 1월 25일 신고 및 납부하며, 신고불성실가산세는 일반과소 신고에 의한 가산세율을 적용하고 미납일수는 92일, 2.2/10,000로 한다.(단, 원 단위 미만 버림.)
수행과제	1. 누락된 자료를 입력하시오. (전자세금계산서 발급거래는 '전자입력'으로 입력하며, 예정신고누락분 신고대상월은 10월로 입력할 것.) 2. 가산세를 적용하여 제2기 부가가치세 확정신고서를 작성하시오.

실무수행3 결산

[결산자료]를 참고로 결산을 수행하시오.(단, 제시된 자료 이외의 자료는 없다고 가정함.)

① 수동결산 및 자동결산

자료설명	1. 외화평가

1. 외화평가

계정과목	거래처	발생일	외화금액	원화금액	결산시 환율
장기차입금	ENVISER	20x1.01.05.	US$20,000	26,400,000원	1,400원/US$

2. 재고자산 실사내역

구 분	실사내역			
	단위당 원가	수량	금액	비고
제 품	200,000원	400개	80,000,000원	

※ 매출거래처가 구입의사를 표시하지 않은 시용판매분 재고금액은 15,000,000원이며, 실사내역에 포함되어 있지 않다.

3. 이익잉여금처분계산서 처분 예정(확정)일
　- 당기 : 20x2년 3월 3일
　- 전기 : 20x1년 3월 3일

수행과제

결산을 완료하고 이익잉여금처분계산서에서 손익대체분개를 하시오.
(단, 이익잉여금처분내역은 없는 것으로 하고 미처분이익잉여금 전액을 이월이익잉여금으로 이월하기로 할 것.)

| 평가문제 | 입력자료 및 회계정보를 조회하여 [평가문제]의 답안을 입력하시오.(70점) |

〈평가문제 답안입력 유의사항〉

❶ 답안은 **지정된 단위의 숫자로만 입력**해 주십시오.
 * 한글 등 문자 금지

	정답	오답(예)
(1) **금액은 원 단위로 숫자를 입력**하되, 천 단위 콤마(,)는 생략 가능합니다.	**1,245,000** **1245000**	1.245.000 1,245,000원 1,245,0000 12,45,000 1,245천원
(1-1) 답이 0원인 경우 반드시 "0" 입력 (1-2) 답이 음수(-)인 경우 숫자 앞에 " - "입력 (1-3) 답이 소수인 경우 반드시 " . " 입력		
(2) 질문에 대한 **답안은 숫자로만 입력**하세요.	**4**	04 4건, 4매, 4명 04건, 04매, 04명
(3) **거래처 코드번호는 5자리 숫자로 입력**하세요.	**00101**	101 00101번

❷ 더존 프로그램에서 조회되는 자료를 복사하여 붙여넣기가 가능합니다.
❸ 수행과제를 올바르게 입력하지 않고 작성한 답과 모범답안이 다른 경우 오답처리됩니다.

번호	평가문제	배점
11	**평가문제 [거래처원장 조회]** 6월 말 (주)쿨조명의 외상매출금 잔액은 얼마인가?	2
12	**평가문제 [합계잔액시산표 조회]** 5월 말 유동부채 잔액은 얼마인가?	3
13	**평가문제 [손익계산서 조회]** 12월 말 영업외비용 합계는 얼마인가?	2
14	**평가문제 [재무상태표 조회]** 12월 말 재고자산은 얼마인가?	2
15	**평가문제 [재무상태표 조회]** 12월 말 금융리스차입금 잔액은 얼마인가?	3
16	**평가문제 [재무상태표 조회]** 12월 31일 현재 이월이익잉여금(미처분이익잉여금) 잔액은 얼마인가? ① 535,002,942원　　　　　② 548,965,030원 ③ 585,663,021원　　　　　④ 485,623,778원	2
17	**평가문제 [전자세금계산서 발행 및 내역관리 조회]** 6월 27일자 수정세금계산서의 수정입력사유를 코드번호로 입력하시오.	2
18	**평가문제 [부가가치세신고서 조회]** 제2기 확정 신고기간 부가가치세신고서의 '과세표준 합계(9란)' 세액은 얼마인가?	3
19	**평가문제 [부가가치세신고서 조회]** 제2기 확정 신고기간 부가가치세신고서의 '매입세액 차감계(17란)' 세액은 얼마인가?	3
20	**평가문제 [부가가치세신고서 조회]** 제2기 확정 신고기간 부가가치세신고서의 '가산세액(26란)' 합계금액은 얼마인가?	3
	재무회계 소계	25

실무수행4 | 원천징수 관리

인사급여 관련 실무프로세스를 수행하시오.

① 급여자료 입력

자료 1. 2월 급여자료

(단위 : 원)

사원	기본급	상여	근속수당	식대	자가운전 보조금	국외근로수당	국민연금	건강보험	고용보험	장기요양보험
이길동	3,000,000	기본급의 100%	200,000	300,000	300,000	1,500,000	프로그램에서 자동 계산된 금액으로 공제한다.			

자료 2. 수당등록사항

코드	수당명	내 용
200	근속수당	근속연수에 따라 차등 지급한다.
201	식대	식사를 제공 하고 있다.
202	자가운전 보조금	근로자 본인 소유 차량을 회사업무에 사용할 경우 지급하며, 별도의 비용은 지급하지 않는다.
203	국외근로 수당	해외 현장에서 건설지원 업무를 담당하는 직원에게 지급한다.

자료설명	해외사업부 이길동 사원(2000)의 급여자료이다. 1. 급여지급일은 당월 25일이다. 2. 사회보험료와 소득세 및 지방소득세는 자동계산된 금액으로 공제한다. 3. 매년 2월은 급여와 상여금을 동시에 지급하고 있다.
수행과제	1. [사원등록] 메뉴에서 국외근로수당 비과세여부를 적용하시오. 2. [급여자료입력] 메뉴에 수당등록을 하시오. 3. 2월 급여자료를 입력하시오.(구분은 '2.급여+상여'로 선택할 것.)

② 배당소득의 원천징수

	성 명	이소형 (코드 00001)
소득자 정보	거주구분(내국인 / 외국인)	거주자 / 내국인
	주민등록번호	991225 – 2023104
	귀속년월 / 지급년월일	20x1년 6월 / 20x1년 6월 30일
	지급금액	5,000,000원
기타 관리 항목	계좌번호	신한은행 022 – 24 – 1234
	과세구분	일반세율(14%)
	금융상품	B52.[법인배당 – 소액주주] 내국법인 비상장
	조세특례등	NN.조세특례 등을 적용받지 않고 원천징수한 경우
	유가증권 표준코드	1048143125 (비상장주식회사는 사업자등록번호를 입력하며, ' – '은 제외한다.)

자료설명	비상장주식회사인 (주)두레테크는 소액주주인 이소형에게 배당소득을 지급한 내역이다.
수행과제	1. 기타소득자입력을 하시오. 2. 이자배당소득자료입력 메뉴를 통하여 소득세를 산출하시오. 3. 원천징수이행상황신고서를 작성하시오.

[실무수행평가] – 원천징수관리

번호	평가문제	배점
21	**평가문제 [급여자료입력 조회]** 이길동의 2월 급여 지급 시 공제한 소득세는 얼마인가?	3
22	**평가문제 [급여자료입력 조회]** 2월 급여의 비과세 총액은 얼마인가?	2
23	**평가문제 [기타소득자입력 조회]** 이소형의 소득구분 코드 3자리를 입력하시오.	3
24	**평가문제 [원천징수이행상황신고서(귀속월, 지급월 6월) 조회]** '10.소득세'의 'A99.총합계'는 얼마인가?	2
	원천징수 소계	10

실무수행5	법인세관리

(주)지민산업(1781)은 중소기업으로 사업연도는 제20기(20x1.1.1. ~ 20x1.12.31.)이다. 입력된 자료와 세무조정 참고자료에 의하여 법인세무조정을 수행하시오.

⟨작성대상서식⟩

> 1 감가상각비조정명세서
> 2 기업업무추진비 조정명세서(갑,을)
> 3 가지급금 등의 인정이자 조정명세서(갑,을)
> 4 기부금조정명세서
> 5 가산세액 계산서

1 감가상각비조정명세서

자료 1. 감가상각 자료

고정자산 내역	코드	자산명	경비 구분	업종 코드	취득일	취득금액	전기말 상각누계액	당기 회사 감가상각비	비고
건물 (정액법 40년)	101	공장건물	제조	08	2022.3.1.	180,000,000원	8,250,000원	4,500,000원	(주1)
기계장치 (정률법 5년)	201	포장기	제조	28	2023.1.2.	80,000,000원	36,080,000원	18,200,000원	(주2)

(주2) 당사는 중소기업특별세액감면 대상 법인으로 20x1년 귀속 감면세액은 12,720,000원이라고 가정한다.

자료 2. 당기 고정자산 관련 비용처리 내역

일자	계정과목	금액	비고
20x1.9.1.	수선비(제)	30,000,000원	(주1) 공장건물 용도변경 개조를 위한 비용으로 자산 요건을 충족하나 회사는 전액 비용 처리하였다.

세무조정 참고자료	1. 자료는 당기의 감가상각 관련 자료이다. 2. 제시된 자산외에는 감가상각을 하지 않는다고 가정한다.
수행과제	**감가상각비조정명세서를 작성하시오.** 1. 감가상각액을 산출하기 위하여 고정자산을 각각 등록하시오. (고정자산등록에 관련된 자료는 주어진 자료를 최대한 입력할 것.) 2. [미상각분 감가상각조정명세]를 작성하시오. 3. [감가상각비조정명세서합계표]를 작성하시오. 4. 소득금액조정합계표에 개별자산별로 세무조정사항을 반영하시오.

[실무수행평가] – 법인세관리 1

번호	평가문제 [감가상각비조정명세서합계표 조회]	배점
25	문제 [1]과 관련된 세무조정 대상 중 손금불산입(유보)으로 소득처분할 금액은 얼마인가?	3
26	문제 [1]과 관련된 세무조정 대상 중 손금산입(유보)으로 소득처분할 금액은 얼마인가?	2
27	'(105)회사손금계상액 ②합계액'은 얼마인가?	2

② 기업업무추진비 조정명세서(갑,을)

세무조정 참고자료	1. 수입금액(1,281,386,010원)에는 특수관계인과의 거래금액 80,000,000원이 포함되어 있다. 2. 접대비(기업업무추진비) 계정금액 및 접대비(기업업무추진비) 중 신용카드 등 사용금액은 기장된 자료에 의해 자동반영 한다. 3. 접대비(기업업무추진비)(판) 중 문화기업업무추진비는 적요번호 8번(신용카드사용분)으로 기장되어 있다. 4. 접대비(기업업무추진비)(판) 중 증빙 누락분 접대비(기업업무추진비)와 대표이사 개인사용 접대비(기업업무추진비)가 포함되어 있다. 　－증빙 누락분 접대비(기업업무추진비) : 400,000원(1건) 　－대표이사 개인사용 접대비(기업업무추진비)(법인카드 사용) : 2,200,000원(1건) 5. 4월 20일 접대비(기업업무추진비)(판) 1,000,000원은 직원카드로 결제하였으나, 장부기장 시 법인카드 사용액으로 입력하였다. 6. 접대비(기업업무추진비)(판)는 모두 건당 3만원을 초과한다. 7. 당사는 의약품 제조를 주업으로 하는 기업으로 부동산임대업이 주업이 아니다.
수행과제	기업업무추진비 조정명세서(갑,을)을 작성하시오. 1. [기업업무추진비조정명세서(을)] [경조사비등 설정]에서 적요번호를 입력하여 문화사업 기업업무추진비가 자동반영되도록 하시오. 2. [기업업무추진비조정명세서(을)]을 작성하시오. 3. [기업업무추진비조정명세서(갑)]을 작성하시오. 4. 소득금액조정합계표에 각 건별로 세무조정사항을 반영하시오.

[실무수행평가] – 법인세관리 2

번호	평가문제 [기업업무추진비조정명세서 조회]	배점
28	기업업무추진비조정명세서(갑)의 '1.기업업무추진비 해당 금액'은 얼마인가?	3
29	기업업무추진비조정명세서(갑)의 '2.기준금액 초과 기업업무추진비 중 신용카드 미사용으로 인한 손금불산입액'은 얼마인가?	2
30	기업업무추진비조정명세서(갑)의 '14.한도초과액'은 얼마인가?	2

③ 가지급금 등의 인정이자 조정명세서(갑,을)

자료 1. 가지급금 관련 자료

월 일	대여액	회수액	잔 액	비 고
20x1. 5.17.	80,000,000원		80,000,000원	대표이사 김지민
20x1. 6.30.		15,000,000원	65,000,000원	대표이사 김지민
20x1.10.10.	5,000,000원		70,000,000원	대표이사 김지민
20x1.11.30.	30,000,000원		100,000,000원	사원 김성실의 전세자금 대여액

자료 2. 가수금 관련 자료

월 일	차입액	상환액	잔 액	비 고
20x1. 1. 2.	20,000,000원		20,000,000원	대표이사 김지민
20x1. 3.20.		20,000,000원		대표이사 김지민

자료 3. 차입금

[장기차입금(제일은행) 내역]

차입일자	차입액	상환액	잔액	이자율
전기이월	300,000,000원		300,000,000원	연 5.4%
20x1.10.30.		100,000,000원	200,000,000원	연 5.4%

[단기차입금(농협은행) 내역]

차입일자	차입액	상환액	잔액	이자율
전기이월	100,000,000원		100,000,000원	연 4.8%

세무조정 참고자료	1. 자료 1과 자료 2는 가지급금과 가수금 내역이다. 2. 자료 3은 당사의 차입금 내역이다. 3. 회사는 최초로 가지급금이 발생하였으며, 인정이자 계산 시 당좌대출이자율(4.6%)과 가중평균차입이자율 중 낮은 이자율을 선택하기로 한다. 4. 가지급금에 대한 약정된 이자는 없는 것으로 한다. 5. 대표이사에 대한 가지급금과 가수금은 상계하여 적수계산을 한다. 6. 사원 김성실은 중소기업의 근로자에 해당하며, 지배주주 등 특수관계자에 해당하지 않는다.

수행과제	가지급금 등의 인정이자 조정명세서(갑,을)을 작성하시오. 1. [2.이자율별 차입금 잔액계산]을 하시오. 2. [3.가지급금, 가수금적수계산]에서 [계정별원장 데이터불러오기]를 이용하여 가지급금 　및 가수금의 적수계산을 하시오. 3. 법인세부담이 최소화 되는 방향으로 세무조정하여 인정이자를 계산하시오. 4. [4.인정이자계산]에서 조정대상금액을 계산하시오. 5. 소득금액조정합계표에 각 건별로 세무조정사항을 반영하시오.

[실무수행평가] – 법인세관리 3

번호	평가문제 [가지급금 등의 인정이자 조정명세서 조회]	배점
31	대표이사 김지민의 '14.차감적수' 금액은 얼마인가? ① 　　　　　0원　　　　　② 14,420,000,000원 ③ 15,360,000,000원　　　　④ 15,960,000,000원	2
32	근로자 김성실의 '14.차감적수' 금액은 얼마인가? ① 　　　　　0원　　　　　② 　960,000,000원 ③ 14,400,000,000원　　　　④ 15,360,000,000원	2
33	문제 [3]과 관련된 세무조정 대상 중 익금산입으로 소득처분할 금액은 얼마인가?	3

④ 기부금조정명세서

자료. 기부금명세

3.과 목	일자		5. 적 요	6. 법인명등	비고
기부금	1	7	(특례)사립대학 연구비	대한대학교	
기부금	6	15	(특례)모금행사 기부	강원도청	
기부금	10	12	(특례)수재민돕기 성금지급	MBC	
기부금	11	12	(일반)장학재단기부금 지급	한국장학회	
기부금	12	22	(일반)종교단체기부금	서울천주교회유지재단	
기부금	12	26	대표이사 종친회 회비	종친회	

세무조정 참고자료	1. 기부금명세서는 [계정별원장 데이터불러오기]를 이용하여 조회하기로 한다. (기부처에 대한 사업자번호 입력은 생략한다.)

2. 이월결손금은 없으며, 기부금의 한도초과 이월명세는 다음과 같다.

사업연도	기부금의 종류	한도초과액	기공제액
2022	「법인세법」제24조 제2항 제1호에 따른 특례기부금	12,000,000원	7,000,000원

3. **기부금 세무조정을 반영하기전** 법인세과세표준 및 세액조정계산서상 차가감 소득금액 내역은 다음과 같다.

구 분		금액
결산서상 당기순손익		220,570,971원
소득조정금액	익금산입	82,520,000원
	손금산입	34,500,000원
차가감소득금액		268,590,971원

4. 기부금계정 이외에는 기 입력된 자료를 이용한다.

수행과제	**기부금조정명세서를 작성하시오.** 1. [기부금명세서]를 작성하고 소득금액조정합계표에 각 건별로 세무조정사항을 반영하시오. 2. 기 입력된 자료는 무시하고 제시된 소득금액을 반영하여 [기부금조정명세서]를 작성하시오.

[실무수행평가] – 법인세관리 4

번호	평가문제 [기부금 조정명세서 조회]	배점
34	'1.소득금액계'는 얼마인가?	2
35	문제 [4]와 관련된 세무조정 대상 중 손금불산입(상여)으로 소득금액조정합계표에 반영할 금액은 얼마인가?	2
36	'20.한도초과액합계'는 얼마인가?	3

⑤ 가산세액 계산서

자료 1. 3만원 초과 지출 내역

계정과목	금 액	참 고 사 항
세금과공과금(판)	128,000원	제2기 부가가치세 확정신고의 간주임대료에 대한 부가가치세액
외주가공비(제)	5,000,000원	한솔기업(서울소재, 간이과세자)으로부터 임가공용역을 제공받고 대금은 금융기관을 통하여 송금하고 경비등 송금명세서 미제출
교육훈련비(판)	2,500,000원	소득세법상 원천징수 대상 사업소득으로서 적절하게 원천징수하여 세액을 신고납부
소모품비(제)	200,000원	일반과세사업자로부터 소모용 자재를 구입하고 거래명세서 수취

자료 2. 기타 가산세 대상 내역

구 분	해당금액	참 고 사 항
간이지급명세서(근로소득) 미제출	20,000,000원	제출기한 경과 후 1개월 이내 제출
주식등 변동상황명세서 변동상황 미제출	10,000,000원	제출기한 경과 후 1개월 이내 제출

세무조정 참고자료	자료 1, 자료 2는 가산세 대상내역이며, 제시된 자료 외의 가산세 대상 자료는 없다.
수행과제	**가산세액 계산서를 작성하시오.** 1. 자료 1, 자료 2에 대한 가산세액을 반영하시오. 　(경과일수를 파악하여 가산세율에 감면을 적용할 것.) 2. 가산세액을 법인세과세표준 및 세액조정계산서에 반영하시오.

[실무수행평가] – 법인세관리 5

번호	평가문제	배점
37	**평가문제 [가산세액 계산서 조회]** 지출증명서류 미수취 가산세액은 얼마인가?	2
38	**평가문제 [가산세액 계산서 조회]** 지급명세서 관련 가산세액 소계 금액은 얼마인가?	2
39	**평가문제 [법인세과세표준 및 세액조정계산서 조회]** '124.가산세액' 금액은 얼마인가?	3
	법인세관리 소계	35

해답해설

Tax Accounting Technician
세무정보처리 자격시험 1급

78회

![실무이론평가]

실무이론평가

1	2	3	4	5	6	7	8	9	10
④	②	③	②	③	③	②	②	③	③

01 기업실체의 이해관계자는 **지속적으로 의사결정을 해야 하므로 적시성 있는 정보가 필요**하게 된다. 이러한 정보수요를 충족시키기 위하여 도입된 재무제표의 기본가정이 기간별 보고이다.

02 물가가 하락(30→20→10)시 후입선출법은 최근에 싸게 사온 재고자산이 매출원가(2개 판매 가정시 20+10)에 포함되므로 당기순이익이 가장 크게 나타난다. 반대로 선입선출법은 과거에 비싸게 사온 재고자산이 매출원가(30+20)에 포함되므로 당기순이익이 가장 작게 나타난다. 총평균법은 비싸게 사온 재고자산과 싸게 사온 재고자산의 효과가 합해져서 평균(20)수준으로 매출원가(40)가 계산되므로, 그 중간이다. 따라서, **물가 하락시 당기순이익이 크게 계상되는 재고자산 원가결정방법 순서는 후입선출법, 총평균법, 선입선출법** 순이다.

03 현금및현금성자산 = 자기앞수표(250,000) + 타인발행수표(100,000) + 당좌예금(50,000)
　　　　　　　　　　 + 배당금지급통지서(30,000) = 430,000원
받을어음은 매출채권에 해당한다.

04 결산정리후법인세비용차감전순이익 = 반영전법인세비용차감전순이익(2,000,000) + 미수이자 (400,000) + 선급비용(200,000) - 미지급이자(300,000) - 선수수익(100,000) = 2,200,000원

05 **선 감모손실인식 후 평가손실 인식**
재고자산감모손실(정상) = 감모수량(1,000개 - 920개) × 취득원가(1,000) = 80,000원
재고자산평가손실 = 실사수량(920개) × 단가 하락(1,000원 - 900원) = 92,000원
매출원가 = 정상 재고자산감모손실(80,000) + 재고자산평가손실(92,000) = 172,000원

06 과세표준 = 내국신용장(2,000,000) + 승용차매각(900,000) = 2,900,000원
주택과 이에 부수되는 토지의 임대용역은 부가가치세가 면세된다.
공급받은 자에게 **도달하기 전에 파손된 재화의 가액은 공급가액에 포함하지 않는다.**

07 공적연금을 지급하는 원천징수의무자는 **20x1년 연금소득에 대하여 20x2년 1월분 공적연금을 지급할 때 연말정산**을 하여야 한다.

08 총수입금액 = 매출액(10,000,000) + 판매장려금(4,000,000) + 보험차익(2,000,000) = 16,000,000원
복식부기의무자의 기계장치처분이익은 사업소득 총수입금액에 포함되나, **간편장부대상자의 기계장치처분이익은 사업소득 총수입금액에 포함되지 않는다.** 배당금수익은 배당소득에 해당한다.

09 상여소득처분금액 = 개인부담 기부금(5,000,000) + 퇴직금한도초과액(8,000,000)

　　　　　+ 초과경조사비(2,000,000) = 15,000,000원

　　공동행사비 한도초과액은 기타사외유출이고, 나머지 금액들은 상여로 소득처분한다.

10 지분법이익은 세법상 이익이 아니므로 익금불산입 △유보의 세무조정이 필요하다.

■■■■■■■ **실무수행평가**

실무수행 1. 거래자료 입력

[1] 리스회계

1. [매입매출전표입력] 4월 25일

거래유형	품명	공급가액	부가세	거래처	전자세금
51.과세	CNC선반	60,000,000	6,000,000	(주)한화리스기계	전자입력
분개유형	(차) 기계장치	60,000,000원	(대) 금융리스차입금		60,000,000원
3.혼합	부가세대급금	6,000,000원	보통예금(국민은행)		6,000,000원

2. [일반전표입력] 5월 25일

　　(차) 이자비용　　　　　　　　　250,000원　　(대) 보통예금　　　　　　　1,132,274원

　　　　금융리스차입금((주)한화리스기계) 882,274원　　　　　(국민은행)

[2] 중간배당 [일반전표입력] 5월 1일

　　(차) 중간배당금　　　　　　　5,000,000원　　(대) 미지급배당금　　　　5,000,000원

실무수행 2. 부가가치세관리

① 수정전자세금계산서의 발급

1. [수정세금계산서 발급]

① [매입매출전표입력] 6월 21일 전표선택 → 수정세금계산서 클릭 → 수정사유(2.공급가액변동)를 선택 → 확인(Tab)을 클릭

② [수정세금계산서(매출)] 화면에서 수정분 [작성일 6월 27일], [공급가액 - 125,000원] [부가세 - 12,500원] 입력 → 확인(Tab) 클릭

③ [매입매출전표입력] 6월 27일

거래유형	품명	공급가액	부가세	거래처	전자세금
11.과세	에누리	- 125,000	- 12,500	(주)쿨조명	전자발행
분개유형	(차) 외상매출금	- 137,500원		(대) 제품매출	- 125,000원
2.외상(혼합)				부가세예수금	- 12,500원

2. [전자세금계산서 발행 및 내역관리]

① 전자세금계산서 발행 및 내역관리 를 클릭하면 수정 전표 1매가 미전송 상태로 나타난다.
② 해당내역을 클릭하여 전자세금계산서 발행 및 국세청 전송을 한다.

② 예정신고누락분의 확정신고 반영

1. [매입매출전표입력]

※ 전표입력 후 **기능모음의 [예정누락]**을 클릭하여 **[예정신고누락분 신고대상월 : 20x1년 10월]**을 입력한다.

-8월 20일

거래유형	품명	공급가액	부가세	거래처	전자세금
12.영세	제품	10,000,000	-	(주)이상조명	전자입력
분개유형	(차) 외상매출금	10,000,000원	(대) 제품매출		10,000,000원
2.외상					

-9월 24일

거래유형	품명	공급가액	부가세	거래처	전자세금
11.과세	제품	20,000,000	2,000,000	(주)빛샘조명	전자입력
분개유형	(차) 외상매출금	22,000,000원	(대) 제품매출		20,000,000원
2.외상			부가세예수금		2,000,000원

-9월 30일

거래유형	품명	공급가액	부가세	거래처	전자세금
54.불공	제네시스 수리	1,500,000	150,000	(주)현대카센타	전자입력
불공사유	3.비영업용 소형승용차 구입 및 유지				
분개유형	(차) 차량유지비(판)	1,650,000원	(대) 미지급금		1,650,000원
3.혼합					

2. [부가가치세신고서] 10월 1일 ~ 12월 31일

1) 예정신고누락분명세

		구분		금액	세율	세액
예정신고누락분명세	매출	과세	세금계산서 33	20,000,000	10/100	2,000,000
			기타 34		10/100	
		영세율	세금계산서 35	10,000,000	0/100	
			기타 36		0/100	
		합계 37		30,000,000		2,000,000
	매입	세금계산서 38		1,500,000		150,000
		그 밖의 공제매입세액 39				
		합계 40		1,500,000		150,000

2) 공제받지못할매입세액명세

공제받지못할매입세액명세				×
	구분		금액	세액
16 공제받지 못할매입 세액명세	공제받지못할매입세액	50	1,500,000	150,000
	공통매입세액면세사업	51		
	대손처분받은세액	52		
	합계	53	1,500,000	150,000

3) 가산세명세

- 세금계산서 발급시기

공급시기	발급기한	지연발급(1%)	미발급(2%)
08/20	~9/10	9.11~익년도 1.25	익년도 1.25까지 미발급
9/24	~10/10	10.11~익년도 1.25	

구 분			공급가액	세액
매출	과세	세 금(전자)	20,000,000(지연발급)	2,000,000
		기 타		
	영세	세 금(전자)	10,000,000(지연발급)	
		기 타		
매입	세금계산서 등			
미달신고(납부)←신고 · 납부지연 가산세				2,000,000

1. 전자세금계산서 지연발급	**30,0000,000원**×1%=300,000원
2. 신고불성실	**2,000,000원**×10%×(1-75%)=50,000원 * **3개월이내 수정신고시 75% 감면**
3. 영세율과세표준 신고불성실	10,000,000원×0.5%×(1-75%)=12,500원 * **3개월이내 수정신고시 75% 감면**
4. 납부지연	**2,000,000원**×92일×2.2(가정)/10,000=40,480원
계	402,980원

실무수행 3. 결산

① 수동결산 및 자동결산

1. [일반전표입력] 12월 31일

    (차) 외화환산손실　　　　　　　1,600,000원　　(대) 장기차입금(ENVISER)　　1,600,000원

    ※ 외화환산손실 : US$20,000×(1,400원-1,320원)=1,600,000원

2. [결산자료입력]

    - 기말 제품 95,000,000원 입력 후 상단 툴바의 ⌜전표추가(F3)⌟를 클릭하여 결산분개 생성한다.

3. [이익잉여금처분계산서]

　－이익잉여금처분계산서에서 처분일을 입력한 후, [전표추가(F3)]를 클릭하여 손익대체 분개를 생성한다.

평가문제. 입력자료 및 회계정보를 조회하여 [평가문제]의 답안을 입력하시오.(70점)

번호	평가문제	배점	답
11	평가문제 [거래처원장 조회]	2	(11,412,500)원
12	평가문제 [합계잔액시산표 조회]	3	(2,895,299,908)원
13	평가문제 [손익계산서 조회]	2	(3,050,000)원
14	평가문제 [재무상태표 조회]	2	(95,000,000)원
15	평가문제 [재무상태표 조회]	3	(62,429,852)원
16	평가문제 [재무상태표 조회]	2	①
17	평가문제 [전자세금계산서 발행 및 내역관리 조회]	2	(2)
18	평가문제 [부가가치세신고서 조회]	3	(38,300,000)원
19	평가문제 [부가가치세신고서 조회]	3	(15,352,500)원
20	평가문제 [부가가치세신고서 조회]	3	(402,980)원
	재무회계 소계	25	

실무수행 4. 원천징수 관리

[1] 급여자료 입력

1. [사원등록] 16.국외근로적용여부 1.100만원

   * <u>건설지원업무담당은 월 100만원 비과세</u> 적용.

2. [급여자료입력의 수당등록]

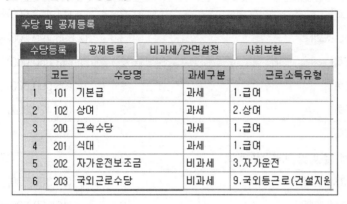

	코드	수당명	과세구분	근로소득유형
1	101	기본급	과세	1.급여
2	102	상여	과세	2.상여
3	200	근속수당	과세	1.급여
4	201	식대	과세	1.급여
5	202	자가운전보조금	비과세	3.자가운전
6	203	국외근로수당	비과세	9.국외등근로(건설지원

3. [급여자료입력] 이길동, 귀속년월 2월, 2.급여+상여, 지급일 2월 25일

급여항목	지급액	공제항목	공제액
기본급	3,000,000	국민연금	229,500
상여	3,000,000	건강보험	180,790
근속수당	200,000	고용보험	63,900
식대	300,000	장기요양보험료	23,410
자가운전보조금	300,000	소득세	264,220
국외근로수당	1,500,000	지방소득세	26,420
		농특세	

2 배당소득의 원천징수

1. [기타소득자입력] 00001.이소형

기본사항등록
소 득 구 분/연말구분 151 ? 내국법인 배당·분배 연 말 1 1.부
내 외 국 인/국 적 0 0.내국인 거주지국 KR ? 대한민국
소득자구분/실명구분 111 ? 내국인주민등록번호 0 0.실명
개 인 / 법 인 1 1.개인 필요경비율 %

2. [이자배당소득자료입력] 귀속월 6월, 지급(영수)일자 6월 30일

기타 관리 항목

소득구분	계좌번호	과세구분	금융상품	조세특례등	유가증권표준코드	영수일자
151 내국법인 배당·분배금, 건설이자의 배당 (소§17①1) [151]	0100 022-24-1234	0	일반세율(14%)	652 [법인배당-소득·주주] 내국법인 비상장	NN 조세특례 등을 적용받지 않고 원천징수한 경우	1048140125	20x1-06-30

소득 지급 내역

귀속월	지급일자	채권이자구분	이자지급대상기간	금액	세율	소득세	법인세	지방소득세	농특세	세액합계	이자율등
20x1-06	20x1-06-30			5,000,000	14.00%	700,000		70,000		770,000	

3. [원천징수이행상황신고서] 귀속기간 6월, 지급기간 6월, 0.정기신고

원천징수내역	부표-거주자	부표-비거주자	부표-법인원천							
구분	코드	소득지급(과세미달,비과세포함)		징수세액				9.당월 조정 환급세액	10.소득세 등 (가산세 포함)	11.농어촌 특별세
		4.인원	5.총지급액	6.소득세 등	7.농어촌특별세	8.가산세				
근로소득 매 월 징 수	A25	1	3,500,000	105,000						
연 말 정 산	A26									
가 감 계	A30	1	3,500,000	105,000				105,000		
배 당 소 득	A60	1	5,000,000	700,000				700,000		
금융투자소득	A71									
저축해지 추징세액 ▶	A69									
비거주자 양도소득	A70									
법 인 원 천 ▶	A80									
수정신고(세액)	A90									
총 합 계	A99	2	8,500,000	805,000				805,000		

[실무수행평가] – 원천징수관리

번호	평가문제 [급여자료입력 조회]	배점	답
21	2월 급여 지급시 공제한 소득세	3	(264,220)원
22	급여의 비과세 총액(국외근로수당+자가운전보조금)	2	(1,200,000)원
23	이소형의 소득구분 코드	3	(151)
24	[원천징수이행상황신고서(귀속월, 지급월 6월) 조회] A99.총합계	2	(805,000)원
	원천징수 소계	10	

※ 21, 24는 프로그램이 자동계산되어지므로 시점(세법변경, 프로그램 업데이트 등)마다 달라질 수가 있습니다.

실무수행 5. 법인세관리

① 감가상각비조정명세서

1. 감가상각 한도계산

(1) 건물(정액법)→내용연수 40년

세무상취득가액(A)		상각범위액(B)	
= 기말 재무상태표상 취득가액	180,000,000	상각율	5,250,000
+ 즉시상각의제액(전기)			
+ 즉시상각의제액(당기)	30,000,000		
210,000,000		0.025	
회사계상상각비(C)	4,500,000(감가상각비) + 30,000,000(당기즉시상각의제액) = 34,500,000		
시부인액(B−C)	부인액 29,250,000(손금불산입, 유보)		

(2) 기계장치(정률법)→내용연수 5년

세무상취득가액(A)		세무상 기초감가상각누계액(B)	
= 기말 재무상태표상 취득가액	80,000,000	기초 재무상태표상 감가상각누계액	36,080,000
+ 즉시상각의제액(당기)		(−) 전기상각부인누계액	0
80,000,000		36,080,000	
미상각잔액(C=A−B)=43,920,000			
상각범위액(D)	세무상미상각잔액(C)×상각률(0.451) = 19,807,920		
회사계상상각비(E)	18,200,000원(상각비)		
시부인액(D−E)	시인액 1,607,920(손금불산입, 유보)		

2. [고정자산등록]

① 건물

② 기계장치

※ 수선비로 처리한 자본적 지출액은 '17.자본지출
즉시상각'에 '30,000,000원' 입력한다.

3. [미상각분 감가상각조정명세]

① 건물

감 가 상 각 내 용		● 총계 ○ 년 소계
합계표 자산구분	1	건축물

상각계산의기초가액	재무상태표자산가액	(5)기말현재액	180,000,000	180,000,000
		(6)감가상각누계액	12,750,000	12,750,000
		(7)미상각잔액(5-6)	167,250,000	167,250,000
	회사계산상각비	(8)전기말누계	8,250,000	8,250,000
		(9)당기상각비	4,500,000	4,500,000
		(10)당기말누계액(8+9)	12,750,000	12,750,000
	자본적지출액	(11)전기말누계		
		(12)당기지출액	30,000,000	30,000,000
		(13)합계(11+12)	30,000,000	30,000,000
(14)취득가액(7+10+13)			210,000,000	210,000,000
(15)일반상각률.특별상각률			0.025	
상각범위액계산	당기산출상각액	(16)일반상각액	5,250,000	5,250,000
		(17)특별상각액		
		(18)계(16+17)	5,250,000	5,250,000
(19)당기상각시인범위액(18,단18≤14-8-11+25-전기28)			5,250,000	5,250,000
(20)회사계산상각액(9+12)			34,500,000	34,500,000
(21)차감액(20-19)			29,250,000	29,250,000
(22)최저한세적용에 따른 특별상각부인액				
조정액	(23)상각부인액(21+22)		29,250,000	29,250,000
	(24)기왕부인액중당기손금추인액(25,단 25≤ㅣΔ211)			
부인액누계	(25)전기말부인액누계(전기26)			
	(26)당기말부인누계액(25+23-ㅣ24ㅣ)		29,250,000	29,250,000
당기말의제상각액	(27)당기의제상각액(ㅣΔ211-ㅣ24ㅣ)			
	(28)의제상각액누계(전기27+27)			

② 기계장치

감 가 상 각 내 용		● 총계 ○ 년 소계
합계표 자산구분	2	기계장치

상각계산의기초가액	재무상태표자산가액	(5)기말현재	80,000,000	80,000,000
		(6)감가상각누계액	54,280,000	54,280,000
		(7)미상각잔액(5 - 6)	25,720,000	25,720,000
	(8)회사계산감가상각비		18,200,000	18,200,000
	(9)자본적지출액			
	(10)전기말의제상각누계액			
	(11)전기말부인누계액			
	(12)가감계(7 + 8 - 9 - 10 + 11)		43,920,000	43,920,000
(13)일반상각률.특별상각률			0.451	
상각범위액계산	당기산출상각액	(14)일반상각액	19,807,920	19,807,920
		(15)특별상각액		
		(16)계(14+15)	19,807,920	19,807,920
	취득가액	(17)전기말 현재 취득가액	80,000,000	80,000,000
		(18)당기회사계산증가액		
		(19)당기자본적지출액		
		(20)계(17+18+19)	80,000,000	80,000,000
	(21)잔존가액((20) × 5 / 100)		4,000,000	4,000,000
	(22)당기상각시인범위액(16 단,(12-16)+21인경우 12)		19,807,920	19,807,920
(23)회사계산상각액(8+9)			18,200,000	18,200,000
(24)차감액(23-22)			-1,607,920	
(25)최저한세적용에따른특별상각부인액				
조정액	(26)상각부인액(24+25)			
	(27)기왕부인액중당기손금추인액(11,단11≤ㅣΔ24ㅣ)			
(26)당기말부인누계액(11+26-ㅣ27ㅣ)				
당기말의제상각액	(29)당기의제상각액(ㅣΔ24ㅣ-ㅣ27ㅣ)		1,607,920	1,607,920
	(30)의제상각누계(10+29)		1,607,920	1,607,920

4. [감가상각비조정명세서합계표]

① 자 산 구 분		② 합 계 액	유 형 자 산			⑥ 무 형 자 산
			③ 건 축 물	④ 기 계 장 치	⑤ 기 타 자 산	
재무상태표상액	(101)기 말 현 재 액	260,000,000	180,000,000	80,000,000		
	(102)감가상각누계액	67,030,000	12,750,000	54,280,000		
	(103)미 상 각 잔 액	192,970,000	167,250,000	25,720,000		
(104)상 각 범 위 액		25,057,920	5,250,000	19,807,920		
(105)회 사 손 금 계 상 액		52,700,000	34,500,000	18,200,000		
조정금액	(106)상 각 부 인 액 ((105) - (104))	29,250,000	29,250,000			
	(107)시 인 부 족 액 ((104)-(105))	1,607,920		1,607,920		
	(108)기왕부인액 중 당기손금추인액					
(109)신고조정손금계상액						

5. [소득금액조정합계표]

손금불산입	건물 감가상각비	29,250,000원	유보발생
손금산입	기계장치 감가상각비	1,607,920원	유보발생

[실무수행평가] – 법인세관리 1

번호	평가문제 [감가상각비조정명세서합계표 조회]	배점	답
25	손금불산입(유보) 금액	3	(29,250,000)원
26	손금산입(유보) 금액	2	(1,607,920)원
27	(105)회사손금계상액 ②합계액	2	(52,700,000)원

② 기업업무추진비 조정명세서(갑,을)

1. [경조사비 등 설정]

[경조사비등 설정]을 클릭하여 [2.문화기업업무추진비 설정]란에 적요번호를 입력한다.

2 문화기업업무추진비 설정							
코드	계정과목명	문화기업업무추진비(신용카드미사용)			문화기업업무추진비(신용카드사용)		
813	접대비 (기업업무추진비) (판)	현금적요 12 ? 공연등 문화예술접대비(조정)			현금적요 8 ? 문화접대비(기업업무추진비)		
		대체적요 12 ? 공연등 문화예술접대비(조정)			대체적요 8 ? 문화접대비(기업업무추진비)		

2. [기업업무추진비 조정명세서(을)]

① 수입금액 명세 합계란 1,281,386,010원, 특수관계인간 거래금액란 80,000,000원

② [6.기업업무추진비계상액 중 사적사용 경비]

400,000원 + 2,200,000원 = 2,600,000원

③ [16.기업업무추진비 중 기준금액 초과액]

54,100,000원 - 2,600,000원 = 51,500,000원

④ [15.신용카드 등 미사용금액]

1,400,000원 - 400,000원 + 1,000,000원 = 2,000,000원

1 1. 수입금액 명세				
구 분	1. 일반 수입 금액	2. 특수관계인간 거래금액	3. 합 계 (1+2)	
금 액	1,201,386,010	80,000,000	1,281,386,010	

2 2. 기업업무추진비등 해당금액			경조사비등 설정	금융기관의 수입금액
4. 계 정 과 목		합계	접대비(기업업무추)	
5. 계 정 금 액		54,100,000	54,100,000	
6. 기업업무추진비계상액중 사적사용 경비		2,600,000	2,600,000	
7. 기업업무추진비 해당금액 (5-6)		51,500,000	51,500,000	
8. 신용카드등미사용금액	경조사비 중 기준 금액 초과액	9.신용카드 등 미사용금액		
		10. 총 초과금액		
	국외지역 지출액	11.신용카드 등 미사용금액		
		12. 총 지출액		
	농어민 지출액	13.송금명세서 미제출금액		
		14. 총 지출액		
	기업업무추진비 중 기준금액 초과액	15.신용카드 등 미사용금액	2,000,000	2,000,000
		16. 총 초과금액	51,500,000	51,500,000
17.신용카드 등 미사용 부인 액 (9+11+13+15)		2,000,000	2,000,000	
18.기업업무추진비 부 인 액 (6+17)		4,600,000	4,600,000	
문화 사업 기업업무추진비		3,500,000	3,500,000	

3. [기업업무추진비 조정명세서(갑)]

을	갑

3 2. 기업업무추진비 한도초과액 조정	중소기업		정부출자법인 여부선택 ◉ 일반 ○ 정부출자법인

구 분	금 액
1.기업업무추진비 해당 금액	51,500,000
2.기준금액 초과 기업업무추진비 중 신용카드 미사용으로 인한 손금불산입액	2,000,000
3.차감 기업업무추진비 해당 금액 (1-2)	49,500,000

일반 기업업무추진비 한도		4. 12,000,000(36,000,000)×월수(12)/12	36,000,000
	총수입 금액 기준	100억원 이하의 금액 × 30/10,000	3,844,158
		100억원 초과 500억원 이하의 금액 × 20/10,000	
		500억원 초과 금액 × 3/10,000	
		5.소계	3,844,158
	일반 수입금액 기준	100억원 이하의 금액 × 30/10,000	3,604,158
		100억원 초과 500억원 이하의 금액 × 20/10,000	
		500억원 초과 금액 × 3/10,000	
		6.소계	3,604,158
	7.수입 금액기준	(5-6)×10/100	24,000

구분	구 분	금액
	8.일반기업업무추진비 한도액 (4+6+7)	39,628,158
문화 기업업무 추진비 한도	9.문화기업업무추진비 지출액	3,500,000
	(소액 미술품 구입비용)	
	10. 문화기업업무추진비 한도액 (9과(8×(20/100))중 작은 금액)	3,500,000
전통시장 기업업무 추진비 한도	11.전통시장기업업무추진비지출액	
	12.전통시장기업업무추진비한도액 (11과(8×(10/100))중 작은 금액)	
	13.기업업무추진비 한도액 합계(8+10+12)	43,128,158
	14.한도초과액 (3-13)	6,371,842
	15.손금산입한도 내 기업업무추진비지출액 (3과 13중 작은 금액)	43,128,158

■부동산임대 특정법인 기업업무추진비 한도액(법법 §25)
○ 부동산임대 특정법인 기업업무추진비 해당 여부 ◉ 부 ○ 여

4. [소득금액조정합계표]

손금불산입	기업업무추진비 중 증빙 누락분	400,000원	상여
손금불산입	기업업무추진비 중 대표이사 개인사용분	2,200,000원	상여
손금불산입	기업업무추진비 중 신용카드 미사용액	2,000,000원	기타사외유출
손금불산입	기업업무추진비 한도초과액	6,371,842원	기타사외유출

[실무수행평가] – 법인세관리 2

번호	평가문제 [기업업무추진비조정명세서 조회]	배점	답
28	1.기업업무추진비 해당금액	3	(51,500,000)원
29	2.기준금액 초과 기업업무추진비 중 신용카드 미사용 손금불산입액	2	(2,000,000)원
30	14.한도초과액	2	(6,371,842)원

③ 가지급금 등의 인정이자 조정명세서(갑,을)

1. [3.가지급금,가수금적수계산]

   1) [1.가지급금(전체)] 대표이사 김지민

No	월일	적요	차변	대변	잔액	일수	적수	발생일자
1	05-17	대여	80,000,000		80,000,000	44	3,520,000,000	2025-05-17
2	06-30	회수		15,000,000	65,000,000	102	6,630,000,000	2025-06-30
3	10-10	대여	5,000,000		70,000,000	83	5,810,000,000	2025-10-10

☞근로자(김성실)의 전세자금 대여액은 업무무관가지급금에서 제외된다.

2) [2.가수금]

No	월일	적 요	차변	대변	잔액	일수	가수금적수
1	01-02	일시가수		20,000,000	20,000,000	77	1,540,000,000
2	03-20	가수반제	20,000,000			287	

3) [3.당좌대출이자율]

직책	성명	G	TY	작업순서 준수(1.가지급금(전체), 2.가수금->3.당좌대출이자율)								'을'지 서식 확인	인명별 불러오기	전체인명 불러오기
대표이	김지민	0	당	No	대여기간 발생년월일 회수년월일	월일	적 요	차변	대변	잔액	일수	가지급금적수	가수금적수	차
				1	2025-05-17	05-17	대여	80,000,000		80,000,000	44	3,520,000,000		
				2	2025-05-17	06-30	회수		15,000,000	65,000,000	185	12,025,000,000		
				3	2025-10-10	10-10	대여	5,000,000		5,000,000	83	415,000,000		

2. [4.인정이자계산]

	당좌대출이자율에 의한 가지급금 등 인정이자 조정		가중평균차입이자율에 의한 가지급금등 인정이자 조정								
10.성명	11.적용이자율선택방법	12.가지급금적수	13.가수금적수	14.차감적수 (12-13)	15.이자율	16.인정이자 (14*15)	17.회사계상액	시가인정범위 18.차액 (16-17)	19.비율(%) (18/16)*100	20.조정액 (20=18) 18=3억이거나 19=5%인경우
김지민	1	15,960,000,000	1,540,000,000	14,420,000,000	4.6	1,817,315		1,817,315	100.00000	1,817,315

3. [소득금액조정합계표]

익금산입	가지급금인정이자(대표이사)	1,817,315원	상여

[실무수행평가] – 법인세관리 3

번호	평가문제 [가지급금 등의 인정이자 조정명세서 조회]	배점	답
31	김지민의 14.차감적수 금액	2	②
32	김성실의 14.차감적수 금액	2	①
33	익금산입 소득처분할 금액	3	(1,817,325)원

④ 기부금조정명세서

1. [기부금명세서]

	1.유형	코드	3.과 목	일자		5.적 요	6.법인명등	7.사업자번호	8.금액
1	특례	10	기부금	1	7	사립대학 연구비	대한대학교		2,000,000
2	특례	10	기부금	6	15	모금행사 기부	강원도청		3,000,000
3	특례	10	기부금	10	12	수재민돕기 성금지급	MBC		10,000,000
4	일반	40	기부금	11	12	장학재단기부금 지급	한국장학회		28,000,000
5	일반	40	기부금	12	22	종교단체기부금	서울천주교유지재단		8,000,000
6	기타	50	기부금	12	26	대표이사 종친회 회비	종친회		5,000,000

2. [소득금액조정합계표]

손금불산입	대표이사 종친회 회비	5,000,000원	상여

3. [기부금조정명세서]

① 소득금액 계산내역

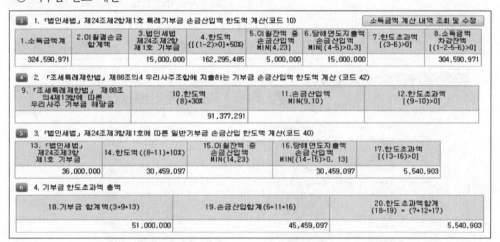

소득금액 계산내역	✕
결산서상 당기순이익	220,570,971
세무조정 익금산입 +	87,520,000
손금산입 -	34,500,000
합병분할 등에 따른 자산양도차익 -	
합병분할 등에 따른 자산양도차손 +	
기부금 합계 금액 +	51,000,000
소 득 금 액 =	324,590,971

☞ 수정후 익금산입 = 익금산입(82,520,000)
   +기부금 손금불산입(5,000,000) = 87,520,000원

② 기부금조정명세서

㉠ 5.기부금 이월액 명세서

2 7	5. 기부금 이월액 명세서						
사업연도	기부금종류	21.한도초과 손금불산입액	22.기공제액	23.공제가능 잔액 (21-22)	24.해당사업 연도 손금추인액	25.차기이월액 (23-24)
2022	「법인세법」 제24조제2항제1호에 따른 특례기부금	12,000,000	7,000,000	5,000,000	5,000,000	

㉡ 기부금 한도 계산

3	1. 「법인세법」 제24조제2항제1호 특례기부금 손금산입액 한도액 계산(코드 10)						소득금액 계산 내역 조회 및 수정
1.소득금액계	2.이월결손금 합계액	3.법인세법 제24조제2항 제1호 기부금	4.한도액 {[(1-2)>0]*50%}	5.이월잔액 중 손금산입액 MIN[4,23]	6.당해연도지출액 손금산입액 MIN[(4-5)>0,3]	7.한도초과액 [(3-6)>0]	8.소득금액 차감잔액 [(1-2-5-6)>0]
324,590,971		15,000,000	162,295,485	5,000,000	15,000,000		304,590,971

4	2. 「조세특례제한법」 제88조의4 우리사주조합에 지출하는 기부금 손금산입액 한도액 계산 (코드 42)			
9. 「조세특례제한법」 제88조 의4제13항에 따른 우리사주 기부금 해당금	10.한도액 (8)*30%	11.손금산입액 MIN(9,10)	12.한도초과액 [(9-10)>0]
	91,377,291		

5	3. 「법인세법」 제24조제3항제1호에 따른 일반기부금 손금산입 한도액 계산(코드 40)			
13. 「법인세법」 제24조제3항 제1호 기부금	14.한도액((8-11)*10%)	15.이월잔액 중 손금산입액 MIN(14,23)	16.당해연도지출액 손금산입액 MIN[(14-15)>0, 13]	17.한도초과액 [(13-16)>0]
36,000,000	30,459,097		30,459,097	5,540,903

6	4. 기부금 한도초과액 출액		
18.기부금 합계액(3+9+13)	19.손금산입액합계(6+11+16)	20.한도초과액합계 (18-19) = (7+12+17)
51,000,000	45,459,097	5,540,903

[실무수행평가] – 법인세관리 4

번호	평가문제 [기부금 조정명세서 조회]	배점	답
34	1.소득금액계	2	(324,590,971)원
35	손금불산입(상여) 금액	2	(5,000,000)원
36	20.한도초과액 합계	3	(5,540,903)원

⑤ 가산세액 계산서

1. 가산세액 계산서

　① 지출증명서류 미수취 가산세 계산 :　가산세 : 5,200,000원×2%＝104,000원

계정과목	금 액	참 고 사 항
세금과공과금(판)	128,000원	법정지출증명서류 수취제외 대상(가산세 제외)
외주가공비(제)	5,000,000원	가산세대상
교육훈련비(판)	2,500,000원	법정지출증명서류 수취제외 대상(가산세 제외)
소모품비(제)	200,000원	가산세대상

　② 기타 가산세 계산

구 분	해 당 금 액	계 산 내 역
간이지급명세서(근로소득)	20,000,000원	20,000,000원×0.125%＝25,000원 (1개월 이내에 제출하였으므로 0.125%(50% 감면) 적용)
주식등 변동상황명세서	10,000,000원	10,000,000원×0.5%＝50,000원 (1개월 이내에 제출하였으므로 0.5%(50% 감면)적용)

각 사업연도 소득에 대한 법인세분		토지 등 양도소득에 대한 법인세분		미환류소득에 대한 법인세분		
(1) 구 분		(2) 계 산 기 준	(3) 기 준 금 액	(4) 가산세율	(5)코드	(6) 가 산 세 액
지출증명서류		미(허위)수취 금액	5,200,000	2/100	8	104,000
지급 명세서	미(누락)제출	미(누락)제출금액		10/1,000	9	
	불분명	불분명금액		1/100	10	
	상증법 §82①⑥	미(누락)제출금액		2/1,000	61	
		불분명금액		2/10,000	62	
	상증법 §82②④	미(누락)제출금액		2/10,000	67	
		불분명금액		2/10,000	68	
	「법인세법」 제75조의7제1항 (일용근로)	미제출금액		25/10,000	96	
		불분명금액		25/10,000	97	
	「법인세법」 제75조의7제1항 (간이지급명세서)	미제출금액	20,000,000	12.5/10,000	102	25,000
		불분명금액		25/10,000	103	
	소 계		20,000,000		11	25,000
주식 등 변동 상황명세서	미제출	액면(출자)가액	10,000,000	5/1,000	12	50,000
	누락제출	액면(출자)가액		10/1,000	13	
	불분명	액면(출자)가액		1/100	14	
	소 계		10,000,000		15	50,000
미(누락)제출		액면(출자)금액		5/1,000	69	
합	계				21	179,000

2. 법인세과세표준 및 세액조정계산서 : 124.가산세 179,000원

[실무수행평가] – 법인세관리 5

번호	평가문제 [가산세액 계산서 조회]	배점	답
37	지출증명서류 미수취 가산세액	2	(104,000)원
38	지급명세서 관련 가산세 소계 금액	2	(25,000)원
39	**[법인세과세표준 및 세액조정계산서 조회]**	3	(179,000)원
법인세관리 소계		35	

Tax Accounting Technician
세무정보처리 자격시험 1급

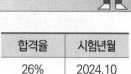

합격율	시험년월
26%	2024.10

실무이론평가

[1] 다음 중 재고자산 단가를 결정하는 방법에 대해 올바르게 설명하고 있는 사람은?

> 영호 : 개별법은 특정 프로젝트별로 생산되는 제품의 원가결정에 유용합니다.
> 상호 : 저가법을 적용하는 경우에는 항목별로 적용하지 않고 모든 재고자산을 통합하여 적용하는 것이 원칙입니다.
> 민수 : 물가상승 시에는 선입선출법보다 후입선출법에 의한 매출원가가 더 큽니다.
> 기영 : 소매재고법은 일반기업회계기준에서 인정하고 있는 방법이 아닙니다.

※ 1차 저작권자의 저작권 침해 소지가 있어 삽화 삽입은 어려우니 양해바랍니다.

① 영호, 민수
② 민수, 상호
③ 상호, 기영
④ 영호, 기영

[2] 다음 자료를 토대로 (주)한공의 20x1년 12월 31일 결산 시 인식해야 할 유형자산 손상차손을 계산하면 얼마인가?

> • 20x0년 1월 1일 공장에서 사용할 기계장치를 12,000,000원에 취득하다.
>   (내용연수 5년, 잔존가치 0원, 정액법)
> • 20x1년 12월 31일 기계장치가 장기간 유휴화되어 손상검사를 실시하다.
>   (3,000,000원에 매각가능하며, 4,000,000원의 사용가치가 있다.)

① 3,000,000원
② 3,200,000원
③ 4,200,000원
④ 5,000,000원

[3] 다음은 (주)한공의 매출채권 관련 자료이다. 20x1년 결산 시 인식할 대손상각비는 얼마인가?

- 20x1 1. 1. : 매출채권 600,000원 및 대손충당금 30,000원
- 20x1년 총 외상매출액 : 2,000,000원(현금매출은 없음.)
- 20x1년 현금으로 회수한 매출채권 : 1,600,000원
- 20x1년 중 회수가 불가능하여 대손 처리한 금액 : 20,000원
- 20x1. 12. 31. : 매출채권 중 회수 가능한 금액은 900,000원으로 추정됨.

① 70,000원　　　② 80,000원　　　③ 110,000원　　　④ 120,000원

[4] 다음은 (주)한공이 20x1년 1월 1일에 발행한 사채에 대한 자료이다. 이에 대한 설명으로 옳지 않은 것은?

- 액면금액 2,000,000원　　　　　　　· 3년 만기
- 유효이자율 6%, 액면이자율 5%　　· 이자는 매년말 지급한다.

① 사채가 할인발행되었다.
② 20x1년 손익계산서상의 이자비용은 현금으로 지급한 이자비용보다 크다.
③ 20x1년 말 사채장부금액은 발행 당시보다 크다.
④ 손익계산서상의 이자비용은 20x1년보다 20x2년이 작다.

[5] 다음 중 내부적으로 창출한 무형자산의 취득원가에 포함될 수 있는 항목은?
① 무형자산이 계획된 성과를 달성하기 전에 발생한 비효율로 인한 손실
② 무형자산 창출에 직접 종사한 직원에 대한 급여
③ 무형자산 창출 후 이를 운용하는 직원의 교육훈련과 관련된 지출
④ 무형자산 창출에 직접 관련되지 아니한 판매관리비 및 기타 일반경비 지출

[6] 다음 중 부가가치세법상 영세율과 면세에 대한 설명으로 옳지 않은 것은?
① 영세율은 소비지국과세원칙을 구현하는 것을 주된 목적으로 하나, 면세는 역진성 완화를 주된 목적으로 한다.
② 영세율 적용 사업자는 매입세액을 환급받을 수 있으나, 면세사업자는 매입세액을 환급받을 수 없다.
③ 면세사업자는 매입처별세금계산서 합계표 제출과 대리납부 외에는 부가가치세법상 의무가 없다.
④ 과세재화를 수출하여 영세율이 적용되는 사업자는 영세율 포기신고를 하면 면세가 적용된다.

[7] 다음 중 소득세법상 세액공제에 대한 설명으로 옳은 것은?

① 특별세액 공제대상 교육비에는 초·중등 교육법에 따른 학교에서 실시하는 방과후 학교 수업료 및 교재구입비가 포함된다.

② 사업자가 해당 과세기간에 천재지변 등으로 자산(토지 포함)총액의 20% 이상을 상실하여 납세가 곤란하다고 인정되는 경우에는 재해손실세액공제를 적용받을 수 있다.

③ 거주자가 공적연금에 납입한 금액은 전액 연금계좌세액공제를 적용받을 수 있다.

④ 간편장부대상자는 복식부기로 기장한 경우 기장세액공제를 받을 수 없다.

[8] 다음은 (주)한공의 상무이사인 김한공 씨가 20x1년에 근로제공 대가로 지급받은 금액의 내역이다. 김한공 씨의 총급여액은 얼마인가? 단, 제시된 자료의 금액은 원천징수하기 전의 금액이다.

> 가. 매월 지급된 급여합계액 : 60,000,000원
> 나. 연간 지급된 상여금 : 30,000,000원(급·상여지급 규정상 한도액 10,000,000원)
> 다. 식사대(월 30만원) : 3,600,000원(회사에서는 식사를 제공하지 않음.)
> 라. 5세 자녀의 보육과 관련하여 사용자로부터 받은 보육수당(월 20만원) : 2,400,000원

① 90,000,000원   ② 91,200,000원
③ 92,400,000원   ④ 93,600,000원

[9] 다음 중 법인세법상 업무용승용차 관련비용에 대한 내용으로 옳지 않은 것은?

① 업무전용자동차보험에 가입하지 않은 경우 업무용승용차 관련비용은 전액 손금불산입하고 기타 사외유출로 소득처분한다.

② 업무전용자동차보험에 가입한 경우 업무용승용차 관련비용에 업무사용비율을 곱한 금액을 손금으로 인정한다.

③ 업무사용비율은 총주행거리에서 업무용 사용거리가 차지하는 비율로 계산하는데, 출퇴근 거리는 업무용 사용거리로 인정받을 수 있다.

④ 업무전용자동차보험에 가입한 경우 업무용승용차 관련비용이 1,500만원(12개월 기준) 이하이면 운행기록부의 작성 없이도 전액이 업무사용금액인 것으로 인정받을 수 있다.

[10] 다음은 (주)한공의 제10기(20x1.1.1.~20x1.12.31.) 과세자료이다. 법인세 과세표준 및 세액조정계산서
상 각 사업연도 소득금액을 계산하면 얼마인가?

결산서상 당기순이익 10,000,000원			
• 기업업무추진비 한도초과액	500,000원	• 대손충당금 한도초과액	600,000원
• 법인세비용	900,000원	• 일반기부금 한도초과액	200,000원
• 전기 특례기부금한도초과 이월분 손금산입액 100,000원		• 이월결손금(제9기 발생분)	700,000원

① 11,400,000원
② 11,600,000원
③ 12,100,000원
④ 12,300,000원

실무수행평가

(주)오성SD(1760)는 플라스틱 성형용기를 제조하여 판매하는 법인기업으로 회계기간은 제7기(20x1.1.1. ~ 20x1.12.31.)이다. 제시된 자료와 [자료설명]을 참고하여 [수행과제]를 완료하고 [평가문제]의 물음에 답하시오.

실무수행1 | 거래자료 입력

실무프로세스 자료이다. [자료설명]을 참고하여 [수행과제]를 수행하시오.

① 잉여금처분

이익잉여금처분계산서

20x0년 1월 1일부터 20x0년 12월 31일까지

처분확정일 : 20x1년 2월 28일

(단위 : 원)

과　　목	금　　액	
Ⅰ. 미처분이익잉여금		542,000,000
1. 전기이월미처분이익잉여금	340,000,000	
2. 당기순이익	202,000,000	
Ⅱ. 임의적립금 등의 이입액		10,000,000
1. 감채적립금	10,000,000	
합　　　　계		552,000,000
Ⅲ. 이익잉여금처분액		(　*** 　)
1. 이익준비금	(　*** 　)	
2. 배당금	65,000,000	
가. 현금배당	40,000,000	
나. 주식배당	25,000,000	
3. 사업확장적립금	10,000,000	
Ⅳ. 차기이월 미처분이익잉여금		(　*** 　)

자료설명	이익준비금은 상법규정에 의한 최소금액을 적립한다. (단, 기초 이익준비금은 고려하지 않는다.)
수행과제	1. 처분확정일에 대한 회계처리를 입력하시오. 2. 전기분 이익잉여금처분계산서를 작성하시오.

② 기타일반거래

■ 보통예금(신한은행) 거래내역

번호	거래일	내용	찾으신금액	맡기신금액	잔액	거래점
		계좌번호 112-088-123123 (주)오성SD				
1	20x1-03-10	주식처분		12,500,000	***	***

자료설명	1. 3월 10일 당사가 보유중인 매도가능증권 1,000주 중 500주를 다음과 같은 조건으로 처분하였다.

	20x0년 7월 31일	20x0년 12월 31일	20x1년 3월 10일	비 고
	취득내역	기말 공정가치	주당 처분금액	
	1,000주 @24,000	@27,000	@25,000원	

※ 20x0년 기말 평가는 일반기업회계기준에 따라 적절하게 처리하였다.

수행과제	처분일의 거래자료를 입력하시오.

실무수행2 부가가치세관리

부가가치세 신고 관련 자료이다. [자료설명]을 참고하여 [수행과제]를 수행하시오.

① 수정전자세금계산서의 발행

전자세금계산서		(공급자 보관용)		승인번호		

공급자	등록번호	104-81-43125			공급받는자	등록번호	203-82-30206		
	상호	(주)오성SD	성명(대표자)	오재미		상호	(주)애경산업	성명(대표자)	김상민
	사업장주소	서울특별시 서초구 서초대로 53				사업장주소	서울특별시 마포구 양화로 188 (동교동, 애경타워)		
	업태	제조업 외	종사업장번호			업태	제조업 외	종사업장번호	
	종목	플라스틱 성형용기 외				종목	생활용품 외		
	E-Mail	ojm@bill36524.com				E-Mail	aekyung@bill36524.com		

작성일자	20x1.4.12.	공급가액	30,000,000	세 액	3,000,000
비고					

월	일	품목명	규격	수량	단가	공급가액	세액	비고
4	12	밀폐용기	BOX	100	300,000	30,000,000	3,000,000	

합계금액	현금	수표	어음	외상미수금	이 금액을	○ 영수	함
33,000,000				33,000,000		● 청구	

자료설명	1. 4월 12일 (주)애경산업에 제품을 공급하고 거래일에 발급 및 전송한 전자세금계산서이다. 2. 4월 20일 (주)애경산업에 납품된 제품 중 불량이 발견되어 아래와 같이 처리하였다. <table><tr><td>밀폐불량</td><td>밀폐용기 1BOX</td><td>반품</td></tr><tr><td>포장불량</td><td>밀폐용기 3BOX</td><td>교환</td></tr></table>
수행과제	1. 수정사유를 선택하여 환입에 따른 수정전자세금계산서를 발급·전송하시오. (전자세금계산서 발급 시 결제내역 및 전송일자는 무시할 것.) 2. 매출환입에 대한 회계처리를 입력하시오.(외상대금 및 제품매출에서 음수(-)로 처리할 것.)

② 기한후 신고

자료 1. 매출(제품)전자세금계산서 발급 목록

번호	작성일자	승인번호	발급일자	전송일자	상호	공급가액	세액	전자세금계산서 종류	이하생략
1	20x11212	생략	20x20115	20x20116	(주)인터코스	25,000,000원	2,500,000원	일반	
2	20x11215	생략	20x20115	20x20116	(주)롬앤	20,000,000원	0원	영세율	

자료 2. 매입(차량 레이,998cc)전자세금계산서 수취 목록

번호	작성일자	승인번호	발급일자	전송일자	상호	공급가액	세액	전자세금계산서 종류	이하생략
1	20x11216	생략	20x11226	20x11227	(주)기아자동차	18,000,000원	1,800,000원	일반	

자료 3. 신용카드 매출자료 누락분(국민카드, 개인 강성원에게 제품매출)

번호	승인년월일	건수	공급대가	신용카드/기타결제	구매전용/카드매출	봉사료
1	20x11220	1	2,200,000원	2,200,000원	0원	0원

자료설명	1. 자료 1 ~ 3은 20x1년 제2기 과세기간 최종 3개월(20x1.10.1.~20x1.12.31.)의 매출과 매입자료이다. 2. 제2기 부가가치세 확정신고를 기한내에 신고하지 못하여 20x2년 2월 10일에 기한 후 신고납부하려고 한다. 3. 20x1년 제2기 부가가치세 예정신고는 적법하게 신고하였다. 4. 자료 2의 차량 레이(998cc)는 영업부에서 사용할 목적으로 구입하였다. 5. 신고불성실가산세는 일반무신고에 의한 가산세율을 적용하며, 미납일수는 16일, 2.2/10,000로 한다.
수행과제	1. 자료를 매입매출전표에 입력하시오.(전자세금계산서 거래는 외상으로 처리하며, 발급거래는 '전자입력'으로 입력할 것.) 2. 가산세를 적용하여 제2기 부가가치세 확정신고서를 작성하시오. (과세표준명세의 '신고구분'과 '신고년월일'을 기재할 것.)

실무수행3 결산

[결산자료]를 참고로 결산을 수행하시오.(단, 제시된 자료 이외의 자료는 없다고 가정함.)

① 수동결산 및 자동결산

자료설명	1. 결산일 현재 손상징후가 있다고 판단되는 건물의 장부금액은 280,000,000원이다. 해당 건물의 손상여부를 검토한 결과 건물의 사용가치는 250,000,000원이고, 순공정가치는 150,000,000원으로 판단되어 손상차손을 인식하기로 하였다. (943.유형자산손상차손 계정으로 회계처리하며, 당기 감가상각비는 고려하지 말 것.) 2. 재고자산 실사내역 <table><tr><th>구 분</th><th>수량</th><th>단위당 취득원가</th><th>단위당 현행대체원가</th></tr><tr><td>원재료</td><td>50개</td><td>300,000원</td><td>320,000원</td></tr></table>※ 당사는 재고자산을 저가법으로 평가하고 있다. 3. 이익잉여금처분계산서 처분 예정(확정)일 - 당기 : 20x2년 2월 28일 - 전기 : 20x1년 2월 28일
수행과제	결산을 완료하고 이익잉여금처분계산서에서 손익대체분개를 하시오. (단, 이익잉여금처분내역은 없는 것으로 하고 미처분이익잉여금 전액을 이월이익잉여금으로 이월하기로 한다.)

평가문제	입력자료 및 회계정보를 조회하여 [평가문제]의 답안을 입력하시오.(70점)

[실무수행평가] – 재무회계

번호	평가문제	배점
11	**평가문제 [재무상태표 조회]** 12월 말 이익준비금은 얼마인가?	2
12	**평가문제 [재무상태표 조회]** 12월 말 재고자산은 얼마인가?	3
13	**평가문제 [재무상태표 조회]** 12월 말 기타포괄손익누계액은 얼마인가?	3
14	**평가문제 [이익잉여금처분계산서 조회]** 당기의 전기이월미처분이익잉여금은 얼마인가?	2
15	**평가문제 [손익계산서 조회]** 당기의 영업외수익은 얼마인가?	2
16	**평가문제 [재무상태표 조회]** 12월 31일 현재 이월이익잉여금(미처분이익잉여금) 잔액은 얼마인가? ① 625,181,950원 ② 628,762,580원 ③ 624,158,190원 ④ 657,962,580원	2
17	**평가문제 [전자세금계산서 발행 및 내역관리 조회]** 4월 20일자 수정세금계산서의 수정사유를 코드번호로 입력하시오.	2
18	**평가문제 [부가가치세신고서 조회]** 제2기 확정 신고기간 부가가치세 기한후신고서의 과세표준 합계(9란) 금액은 얼마인가?	3
19	**평가문제 [부가가치세신고서 조회]** 제2기 확정 신고기간 부가가치세 기한후신고서의 고정자산매입(11란) 세액은 얼마인가?	3
20	**평가문제 [부가가치세신고서 조회]** 제2기 확정 신고기간 부가가치세 기한후신고서의 가산세액(26란) 합계금액은 얼마인가?	3
	재무회계 소계	25

실무수행4 | 원천징수 관리

인사급여 관련 자료이다. [자료설명]을 참고하여 [수행과제]를 수행하시오.

① 중도퇴사자의 원천징수

자료 1. 11월 급여자료

수당항목		
기본급	직책수당	성과수당
3,300,000원	250,000원	기본급의 10%

공제항목						
국민연금	건강보험	고용보험	장기요양 보험	건강보험료 정산	장기요양 보험료 정산	고용보험료 정산
148,500원	116,980원	34,920원	15,140원	47,080원	20,240원	32,000원

자료 2. IRP(개인퇴직연금) 계좌자료

연금계좌 입금내역					
연금계좌 취급자	사업자등록번호	계좌번호	입금일	계좌입금금액	확정급여형 퇴직연금 제도가입일
(주)국민은행	218-81-45679	080-45-779	20x1.11.30.	11,600,000원	2022.11.30.

자료설명	관리부 전상수 과장의 급여자료이다. 1. 급여지급일은 매월 25일이다. 2. 전상수 과장은 20x1년 11월 30일에 퇴직하였다. 3. 퇴직금 11,600,000원은 전상수 과장의 IRP(개인퇴직연금) 계좌로 이체하였다. 　(퇴직급여 지급일자 : 11월 30일)
수행과제	1. [사원등록] 메뉴를 수정 입력하시오. 2. [급여자료입력]에서 전상수 과장의 11월 급여자료를 추가 입력하고 [중도퇴사자정산] 　기능키를 이용하여 퇴사자의 중도정산을 완료하시오. 　(구분 : '1.급여'로 할 것.) 3. [퇴직소득자료입력]에서 퇴직급여 및 IRP계좌를 입력하고 퇴직소득세를 산출하시오. 　(본인 의사에 의한 자발적 퇴직에 해당함.) 4. 급여자료 및 퇴직소득 자료를 이용하여 20x1년 11월의 [원천징수이행상황신고서]를 　작성하시오.(전월 미환급세액 105,400원 있음.)

② 기타소득의 원천징수

자료. 기타소득자 관련정보

코드	00001	지급총액	5,000,000원
소득자성명	이승아		
주민등록번호	930812-2222225	귀속년월 / 지급년월일	20x1년 08월 / 20x1년 08월 26일
소득의 종류	상금 및 부상	주소	경기도 수원시 팔달구 매산로 1-8 (매산로1가)

자료설명	당사는 업무 효율성 향상을 위한 AI활용 경진대회 수상자에게 상금을 지급하였다.
수행과제	1. [기타소득자입력]에서 소득자를 등록하시오. 2. [기타소득자료입력]에서 소득지급내역을 입력하고 소득세를 산출하시오.

[실무수행평가] – 원천징수관리

번호	평가문제	배점
21	**평가문제 [전상수 11월 급여자료 조회]** 11월 급여에 대한 차인지급액은 얼마인가?	3
22	**평가문제 [전상수 11월 퇴직소득자료입력 조회]** 전상수의 이연퇴직 소득세는 얼마인가?	2
23	**평가문제 [11월(귀속, 지급) 원천징수이행상황신고서 조회]** '10.소득세 등' 총 합계(A99) 금액은 얼마인가?	2
24	**평가문제 [08월 기타소득자료입력 조회]** 이승아의 상금 지급 시 원천징수해야 할 세액합계는 얼마인가?	3
	원천징수 소계	10

실무수행5 법인세관리

(주)티원전자(1761)는 중소기업으로 사업연도는 제20기(20x1.1.1. ~ 20x1.12.31.)이다. 입력된 자료와 세무조정 참고자료에 의하여 법인세무조정을 수행하시오.

〈작성대상서식〉

① 수입금액조정명세서

세무조정 참고자료	1. 결산서상 수입금액은 손익계산서의 매출계정을 조회한다. 2. (주)대한쇼핑과 당기부터 제품 위탁판매를 시작하였다. 　(주)대한쇼핑이 20x1.12.29.에 적송품 20,000,000원(원가 16,000,000원)을 판매하였다. 당사는 수탁자가 송부한 세금계산서를 받은 날이 속하는 제21기 사업연도에 매출손익을 계상하였다. 3. 회사는 20x1.12.1.에 상품권 20,000,000원을 발행하고 상품매출로 회계처리하였으나, 20x1.12.31.까지 회수한 상품권은 18,000,000원이다. 4. 제품매출에 대한 매출채권을 조기에 회수하기 위하여 매출할인한 금액 500,000원을 매출액에서 차감하지 아니하고 영업외비용으로 처리하였다.
수행과제	**수입금액조정명세서를 작성하시오.** 1. [1.수입금액 조정계산]에 결산서상 수입금액을 조회하여 반영하시오. 2. [2.수입금액 조정명세]에 기타수입금액을 반영하시오. 3. [1.수입금액 조정계산]에 조정사항을 반영하시오. 4. 소득금액조정합계표에 각 건별로 세무조정사항을 반영하시오.

[실무수행평가] – 법인세관리 1

번호	평가문제 [수입금액 조정명세서 조회]	배점
25	'⑥조정후 수입금액' 계 금액은 얼마인가?	3
26	문제 [1]과 관련된 세무조정 대상 중 손금산입(유보)으로 소득처분할 금액은 얼마인가?	2
27	문제 [1]과 관련된 세무조정 대상 중 익금불산입(유보)으로 소득처분할 금액은 얼마인가?	2

② 퇴직연금부담금조정명세서

자료 1. 전기 자본금과 적립금 조정명세서(을) 내역

[별지 제50호 서식(을)]　　　　　　　　　　　　　　　　　　　(앞 쪽)

사업 연도	20x0.01.01. ~ 20x0.12.31.	자본금과 적립금조정명세서(을)		법인명	(주)티원전자

세무조정유보소득계산

① 과목 또는 사항	② 기초잔액	당 기 중 증감		⑤ 기말잔액 (익기초현재)	비고
		③ 감 소	④ 증 가		
퇴직급여충당부채			30,000,000	30,000,000	
퇴직연금			-30,000,000	-30,000,000	

자료 2. 당기 퇴직급여충당부채와 관련된 세무조정사항

〈소득금액조정합계표〉

익금산입 및 손금불산입			손금산입 및 익금불산입		
과목	금액	처분	과목	금액	처분
퇴직급여충당부채	197,000,000	유보	퇴직급여충당부채	20,000,000	유보

자료 3. 당기말 현재 퇴직금추계액

- 일시퇴직시에 따른 퇴직급여추계액(15명)　　　　　210,000,000원
- 근로자퇴직급여 보장법에 따른 퇴직급여추계액(15명) 209,000,000원

세무조정 참고자료	1. 당사는 확정급여형(DB) 퇴직연금제도를 운영하고 있다. 2. 퇴직연금운용자산 계정과 전기 자본금과 적립금조정명세서(을)을 참고한다. 3. 퇴직급여충당부채와 관련된 세무조정사항은 [퇴직급여충당금조정명세서]와 [소득금액조정합계표]에 입력되어 있다.
수행과제	**퇴직연금부담금 조정명세서를 작성하시오.** 1. [2. 이미 손금산입한 부담금 등의 계산]에 해당금액을 반영하시오. 2. [1. 퇴직연금 등의 부담금 조정]에 해당금액을 반영하시오. 3. 소득금액조정합계표에 각 건별로 세무조정사항을 반영하시오.

[실무수행평가] – 법인세관리 2

번호	평가문제 [퇴직연금부담금조정명세서 조회]	배점
28	'4.당기말부인누계액'은 얼마인가?	3
29	문제 [2]와 관련된 세무조정 대상 중 손금불산입(유보감소)으로 소득금액조정합계표에 반영할 총 금액은 얼마인가?	2
30	문제 [2]와 관련된 세무조정 대상 중 손금산입(유보발생)으로 소득금액조정합계표에 반영할 총 금액은 얼마인가?	2

③ 업무무관지급이자조정명세서(갑,을)

자료 1. 업무무관 자산현황

계정과목	금액	참 고 사 항
투자부동산	100,000,000원	2020년 7월 1일에 비업무용으로 취득하였다.
미술품	50,000,000원	2021년 4월 5일에 업무무관 자산인 미술품을 취득하였다.
소모품비(판)	8,000,000원	20x1년 5월 2일에 환경미화 등의 목적으로 여러 사람이 볼 수 있는 공간(사무실)에 전시하는 미술품을 취득하였다.

자료 2. 이자비용 현황

이자율	이자비용	참 고 사 항
7%	9,200,000원	3,000,000원은 채권자 불분명사채이자이다. (원천징수세액 825,000원 포함)
6%	12,400,000원	1,700,000원은 건설 중인 공장건물(완공예정일 20x2.9.30.)에 대한 차입금 이자이다.
4%	6,700,000원	

세무조정 참고자료	1. 자료 1, 자료 2는 당해연도 재무상태표 및 손익계산서에 반영이 되어 있다. 2. 가지급금 및 가수금은 [가지급금등의인정이자조정(갑,을)]의 데이터를 이용하기로 한다. 3. 제시된 자료 이외의 업무무관 자산은 없다.
수행과제	**업무무관 지급이자조정명세서(갑,을)을 작성하시오.** 1. 업무무관 지급이자조정명세서(을)를 작성하시오. 2. 업무무관 지급이자조정명세서(갑)를 작성하시오. 3. 소득금액조정합계표에 각 건별로 세무조정사항을 반영하시오.

[실무수행평가] – 법인세관리 3

번호	평가문제 [업무무관 지급이자조정명세서(갑) 조회]	배점
31	'①지급이자' 금액은 얼마인가?	2
32	문제 [3]과 관련된 세무조정 대상 중 상여로 소득처분할 금액은 얼마인가?	2
33	문제 [3]과 관련된 세무조정 대상 중 기타사외유출로 소득처분할 총금액은 얼마인가?	3

④ 소득금액조정합계표

자료. 전기 자본금과 적립금 조정명세서(을) 내역

[별지 제50호 서식(을)]　　　　　　　　　　　　　　　　　　　(앞 쪽)

사업 연도	20x0.01.01. ~ 20x0.12.31.	자본금과 적립금조정명세서(을)			법인명	(주)티원전자

세무조정유보소득계산

① 과목 또는 사항	② 기초잔액	당 기 중 증감		⑤ 기말잔액 (익기초현재)	비고
		③ 감 소	④ 증 가		
재고자산(원재료)평가감			2,000,000	2,000,000	
대손금(외상매출금)			3,000,000	3,000,000	

세무조정 참고자료	1. 전기의 재고자산(원재료)평가감 2,000,000원은 손금불산입으로 세무조정하였다. 2. 전기에 부도가 발생하여 대손처리 하였던 외상매출금 3,000,000원은 대손요건이 충족되었다.(비망계정 인식할 것.) 3. 이자수익에는 국세환급금 이자 520,000원이 포함되어 있다. 4. 당기말 토지를 재평가하고 다음과 같이 회계처리하였다. 　(차) 토지　　　　　　　30,000,000원　(대) 재평가잉여금　　　　　　30,000,000원 　　　　　　　　　　　　　　　　　　　　　(기타포괄손익누계액) 5. 손익계산서의 법인세등 계정에 반영되어 있는 법인세와 법인지방소득세는 36,300,479원이다.
수행과제	소득금액조정합계표에 각 건별로 세무조정사항을 반영하시오.

[실무수행평가] – 법인세관리 4

번호	평가문제 [소득금액조정합계표 조회]	배점
34	문제 [4]와 관련된 세무조정 대상 중 손금산입(유보감소)으로 소득금액조정합계표에 반영할 총금액은 얼마인가?	3
35	문제 [4]와 관련된 세무조정 대상 중 익금산입(기타)으로 소득금액조정합계표에 반영할 총금액은 얼마인가?	2
36	문제 [4]와 관련된 세무조정 대상 중 익금불산입(기타)으로 소득금액조정합계표에 반영할 총금액은 얼마인가?	2

5 법인세과세표준 및 세액조정계산서

세무조정 참고자료	1. 각 사업연도 소득금액 내역

① 각사업연도소득	101.결산서상당기순손익	01	207,386,256
	소득금액조정금액 102.익금산입	02	220,000,000
	103.손금산입	03	8,000,000
	104.차가감소득금액(101 + 102 - 103)	04	419,386,256

세무조정 참고자료 (계속)

2. 일반기부금 한도초과액은 8,200,000원이다.
3. 이월결손금은 기 입력된 자본금과적립금조정명세서(갑) 내역을 참고하기로 한다.
4. 세액공제감면내역
  - 중소기업에 대한 특별세액 감면액은 18,000,000원이다.
  - 통합투자세액공제액은 5,000,000원이다.
  - 연구·인력개발비세액공제액은 5,200,000원이다.
5. 결산 시 법인세계정으로 대체한 선납세금계정에는 중간예납과 원천납부세액이 포함되어 있다.

수행과제

법인세과세표준 및 세액조정계산서를 작성하시오.
※ 선택가능한 방법이 있는 경우에는 법인세부담을 최소화하는 방법을 선택한다.
1. 기 입력된 자료는 무시하고 제시된 각 사업연도 소득금액 내역을 이용하여 법인세과세표준 및 세액조정계산서에서 과세표준 및 산출세액을 계산하시오.
2. 일반기부금 한도초과액을 반영하시오.
3. 이월결손금을 반영하시오.
4. 공제감면세액을 반영하시오.
5. 영수증수취명세서를 참고하여 가산세를 반영하시오.
6. 중간예납세액 및 원천납부세액(지방소득세 제외)을 반영하시오.
7. 분납 가능한 최대한의 금액을 분납처리하시오.

[실무수행평가] – 법인세관리 5

번호	평가문제 [법인세과세표준 및 세액조정계산서 조회]	배점
37	'120.산출세액'은 얼마인가?	2
38	'130.소계(26)'는 얼마인가?	2
39	'155.차감납부세액(49)'은 얼마인가? ① 11,409,194원　　　　② 11,789,194원 ③ 13,849,194원　　　　④ 13,909,194원	3
	법인세관리 소계	35

실무이론평가

1	2	3	4	5	6	7	8	9	10
①	②	①	④	②	④	①	②	①	③

01 상호 : 저가법을 적용하는 경우에는 **원칙적으로 항목별로 적용하는 것이** 원칙이다.

기영 : **소매재고법(유통업)은 일반기업회계기준에서 인정하고 있는 원가결정방법**이다.

02 감가상각비 = 취득가액(12,000,000)÷5년 = 2,400,000원/년

감가상각누계액 = 연 감가상각비(2,400,000)×2년 = 4,800,000원

장부금액 = 취득가액(12,000,000) – 감가상각누계액(4,800,000) = 7,200,000원

유형자산손상차손 = 장부금액(7,200,000) – Max[순공정가치(3,000,000), 사용가치(4,000,000)]

$\qquad$ = 3,200,000원

03

매출채권

기초잔액	600,000	대손액	20,000
		회수액	1,600,000
외상매출액	2,000,000	기말잔액	980,000
계	2,600,000	계	2,600,000

기말대손충당금 = 매출채권 잔액(980,000) – 회수가능액(900,000) = 80,000원

대손충당금

대손	20,000	기초	30,000
기말	80,000	**대손상각비(설정?)**	**70,000**
계	100,000	계	100,000

04 ① **액면이자율(5%) 〈 유효이자율(6%)이므로 할인발행**이다.

② 액면이자 〈 유효이자(이자비용)

③ **할인발행시 사채의 장부가액은 매년 증가**한다.

④ 따라서 **이자비용 = 사채의 장부가액×유효이자율**이므로 이자비용은 매년 증가한다.

05 다음 항목은 내부적으로 창출한 무형자산의 원가에 포함하지 아니한다.

① 자산이 계획된 성과를 달성하기 전에 발생한 **비효율로 인한 손실과 초기 영업손실**

③ 무형자산을 창출한 이후 이를 **운용하는 직원의 교육훈련과 관련된 지출**

④ 판매비, 관리비 및 일반경비 지출

06 면세 대상 재화를 수출하는 경우 **면세 포기가 가능하고 이때 영세율을 적용**한다.

07 ② 이때 **자산에는 토지를 제외**한다.

③ 소득세법상 **공적연금은 세액공제가 아니라 소득공제를 적용**한다.

④ 소득세법상 **간편장부대상자가 복식부기로 기장한 경우 기장세액공제**를 받을 수 있다.

08 총급여액 = 급여(60,000,000) + 상여금(30,000,000) + 식대 과세분(1,200,000원) = 91,200,000원

자녀 **보육(양육)수당은 월 20만원까지 비과세**한다.

09 업무전용자동차보험에 가입하지 않은 경우 업무용승용차 관련비용은 전액 손금불산입하고 **귀속자 등에 따라 상여 등으로 소득처분**한다.

10 각 사업연도 소득금액 = 당기순이익(10,000,000) + 기업업무추진비 한도초과액(500,000)

+ 대손충당금 한도초과액(600,000) + 법인세비용(900,000) + 일반기부금 한도초과액(200,000)

- 전기 특례기부금한도초과 이월분 손금산입액(100,000) = 12,100,000원

▨ 실무수행평가

실무수행 1. 거래자료 입력

① 잉여금처분

1. [일반전표입력] 2월 28일

(차) 이월이익잉여금	69,000,000원	(대) 미지급배당금	40,000,000원
감채적립금	10,000,000원	미교부주식배당금	25,000,000원
		이익준비금	4,000,000원
		사업확장적립금	10,000,000원

또는

(차) 감채적립금	10,000,000원	(대) 이월이익잉여금	10,000,000원
이월이익잉여금	79,000,000원	미지급배당금	40,000,000원
		미교부주식배당금	25,000,000원
		이익준비금	4,000,000원
		사업확장적립금	10,000,000원

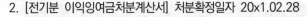

2. [전기분 이익잉여금처분계산서] 처분확정일자 20x1.02.28

과목	계정코드 및 과목명		금액	
Ⅰ. 미처분이익잉여금				542,000,000
1. 전기이월미처분이익잉여금			340,000,000	
2. 회계변경의 누적효과	369	회 계 변 경 의 누 적 효 과		
3. 전기오류수정이익	370	전 기 오 류 수 정 이 익		
4. 전기오류수정손실	371	전 기 오 류 수 정 손 실		
5. 중간배당금	372	중 간 배 당 금		
6. 당기순이익			202,000,000	
Ⅱ. 임의적립금 등의 이입액				10,000,000
1. 감채적립금	357	감 채 적 립 금	10,000,000	
2.				
합 계				552,000,000
Ⅲ. 이익잉여금처분액				79,000,000
1. 이익준비금	351	이 익 준 비 금	4,000,000	
2. 기업합리화적립금	352	기 업 합 리 화 적 립 금		
3. 배당금			65,000,000	
가. 현금배당	265	미 지 급 배 당 금	40,000,000	
나. 주식배당	387	미 교 부 주 식 배 당 금	25,000,000	
4. 사업확장적립금	356	사 업 확 장 적 립 금	10,000,000	
5. 감채 적립금	357	감 채 적 립 금		
6. 배당평균적립금	358	배 당 평 균 적 립 금		
Ⅳ. 차기이월 미처분이익잉여금				473,000,000

2 기타일반거래 [일반전표입력] 3월 10일

(차) 보통예금(신한은행(보통))   12,500,000원   (대) 매도가능증권(178)   13,500,000원
매도가능증권평가익   1,500,000원   매도가능증권처분이익   500,000원

☞ 처분손익 = 처분가액(12,500,000) − 취득가액(500주×24,000) = 500,000원(이익)
   제거되는 매도가능증권평가익 = (27,000 − 24,000) × 500주 = 1,500,000원

실무수행 2. 부가가치세관리

1 수정전자세금계산서의 발행

1. [매입매출전표입력]

① [매입매출전표입력] ➜ [4월 12일] 전표 선택 ➜ 수정세금계산서 클릭 ➜ [수정사유] 화면에서
[3.환입]을 입력 ➜ 확인(Tab) 클릭

비고 : 당초세금계산서작성일 20x1년 4월 12일 자동반영

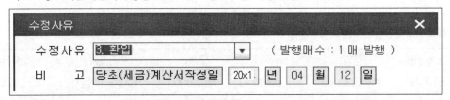

② 수정분 [작성일 4월 20일]입력, 수량, 단가를 입력하여 [공급가액 −300,000원],
[세액 −30,000원] 자동반영 ➜ 확인(Tab) 클릭

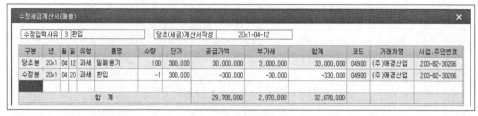

③ [매입매출전표입력] 4월 20일

거래유형	품명	공급가액	부가세	거래처	전자세금
11.과세	환입	-300,000	-30,000	(주)애경산업	전자발행
분개유형	(차) 외상매출금		-330,000원	(대) 제품매출	-300,000원
2.외상				부가세예수금	-30,000원

2. [전자세금계산서 발행 및 내역관리] 기출문제 78회 참고

3. **교환품에 대한 회계처리는 하지 않는다.**

2 기한후 신고

1. [매입매출전표입력]

- 12월 12일

거래유형	품명	공급가액	부가세	거래처	전자세금
11.과세	제품	25,000,000	2,500,000	(주)인터코스	전자입력
분개유형	(차) 외상매출금		27,500,000원	(대) 제품매출	25,000,000원
2.외상				부가세예수금	2,500,000원

- 12월 15일

거래유형	품명	공급가액	부가세	거래처	전자세금
12.영세	제품	20,000,000	-	(주)롬앤	전자입력
분개유형	(차) 외상매출금		20,000,000원	(대) 제품매출	20,000,000원
2.외상					

- 12월 16일

거래유형	품명	공급가액	부가세	거래처	전자세금
51.과세	레이(998cc)	18,000,000	1,800,000	(주)기아자동차	전자입력
분개유형	(차) 차량운반구		18,000,000원	(대) 미지급금	19,800,000원
3.혼합	부가세대급금		1,800,000원		

- 12월 20일

거래유형	품명	공급가액	부가세	거래처	전자세금
17.카과	제품	2,000,000	200,000	강성원	
분개유형	(차) 외상매출금	2,200,000원		(대) 제품매출	2,000,000원
3.카드/혼합	(국민카드)			부가세예수금	200,000원

2. [부가가치세신고서] 10월 1일 ~ 12월 31일

1) 20x1년 제2기 기한 후 부가가치세신고서

	구 분		금액	세율	세액
과세표준및매출세액	과세	세금계산서발급분 1	25,000,000	10/100	2,500,000
		매입자발행세금계산서 2		10/100	
		신용카드.현금영수증 3	2,000,000	10/100	200,000
		기타 4		10/100	
	영세	세금계산서발급분 5	20,000,000	0/100	
		기타 6		0/100	
	예정신고누락분 7				
	대손세액가감 8				
	합계 9		47,000,000	㉮	2,700,000
매입세액	세금계산서수취부분	일반매입 10			
		수출기업수입분납부유예 10-1			
		고정자산매입 11	18,000,000		1,800,000
	예정신고누락분 12				
	매입자발행세금계산서 13				
	그밖의공제매입세액 14				
	합계 (10-(10-1)+11+12+13+14) 15		18,000,000		1,800,000
	공제받지못할매입세액 16				
	차감계 (15-16) 17		18,000,000	㉯	1,800,000
납부(환급)세액 (㉮매출세액-㉯매입세액)				㉰	900,000
경감공제세액	그밖의경감·공제세액 18				
	신용카드매출전표등발행공제계 19		2,200,000	[참고]	
	합계 20		2,200,000	㉱	

2) 과세표준명세

화면상단의 과표(F7) 를 클릭하여 '신고구분'에서 '4.기한후과세표준'을 선택하고, '신고년월일'에 '20x2 - 02 - 10'을 기입 후 확인 을 클릭하면 부가가치세신고서에 '기한후신고'가 표시된다.

3. 가산세명세

- 세금계산서 발급시기

공급시기	발급기한	지연발급(1%)	미발급(2%)
12/12, 12/15	~익년도 1/10	익년도 1.11~1.25	익년도 1.25까지 미발급

구 분			공급가액	세액
매출	과세	세 금(전자)	25,000,000(지연발급)	2,500,000
		기 타	2,000,000	200,000
	영세	세 금(전자)	20,000,000(지연발급)	
		기 타		
매입	세금계산서 등		18,000,000	1,800,000
미달신고(납부)←신고·납부지연 가산세				900,000

1. 전자세금계산서 지연발급	45,0000,000원×1%=450,000원
2. 신고불성실	900,000원×20%×(1-50%)=90,000원 * 1개월 이내 기한후신고시 50% 감면
3. 영세율과세표준 신고불성실	20,000,000원×0.5%×(1-50%)=50,000원 * 1개월 이내 기한후신고시 50% 감면
4. 납부지연	900,000원×16일×2.2(가정)/10,000=3,168원
계	593,168원

가산세명세

	구분		금액	세율	세액
25. 가산세 명세	사업자미등록	61		1%	
	세금계산서지연발급등	62	45,000,000	1%	450,000
	세금계산서지연수취	63		0.5%	
	세금계산서미발급등	64		뒤쪽참조	
	전자세금계산서 지연전송	65		0.3%	
	전자세금계산서 미전송	66		0.5%	
	세금계산서합계표불성실	67		뒤쪽참조	
	신고불성실	69	900,000	뒤쪽참조	90,000
	납부지연	73	900,000	뒤쪽참조	3,168
	영세율과세표준신고불성	74	20,000,000	0.5%	50,000
	현금매출명세서미제출	75		1%	
	부동산임대명세서불성실	76		1%	
	매입자거래계좌미사용	77		뒤쪽참조	
	매입자거래계좌지연입금	78		뒤쪽참조	
	신용카드매출전표 등 수령 명세서 미제출·과다기재	79		0.5%	
	합계	80			593,168
67.세금 계산서 합계표 불성실	미제출			0.5%	
	부실기재			0.5%	
	지연제출			0.3%	
	합계				
69.신고 불성실	무신고(일반)		900,000	뒤쪽참조	90,000
	무신고(부당)			뒤쪽참조	
	과소·초과환급신고(일반)			뒤쪽참조	
	과소·초과환급신고(부당)			뒤쪽참조	
	합계		900,000		90,000

실무수행 3. 결산

① 수동결산 및 자동결산

1. [일반전표입력] 12월 31일

(차) 유형자산손상차손　　　　30,000,000원　　(대) 손상차손누계액　　　　30,000,000원

☞ 손상차손 = 장부금액(280,000,000) - 회수가능액[Max(사용가치 250,000,000원, 순공정가치 150,000,000원)]
= 30,000,000원

2. [결산자료입력]

- 결산자료입력 메뉴에 기말원재료 15,000,000원 입력 후 상단 툴바의 전표추가(F3) 를 클릭하여 결산분개 생성한다.

3. [이익잉여금처분계산서] 메뉴

- 이익잉여금처분계산서에서 처분일을 입력한 후, 전표추가(F3) 를 클릭하여 손익대체 분개를 생성한다.

평가문제. 입력자료 및 회계정보를 조회하여 [평가문제]의 답안을 입력하시오.(70점)

번호	평가문제	배점	답
11	평가문제 [재무상태표 조회]	2	(6,000,000)원
12	평가문제 [재무상태표 조회]	3	(15,000,000)원
13	평가문제 [재무상태표 조회]	3	(1,500,000)원
14	평가문제 [이익잉여금처분계산서 조회]	2	(473,000,000)원
15	평가문제 [손익계산서 조회]	2	(2,500,000)원
16	평가문제 [재무상태표 조회]	2	④
17	평가문제 [전자세금계산서 발행 및 내역관리 조회]	2	(3)
18	평가문제 [부가가치세신고서 조회]	3	(47,000,000)원
19	평가문제 [부가가치세신고서 조회]	3	(1,800,000)원
20	평가문제 [부가가치세신고서 조회]	3	(593,168)원
	재무회계 소계	25	

실무수행 4. 원천징수 관리

① 중도퇴사자의 원천징수(전상수)

1. [사원등록] 퇴사년월일 20x1년 11월 30일

2. [급여자료입력]
   - 급여 등을 입력하고 '중도퇴사자정산' 메뉴를 실행 ➔ [반영Tab]클릭

급여항목	지급액	공제항목	공제액
기본급	3,300,000	국민연금	148,500
직책수당	250,000	건강보험	116,980
성과수당	330,000	고용보험	34,920
		장기요양보험료	15,140
		건강보험료정산	47,080
		장기요양보험료정산	20,240
		고용보험료정산	32,000
		소득세	246,070
		지방소득세	24,620
		농특세	

과　세	3,880,000		
비　과　세			
감면소득		공제액 계	685,550
지급액 계	3,880,000	차인지급액	3,194,450

3. [퇴직소득자료입력]

　① 퇴직사유 '3.자발' 선택

　② [최종]란의 [15.퇴직급여]란에 11,600,000원 입력하고, 이연퇴직소득세액계산 입력

〈지급년월 11월, 3.자발〉

	근 무 처 구 분	중간지급 등	최종	정산
퇴직 급여 현황	(13)근무처명		(주)오성SD-로그인	
	(14)사업자등록번호		104-81-43125	
	(15)퇴직급여		11,600,000	11,600,000
	(16)비과세 퇴직급여			
	(17)과세대상퇴직급여((15)-(16))		11,600,000	11,600,000

	구분	(18)입사일	(19)기산일	(20)퇴사일	(21)지급일	(22)근속월수	(23)제외월수	(24)가산월수	(25)중복월수	(26)근속연수
근속 연수	중간지급 근속연수									
	최종 근속연수	2022-04-01	2022-04-01	2025-11-30		44				4
	정산 근속연수	2022-04-01	2022-04-01	2025-11-30		44				4
	안 분 2012.12.31이전									
	2013.01.01이후									

納付明細　퇴직세액계산　중간정산내역　　　[주의] 40번 금액은 계산 산식과 다르면 전자신고시 오류로 검증됩니다.

이연 퇴직 소득 세액 계산	(37) 신고대상세액((36))	연금계좌 입금내역			연금계좌 복수입력		(39) 퇴직급여 ((17))	(40) 이연퇴직소득세 (37)×(38)/(39)
		연금계좌 취급자	사업자 등록번호	계좌번호	입금일	(38)계좌 입금금액		
	118,400	국민은행	218-81-45679	080-45-779	2025-11-30	11,600,000	11,600,000	118,400

납부 명세	구 분	소득세	지방소득세	농어촌특별세	계
	(42)신고대상세액((36))	118,400	11,840		130,240
	(43)이연퇴직소득세 ((40))	118,400	11,840		130,240
	(44)차감 원천징수 세액((42)-(43))				

(10)확정급여형 퇴직연금 제도가입일	(11)2011.12.31 퇴직금	영수일자	2025-11-30	신고서 귀속년월	2025-11

☞ 소득세 등은 자동계산되어집니다.

4. [원천징수이행상황신고서 작성](귀속기간 11월, 지급기간 11월, 0.정기신고)

원천징수내역　부표-거주자　부표-비거주자　부표-법인원천

	구분	코드	소득지급(과세미달,비과세포함)		징수세액			9.당월 조정 환급세액	10.소득세 등 (가산세 포함)	11.농어촌 특별세
			4.인원	5.총지급액	6.소득세 등	7.농어촌특별세	8.가산세			
근 로 소 득	연말분납금액	A05								
	연말납부금액	A06								
	가 감 계	A10	5	51,360,000	544,250			105,400	438,850	
퇴 직 소 득	연 금 계 좌	A21								
	그 외	A22	1	11,600,000						
	가 감 계	A20	1	11,600,000						
	총 합 계	A99	6	62,960,000	544,250			105,400	438,850	

전월 미환급 세액의 계산				당월 발생 환급세액				18.조정대상환급 (14+15+16+17)	19.당월조정 환급액계	20.차월이월 환급액(18-19)	21.환급신청액
12.전월미환급	13.기환급신청	14.잔액12-13	15.일반환급	16.신탁재산	17.금융등	17.합병등					
105,400		105,400						105,400	105,400		

☞ 소득세 등은 자동계산되어집니다.

② 기타소득의 원천징수

1. [기타소득자등록](00001.이승아, 71.상금 및 부상)

기본사항등록

소득구분/연말구분	71 ? 상금 및 부상(필요경 연말 1 1.부
내 외 국 인 / 국 적	0 0.내국인 거주지국 KR ? 대한민국
소득자구분/실명구분	111 ? 내국인주민등록번호 0 0.실명
개 인 / 법 인	1 1.개인 필요경비율 80 %

2. [기타소득자료입력](지급년월 8월, 지급년월일 8월 26일)

소득지급내역 소득자정보

● 기타 관리 항목

소득구분	법인/개인	필요경비율	영수일자	연말정산적용여부	사업자등록번호	세액감면 및 제한세율근거	계정과목
71 상금 및 부상	개인	80.000	20x1-08-26	부			

● 소득 지급 내역

귀속년월	지급년월일	지급총액	필요경비	소득금액	세율(%)	소득세	법인세	지방소득세	농특세	세액계	차인지급액
20x1-08	20x1-08	26	5,000,000	4,000,000	1,000,000	20.000	200,000		20,000		220,000	4,780,000

[실무수행평가] – 원천징수관리

번호	평가문제	배점	답
21	[전상수 11월 급여자료 조회] 11월 급여에 대한 차인지급액	3	(3,194,450)원
22	[전상수 11월 퇴직소득자료입력 조회] 이연퇴직소득세	2	(118,400)원
23	[11월(귀속, 지급) 원천징수이행상황신고서 조회] 10.소득세 등 총합계	2	(438,850)원
24	[08월 기타소득자료입력 조회] 원천징수해야 할 세액합계	3	(220,000)원
원천징수 소계		10	

※ 21,22,23은 프로그램이 자동계산되어지므로 시점(세법변경, 프로그램 업데이트 등)마다 달라질 수가 있습니다.

실무수행 5. 법인세관리

① 수입금액조정명세서

1. [1. 수입금액 조정계산]

1.수입금액 조정계산

계정과목		③결산서상 수입금액	조 정		⑥조정후 수입금액 (⑨+④-⑤)
①항 목	②과 목		④가산	⑤차감	
1 매 출	제품매출	1,285,467,170			1,285,467,170
2 매 출	상품매출	336,900,000			336,900,000

2. [2. 수입금액 조정명세]

　다. 기타수입금액 반영

　－상품권매출 수입금액－2,000,000원[*]을 입력한다.

　(*) 당기말 현재 상품권 미회수액(2,000,000원)＝상품권 발행액(20,000,000원)－회수금액(18,000,000원)

4	다. 기타 수입금액				
	(23)구분	(24)근거법령	(25)수입금액	(26)대응원가	비고
1	위탁판매누락분		20,000,000	16,000,000	
2	상품권매출		-2,000,000		

3. [1. 수입금액 조정계산]

1	1.수입금액 조정계산					
	계정과목		③결산서상 수입금액	조 정		⑥조정후 수입금액 (③+④-⑤)
	①항 목	②과 목		④가산	⑤차감	
1	매 출	제품매출	1,285,467,170	20,000,000	500,000	1,304,967,170
2	매 출	상품매출	336,900,000		2,000,000	334,900,000

4. 소득금액조정합계표 작성

익금산입	위탁판매 누락분	20,000,000원	유보발생
손금산입	위탁판매 매출원가 누락분	16,000,000원	유보발생
익금불산입	상품권 매출	2,000,000원	유보발생

[실무수행평가] – 법인세관리 1

번호	평가문제 [수입금액 조정명세서 조회]	배점	답
25	⑥조정후 수입금액	3	(1,639,867,170)원
26	손금산입(유보)으로 소득처분할 금액	2	(16,000,000)원
27	익금불산입(유보)으로 소득처분할 금액	2	(2,000,000)원

② 퇴직연금부담금조정명세서

1. [계정별원장]을 이용한 [퇴직연금운용자산]내역 조회

날자	코드	적요	코드	거래처명	차변	대변	잔액
		전기이월			30,000,000		30,000,000
12/03		퇴직금지급	98005	삼성생명		20,000,000	10,000,000
12/20		퇴직연금불입	98005	삼성생명	42,000,000		52,000,000
		[월 계]			42,000,000	20,000,000	
		[누 계]			72,000,000	20,000,000	

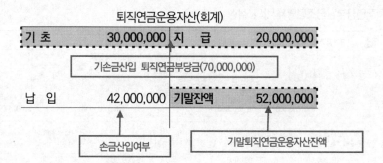

2. [퇴직급여충당금조정명세서]의 퇴직급여충당금조정내역 조회

3 1. 퇴직급여 충당금 조정

영 제60조 제1항에 의한 한도액	1. 퇴직급여 지급대상이 되는 임원 또는 직원에게 지급한 총급여액			2. 설정률	3. 한도액	비고
			394,800,000	5 / 100	19,740,000	

영 제60조 제2항 및 제3항에 의한 한도액	4.장부상 충당금기초잔액	5.확정기여형 퇴직 연금자의 설정전 기계상된 퇴직급여충당금	6.기중 충당금 환입액	7.기초충당금 부인누계액	8.기중 퇴직금 지급액	9.차감액 (4-5-6-7-8)
	50,000,000			30,000,000	17,000,000	3,000,000

	10.추계액대비설정액 (22X(0%))	11.퇴직금전환금	12.설정률 감소에 따라 환입을 제외하는 금액 MAX(9-10-11,0)	13.누적한도액 (10-9+11+12)
			3,000,000	

한도초과액 계 산	14.한도액 (3과 13중 적은금액)		15.회사계상액	16.한도초과액 (15-14)
			197,000,000	197,000,000

1 2. 총급여액 및 퇴직급여추계액 명세   **2** 퇴직급여추계액 명세서

구 분	17.총급여액		18.퇴직급여 지급대상이 아닌 임원 또는 직원에…		19.퇴직급여 지급대상인 임원 또는 직원에 대한…	
계정명	인원	금액	인원	금액	인원	금액
임금 (제)	10	270,000,000			10	270,000,000
급여 (판)	5	124,800,000			5	124,800,000
계	15	394,800,000			15	394,800,000

20.기말현재 임원 또는 직원 전원의 퇴…	
인원	금액
15	210,000,000

21. 「근로자퇴직급여보장법」에 따른…	
인원	금액
15	209,000,000

22.세법상 추계액 MAX(20, 21)
금액
210,000,000

3. [퇴직연금부담금조정명세서]의 작성

3 1.퇴직연금 등의 부담금 조정

1.퇴직급여추계액	당기말현재 퇴직급여충당금				6.퇴직부담금 등 손금산입 누적 한도액(1-5)
	2.장부상 기말잔액	3.확정기여형 퇴직연금자의 퇴직연금 설정전 기계상된 퇴직급여 충당금	4.당기말 부인누계액	5.차감액 (2-3-4)	
210,000,000	210,000,000		207,000,000	3,000,000	207,000,000

7.이미 손금산입한 부담금 등 (17)	8.손금산입한도액 (6-7)	9.손금산입대상 부담금 등(18)	10.손금산입범위액 (8과9중 작은금액)	11.회사손금 계상액	12.조정금액 (10-11)
10,000,000	197,000,000	42,000,000	42,000,000		42,000,000

2. 이미 손금산입한 부담금 등의 계산

2 가. 손금산입대상 부담금 등 계산

13. 퇴직연금예치금등 계(22)	14.기초퇴직연금 충당금등 및 전기말 신고조정에의한 손금산입액	15.퇴직연금충당금 등 손금부인누계액	16.기중퇴직연금 등 수령 및 해약액	17.이미손금산입한 부담금등 (14-15-16)	18.손금산입대상 부담금등 (13-17)
52,000,000	30,000,000		20,000,000	10,000,000	42,000,000

1 나. 기말퇴직연금 예치금등의 계산

19.기초퇴직연금예치금 등	20.기중퇴직연금예치금등 수령 및 해약액	21.당기퇴직연금예치금등의 납입액	22.퇴직연금예치금 등 계 (19-20+21)
30,000,000	20,000,000	42,000,000	52,000,000

- 상단 툴바의 '새로불러오기'를 클릭하여 퇴직급여충당금조정명세서의 내용을 반영하며, [4.당기말 부인누계액]란에 207,000,000원(30,000,000원 - 20,000,000원 + 197,000,000원)을 입력한다.

4. [소득금액조정합계표]

손금불산입	퇴직연금지급액	20,000,000원	유보감소
손금산입	퇴직연금불입액	42,000,000원	유보발생

[실무수행평가] - 법인세관리 2

번호	평가문제 [퇴직연금부담금조정명세서 조회]	배점	답
28	4.당기말부인누계액	3	(207,000,000)원
29	손금불산입(유보감소) 총금액	2	(20,000,000)원
30	손금산입(유보감소) 총금액	2	(42,000,000)원

③ 업무무관지급이자조정명세서(갑,을)

1. [업무무관 지급이자조정명세서(을)]
    ① 업무무관 부동산의 적수

구 분	1	1.업무무관 부동산의 적수	2.업무무관 동산의 적수	3.가지급금 등의 적수	4.가수금 등의 적수	5.그밖의 적수	6.자기자본적수

☐ 적요수정

	①월일	②적요	③차 변	④대 변	④잔 액	⑥일수	⑦적 수
1	01-01	전기이월	100,000,000		100,000,000	365	36,500,000,000

    ② 업무무관 동산의 적수

을	갑						
구 분	2	1.업무무관 부동산의 적수	2.업무무관 동산의 적수	3.가지급금 등의 적수	4.가수금 등의 적수	5.그밖의 적수	6.자기자본적수

☐ 적요수정

	①월일	②적요	③차 변	④대 변	④잔 액	⑥일수	⑦적 수
1	01-01	전기이월	50,000,000		50,000,000	365	18,250,000,000

    ③ 가지급금등의 적수(새로불러오기)

	①월일	②적요	③차 변	④대 변	④잔 액	⑥일수	⑦적 수
1	02-22	지급	98,000,000		98,000,000	179	17,542,000,000
2	08-20	지급	20,000,000		118,000,000	56	6,608,000,000
3	10-15	회수		23,000,000	95,000,000	78	7,410,000,000

    ④ 가수금 등의 적수(새로불러오기)

	①월일	②적요	③차 변	④대 변	④잔 액	⑥일수	⑦적 수
1	01-07	일시가수		5,000,000	5,000,000	31	155,000,000
2	02-07	가수반제	5,000,000			328	

2. [업무무관 지급이자조정명세서(갑)]

2. 1. 업무무관 부동산등에 관련한 차입금 지급이자

① 지급이자	적수				⑥ 차입금 (=19)	⑦ ⑤와 ⑥중 적은금액	⑧ 손금불산입 지급이자 (① × ⑦ ÷ ⑥)
	②업무무관 부동산	③업무무관 동산	④가지급금 등	⑤계(②+③+④)			
23,600,000	36,500,000,000	18,250,000,000	31,405,000,000	86,155,000,000	158,557,738,096	86,155,000,000	12,823,454

1. 2. 지급이자 및 차입금 적수 계산   <연이율 일수 -> 현재: 365 가지급금: 365>   [크게] [차액조정]

	(9)이자율	(10)지급이자	(11)차입금적수	(12)채권자불분명 사채이자		(15)건설자금이자 등		차 감	
				(13)지급이자	(14)차입금적수	(16)지급이자	(17)차입금적수	(18)지급이자 (10-13-16)	(19)차입금적수(11-14-17)
1	7.00000	9,200,000	47,971,428,571	3,000,000	15,642,857,142			6,200,000	32,328,571,429
2	6.00000	12,400,000	75,433,333,333			1,700,000	10,341,666,666	10,700,000	65,091,666,667
3	4.00000	6,700,000	61,137,500,000					6,700,000	61,137,500,000

3. 소득금액조정합계표 작성

손금불산입	채권자 불분명 사채이자 원천징수분	825,000원	기타사외유출
손금불산입	채권자 불분명 사채이자	2,175,000원	상여
손금불산입	건설자금이자	1,700,000원	유보발생
손금불산입	업무무관지급이자	12,823,454원	기타사외유출

[실무수행평가] – 법인세관리 3

번호	평가문제 [업무무관 지급이자조정명세서(갑) 조회]	배점	답
31	①지급이자 금액	2	(23,600,000)원
32	상여로 소득처분할 금액	2	(2,175,000)원
33	기타사외유출로 소득처분할 총금액	3	(13,648,454)원

④ 소득금액조정합계표

[소득금액조정합계표]

손금산입	전기 재고자산(원재료)평가감	2,000,000원	유보감소
손금산입	전기 외상매출금	2,999,000원	유보감소
익금불산입	국세환급금 이자	520,000원	기타
익금산입	토지 재평가잉여금	30,000,000원	기타
익금불산입	토지	30,000,000원	유보발생
손금불산입	법인세 등	36,300,479원	기타사외유출

[실무수행평가] – 법인세관리 4

번호	평가문제 [소득금액조정합계표 조회]	배점	답
34	손금산입(유보감소) 총금액	3	(4,999,000)원
35	익금산입(기타) 총금액	2	(30,000,000)원
36	익금불산입(기타) 총금액	2	(520,000)원

⑤ 법인세과세표준 및 세액조정계산서

1. [소득금액조정합계표]의 소득금액 반영

　　- 결산서상당기순이익 및 소득금액조정금액을 입력한다.

2. 일반기부금한도초과액 입력

　　- 기부금한도초과액 8,200,000원을 입력한다.

3. 이월결손금 입력

- 2021년 발생분 2,000,000원+2022년 발생분 13,000,000원=15,000,000원을 [109.이월결손금]란에 입력한다.

4. 공제·감면 세액 입력

- 최저한세 적용대상 세액공제 : 중소기업특별세액감면액 18,000,000원을 [121.최저한세 적용대상 공제감면세액]란에 입력한다.
- ※ **중소기업특별세액감면과 통합투자세액공제는 중복적용 할 수 없**음, 세부담 최소화에 따라 중소기업특별세액감면을 적용
- 최저한세 적용배제 세액공제 : 연구·인력개발비세액공제액 5,200,000원을 [123.최저한세 적용제외 공제감면세액]란에 입력한다.

5. 가산세액

- [124.가산세액]란에 60,000원 입력한다.
- 3만원초과 지출증명서류 미수취 가산세 : 3,000,000원×2%=60,000원

6. 중간예납세액 및 원천납부세액 입력

- 선납세금(136) 계정별 원장에서 중간예납세액 및 원천납부세액(법인세)을 조회하여 중간예납세액 7,213,000원, 원천징수세액 280,000원을 입력한다.

7. 분납할 세액 입력

- 분납할 세액 13,849,194원을 입력한다.

①각사업연도소득계산	101.결산서상당기순손익	01	207,386,256
	소득금액조정 102.익금산입	02	220,000,000
	금액 103.손금산입	03	8,000,000
	104.차가감소득금액(101 + 102 - 103)	04	419,386,256
	105.기 부 금 한 도 초 과 액	05	8,200,000
	106.기부금한도초과이월액 손 금 산 입	54	
	107.각사업연도소득금액(104+105-106)	06	427,586,256

②과세표준계산	108.각 사 업 연 도 소 득금액(108=107)		427,586,256
	109.이 월 결 손 금	07	15,000,000
	110.비 과 세 소 득	08	
	111.소 득 공 제	09	
	112.과 세 표 준 (108-109-110-111)	10	412,586,256
	159.선 박 표 준 이 익	55	

③산출세액계산	113.과 세 표 준 (113=112+159)	56	412,586,256
	114.세 율	11	19%
	115.산 출 세 액	12	58,391,388
	116.지 점 유 보 소 득(법 제96조)	13	
	117.세 율	14	
	118.산 출 세 액	15	
	119.합 계(115+118)	16	58,391,388

④납부할세액계산	120.산 출 세 액(120=119)		58,391,388
	121.최저한세 적용대상 공제감면세액	17	18,000,000
	122.차 감 세 액	18	40,391,388
	123.최저한세 적용제외 공제감면세액	19	5,200,000
	124.가 산 세 액	20	60,000
	125.가 감 계(122-123+124)	21	35,251,388
	기한내납부세액 126.중 간 예 납 세 액	22	7,213,000
	127.수 시 부 과 세 액	23	
	128.원 천 납 부 세 액	24	280,000
	129.간접회사등외국납부세액	25	
	130.소 계(126+127+128+129)	26	7,493,000
	131.신 고 납 부 전 가 산 세 액	27	
	132.합 계(130+131)	28	7,493,000
	133.감 면 분 추 가 납 부 세 액	29	
	134.차가감납부할 세액(125-132+133)	30	27,758,388
	토지등 양도소득에 대한 법인세 계산(TAB으로 이동)		
	미환류소득법인세 계산(F3으로 이동)/ 중소기업제외		
⑦세액계	151.차가감납부할세액계(134+150+166)	46	27,758,388
	152.사실과다른회계처리경정세액공제	57	
	153.분 납 세 액 계 산 범 위	47	27,698,388
	154.분 납 할 세 액	48	13,849,194
	155.차 감 납 부 세 액	49	13,909,194

[실무수행평가] – 법인세관리 5

번호	평가문제 [법인세과세표준 및 세액조정계산서 조회]	배점	답
37	120.산출세액	2	(58,391,388)원
38	130.소계(26)	2	(7,493,000)원
39	155.차감납부세액(49)	3	④
법인세관리 소계		35	

합격율	시험년월
20%	2024.06

▓▓▓▓▓ 실무이론평가

[1] 다음은 (주)한공의 결산 관련 대화이다. 이를 근거로 계산한 수정 후 당기순이익은 얼마인가?

> 김대표 : 당기말 재무제표는 작성하였습니까?
> 강과장 : 외상매출금에 대한 현금 회수액 3,000,000원과 당기 발생 임차료 경과분 미지급금액 1,200,000원에 대해 기장누락이 발생하여 아직 마무리하지 못했습니다.
> 김대표 : 그럼, 구두로 보고한 당기순이익 51,000,000원에 기장누락된 사항을 반영하면 당기순이익은 얼마입니까?

※ 1차 저작권자의 저작권 침해 소지가 있어 삽화 삽입은 어려우니 양해바랍니다.

① 49,800,000원 ② 51,000,000원
③ 52,200,000원 ④ 55,200,000원

[2] 다음은 (주)한공이 20x1년 1월 1일에 발행한 사채에 대한 자료이다. 이에 대한 설명으로 옳지 <u>않은</u> 것은?

• 액면금액 2,000,000원	• 3년 만기
• 유효이자율 6%, 액면이자율 5%	• 이자는 매년말 지급한다.

① 손익계산서의 이자비용은 20x1년보다 20x2년이 크다.
② 사채가 할증발행 되었다.
③ 20x1년 손익계산서의 이자비용은 현금으로 지급한 이자비용보다 크다.
④ 20x1년말 사채장부금액은 발행당시의 사채장부금액보다 크다.

81

[3] 다음은 (주)한공의 퇴직급여충당부채 관련 자료이다. (가)의 금액으로 옳은 것은?

퇴직급여충당부채					
4/5	보통예금	(가)	1/1	전기이월	7,000,000

〈결산정리사항〉
12월 31일 결산시 임직원 전체에 대한 퇴직금 추계액은 10,000,000원이다.
12월 31일 (차) 퇴직급여 5,000,000원   (대) 퇴직급여충당부채 5,000,000원

① 2,000,000원
② 5,000,000원
③ 7,000,000원
④ 10,000,000원

[4] 다음은 (주)한공이 구입한 차량운반구의 감가상각방법 변경에 대한 자료이다. 이를 토대로 20x2년 기말에 인식할 감가상각비를 계산하면 얼마인가?

20x0. 1. 1. 영업용 차량을 20,000,000원에 구입하다.
            (내용연수 : 5년, 잔존가치 : 0원, 감가상각방법 : 정률법, 상각률 : 0.400 가정)
20x2. 1. 1. 위 차량에 대한 감가상각방법을 정액법으로 변경하다.

①   720,000원
② 1,200,000원
③ 1,440,000원
④ 2,400,000원

[5] 다음은 (주)한공의 본사건물에 대한 자료이다. 재평가모형을 적용하는 경우, 원가모형과 비교하여 재무제표에 미치는 영향을 바르게 설명하고 있는 사람은 누구인가?

• 취득원가 7,000,000원(취득일 20x1년 1월 1일)
• 20x1년말 감가상각누계액 2,500,000원
• 20x1년말 공정가치 6,000,000원

유정 : 당기순이익이 증가하게 될거야.
민희 : 자본이 증가하게 될거야.
수현 : 자산이 증가하게 될거야.
은진 : 영업외수익이 증가하게 될거야.

※ 1차 저작권자의 저작권 침해 소지가 있어 삽화 삽입은 어려우니 양해바랍니다.

① 유정, 수현
② 유정, 은진
③ 민희, 수현
④ 민희, 은진

[6] 다음은 (주)한공의 20x1년 제1기 부가가치세 확정신고기간(20x1.4.1.~20x1.6.30.)의 자료이다. 이를 토대로 부가가치세 과세표준을 계산하면 얼마인가?(단, 주어진 자료의 금액은 부가가치세가 포함되어 있지 않은 금액이며, 세금계산서 등 필요한 증빙서류는 적법하게 발급하였거나 수령하였다.)

가. 외상매출액(매출할인 500,000원을 차감하기 전의 금액임)	10,000,000원
나. 재화의 직수출액	6,000,000원
다. 비영업용 승용차(2,000cc 미만임)의 처분	4,000,000원
라. 과세사업용 부동산 처분액(토지 10,000,000원, 건물 7,000,000원)	17,000,000원
마. 공급받는 자에게 도달하기 전에 파손된 재화의 가액 　　(해당액은 위 외상매출액에 포함되어 있지 않음)	2,000,000원

① 20,000,000원　　　　　　　　　　② 22,500,000원
③ 26,500,000원　　　　　　　　　　④ 28,000,000원

[7] (주)한공의 세무팀은 정년퇴직을 앞둔 임원들에게 현행 소득세법상의 소득의 범위 등에 대하여 설명하고 있다. (주)한공의 세무팀 직원들 중 **잘못** 설명한 사람은?

> 지민 : 퇴직소득을 연금형태로 수령한 경우에는 연금소득으로 분류합니다.
> 경주 : 과세이연된 퇴직금을 일시금 형태로 수령한 경우에는 기타소득으로 원천징수합니다.
> 민규 : 임원퇴직금이 법 소정 한도액을 초과하는 경우 그 초과하는 금액은 근로소득으로 봅니다.
> 혜유 : 퇴직소득을 종합소득과 합산하여 과세하지 않습니다.

※ 1차 저작권자의 저작권 침해 소지가 있어 삽화 삽입은 어려우니 양해바랍니다.

① 지민　　　　　　　　　　　　　② 경주
③ 민규　　　　　　　　　　　　　④ 혜유

[8] 다음은 제조업을 영위하는 개인사업자 김한공 씨의 손익계산서에 반영되어 있는 수익항목 자료이다. 이를 토대로 사업소득 총수입금액을 계산하면 얼마인가? 단, 김한공 씨는 복식부기의무자가 아니다.

가. 매출액	28,000,000원
나. 거래상대방으로부터 받은 판매장려금	2,000,000원
다. 기계장치처분이익	9,000,000원
라. 공장건물의 화재로 인한 보험차익	5,000,000원
마. 배당금수익	3,000,000원

① 30,000,000원　　　　　　　　　　② 35,000,000원
③ 37,000,000원　　　　　　　　　　④ 44,000,000원

[9] 다음 중 회사가 결산서상 회계처리한 경우 법인세법상 그 회계처리를 인정하지 않고 세무조정하여야 하는 것은?(단, 회사는 관할세무서장에게 자산·부채의 평가방법을 신고하지 않은 것으로 가정할 것.)

① 재고자산의 연지급수입이자(외국에서 외상수입에 따른 이자)를 취득가액과 구분하여 결산서에 지급이자로 비용계상한 금액

② 금융회사 외의 법인이 보유한 화폐성 외화자산부채를 기업회계기준에 따라 환산하는 경우 그 외환차이가 발생한 기간의 외화환산손익으로 인식한 금액

③ 자산을 장기할부조건 등으로 취득하는 경우 기업회계기준에 따라 명목가치와 현재가치의 차이인 현재가치할인차금을 평가하여 이를 취득가액에 포함하지 않은 금액

④ 유형자산의 취득과 함께 국·공채를 매입하는 경우 기업회계기준에 따라 그 국·공채의 매입가액과 현재가치의 차액을 해당 유형자산의 취득가액으로 계상한 금액

[10] 다음 중 법인세의 신고와 납부에 대한 설명으로 옳지 않은 것은?

① 자진납부할 세액이 1천만원을 초과하는 경우에는 납부기한이 지난 날부터 1개월(중소기업은 2개월)이내에 분납할 수 있다.

② 내국영리법인이 법인세 과세표준 신고를 할 때 재무상태표·포괄손익계산서·이익잉여금처분계산서(또는 결손금처리계산서) 및 「법인세과세표준 및 세액조정계산서」를 첨부하지 않으면 무신고로 본다.

③ 외부회계감사대상 법인의 회계감사가 종결되지 아니하여 결산이 확정되지 아니한 경우로서 신고기한 종료일 이전 3일 전까지 신고기한연장신청서를 제출한 경우에는 신고기한을 1개월의 범위에서 연장 할 수 있다.

④ 각 사업연도의 기간이 6개월을 초과하는 법인은 사업연도 개시일부터 6개월간을 중간예납기간으로 하여 중간예납기간이 경과한 날부터 3개월 이내에 그 기간에 대한 법인세를 신고·납부해야 한다.

실무수행평가

(주)에코피앤지(1730)는 공기청정기를 제조하여 판매하는 법인기업으로 회계기간은 제7기(20x1.1.1.~ 20x1.12.31.)이다. 제시된 자료와 [자료설명]을 참고하여 [수행과제]를 완료하고 [평가문제]의 물음에 답하시오.

실무수행1 | 거래자료 입력

실무프로세스자료이다. [자료설명]을 참고하여 [수행과제]를 수행하시오.

① 사채

자료 1. 사채의 발행내역

1. 사채발행일 : 20x1년 1월 1일
2. 사채의 액면금액 : 30,000,000원
3. 사채의 발행금액 : 29,266,830원
4. 사채의 만기 : 3년
5. 표시이자율 : 8%
6. 시장이자율 : 10%
7. 이자지급 : 연 4회(3월31일, 6월30일, 9월30일, 12월31일)

자료 2. 보통예금(국민은행) 거래내역

번호	거래일	내용	찾으신금액	맡기신금액	잔액	거래점
		계좌번호 888-02-147555 (주)에코피앤지				
1	20x1-3-31	사채상환	15,000,000		***	서대문
2	20x1-3-31	사채이자	600,000		***	서대문

자료설명	1. 자료 1은 당사의 사채발행내역이다. 2. 자료 2는 사채 일부(50%)를 조기상환하면서 1분기 이자와 상환액을 지급한 내역이다.(1분기 이자지급액은 월할 계산할 것.) 3. 사채할인발행차금은 유효이자율법으로 상각한다.(원 미만 버림.) 4. 사채이자에 대한 원천징수는 고려하지 아니한다.
수행과제	이자지급거래와 사채상환거래를 각각 입력하시오.

② 퇴직연금

자료설명	1. 교보생명(주)에 확정급여형(DB) 퇴직연금을 가입하고, 「근로자퇴직급여 보장법」에 따라 확정급여형퇴직연금제도의 최소적립비율에 맞춰 퇴직금추계액의 100%를 불입하고 있다. 2. 6월 30일 교보생명(주)에서 상반기 퇴직연금 운용결과 운용이익 1,000,000원이 발생하였음을 통보받았다.
수행과제	6월 30일의 거래자료를 입력하시오. (퇴직연금운용이익(922) 계정과목을 사용하며, 퇴직연금운용자산은 거래처코드를 입력할 것.)

실무수행2 부가가치세관리

부가가치세 신고 관련 자료이다. [자료설명]을 참고하여 [수행과제]를 수행하시오.

① 수정전자세금계산의 발급

전자세금계산서 (공급자 보관용)

승인번호

	등록번호	104-81-43125				등록번호	140-81-32186		
공급자	상호	(주)에코피앤지	성명 (대표자)	이덕현	공급받는자	상호	(주)LG건강	성명 (대표자)	김정수
	사업장주소	서울특별시 서초구 서초대로 53				사업장주소	서울특별시 동작구 국사봉2가길 10		
	업태	제조업 외	종사업장번호			업태	제조, 도소매업	종사업장번호	
	종목	공기청정기 외				종목	건강기기 외		
	E-Mail	eco@bill36524.com				E-Mail	wellbeing@bill36524.com		

작성일자	20x1.5.20.	공급가액	30,000,000	세액	3,000,000
비고					

월	일	품목명	규격	수량	단가	공급가액	세액	비고
5	20	계약금				30,000,000	3,000,000	

합계금액	현금	수표	어음	외상미수금	이 금액을	● 영수 ○ 청구	함
33,000,000							

자료설명	1. 5월 20일에 발급된 전자세금계산서는 계약금을 수령하고 발급한 것이다.
	2. 5월 30일에 원자재 수입이 지연됨에 따라 서로 합의하에 계약을 해제하기로 하였다.
	3. 수령한 계약금은 해제일에 국민은행 보통예금 계좌에서 이체하여 지급하였다.
수행과제	수정사유를 선택하여 전자세금계산서 발행 및 내역관리 메뉴에서 발급 및 전송하시오.
	(전자세금계산서 발급 시 결제내역 입력 및 전송일자는 무시할 것.)

② 확정신고누락분의 수정신고서 반영

자료 1. 매출 전자세금계산서 발급 목록(제품 매출)

				매출전자세금계산서 목록				
번호	작성일자	승인번호	발급일자	전송일자	상호	공급가액	세액	전자세금계산서 종류
1	20x1-10-20	생략	20x2-2-12	20x2-2-13	(주)씨제이	10,000,000원	1,000,000원	일반

자료 2. 매입 전자세금계산서 수취 목록(원재료 매입)

				매입전자세금계산서 목록				
번호	작성일자	승인번호	발급일자	전송일자	상호	공급가액	세액	전자세금계산서 종류
1	20x1-11-15	생략	20x1-11-15	20x1-11-15	(주)인터코스	2,000,000원	200,000원	일반

자료 3. 개인적으로 공급한 제품 누락분

• 11월 27일 대표이사 이덕현이 개인적으로 사용한 제품에 대하여 회계처리가 누락되었음을 발견하다.
(원가 2,500,000원, 시가 3,000,000원)

자료설명	1. 자료 1~3은 20x1년 제2기 부가가치세 확정 신고 시 누락된 매출과 매입 관련 자료이다.
	2. 매입매출전표에 작성일자로 자료를 입력하고 제2기 부가가치세 확정 수정신고서(수정차수 1)를 작성하려고 한다.
	3. 20x2년 2월 14일에 수정신고 및 추가 납부하며, 신고불성실가산세는 일반과소신고에 의한 가산세율을 적용하고, 미납일수는 20일, 1일 2.2/10,000로 한다.
수행과제	1. 누락된 거래자료를 입력하시오.(자료 1과 자료 2의 거래는 모두 외상이며, 전자세금계산서 발급거래는 '전자입력'으로 입력할 것.)
	2. 가산세를 적용하여 제2기 부가가치세 확정신고에 대한 수정신고서를 작성하시오.

실무수행3   결산

[결산자료]를 참고하여 결산을 수행하시오.(단, 제시된 자료 이외의 자료는 없다고 가정함.)

① 수동결산 및 자동결산

<table>
<tr><td rowspan="18">자료설명</td><td colspan="2">1. 유가증권(매도가능증권) 평가
자료 1. 유가증권취득 내역</td></tr>
</table>

<table>
<tr><th>취득일</th><th>종류</th><th>보유목적</th><th>수량</th><th>주당 액면금액</th><th>주당 구입금액</th></tr>
<tr><td>20x0년 4월 8일</td><td>주식</td><td>장기투자목적</td><td>10,000주</td><td>5,000원</td><td>10,000원</td></tr>
</table>

자료 2. 유가증권 평가

<table>
<tr><th>평가일</th><th>주당 공정가치</th></tr>
<tr><td>20x0년 12월 31일</td><td>12,000원</td></tr>
<tr><td>20x1년 12월 31일</td><td>8,000원</td></tr>
</table>

- 보유중인 매도가능증권의 시장가치가 급격히 하락하여 손상차손으로 회계처리를 하려고 한다.

2. [재고 실사내역]

<table>
<tr><th rowspan="2">구 분</th><th colspan="3">내 역</th></tr>
<tr><th>단위당원가</th><th>수 량</th><th>금 액</th></tr>
<tr><td>원재료</td><td>7,000원</td><td>2,000개</td><td>14,000,000원</td></tr>
<tr><td>제 품</td><td>50,000원</td><td>1,000개</td><td>50,000,000원</td></tr>
</table>

3. 이익잉여금처분계산서 처분 예정(확정)일
- 당기 : 20x2년 2월 28일
- 전기 : 20x1년 2월 28일

<table>
<tr><td>수행과제</td><td>결산을 완료하고 이익잉여금처분계산서에서 손익대체분개를 하시오.
(단, 이익잉여금처분내역은 없는 것으로 하고 미처분이월이익잉여금 전액을 이월이익잉여금으로 이월하기로 할 것.)</td></tr>
</table>

평가문제	입력자료 및 회계정보를 조회하여 [평가문제]의 답안을 입력하시오.(70점)

[실무수행평가] – 재무회계

번호	평가문제	배점
11	**평가문제 [월계표 조회]** 6월에 발생한 영업외수익은 얼마인가?	2
12	**평가문제 [손익계산서 조회]** 당기에 발생한 이자비용은 얼마인가?	2
13	**평가문제 [손익계산서 조회]** 당기의 제품매출원가는 얼마인가?	2
14	**평가문제 [재무상태표 조회]** 3월 말 사채의 장부금액은 얼마인가?	3
15	**평가문제 [재무상태표 조회]** 12월 말 유동부채 금액은 얼마인가?	3
16	**평가문제 [재무상태표 조회]** 12월 말 기타포괄손익누계액은 얼마인가? ① 20,000,000원 ② 0원 ③ 40,000,000원 ④ 4,000,000원	2
17	**평가문제 [재무상태표 조회]** 12월 말 이월이익잉여금(미처분이익잉여금) 잔액은 얼마인가? ① 750,987,478원 ② 734,005,160원 ③ 754,688,440원 ④ 748,545,663원	2
18	**평가문제 [부가가치세신고서 조회]** 제2기 확정 [수정차수 1]의 부가가치세신고서의 매입세액차감계(17란) 세액은 얼마인가?	3
19	**평가문제 [부가가치세신고서 조회]** 제2기 확정 [수정차수 1]의 부가가치세신고서의 매출세액(9란) 세액은 얼마인가?	3
20	**평가문제 [부가가치세신고서 조회]** 제2기 확정 [수정차수 1]의 부가가치세신고서의 가산세액계(26란) 금액은 얼마인가?	3
	재무회계 소계	25

실무수행4 | 원천징수 관리

인사급여 관련 자료이다. [자료설명]을 참고하여 [수행과제]를 수행하시오.

1 중도퇴사자의 정산

자료. 11월 급여자료

수당		공제					
기본급	상여	국민연금	건강보험	장기요양보험	고용보험	건강보험료정산	장기요양보험료정산
3,600,000	2,000,000	입력에 의하여 자동으로 계산된 금액으로 공제 함.				127,320	14,050

자료설명	관리부 송민기 과장의 급여자료이다. 1. 급여지급일은 매월 25일이다. 2. 송민기 과장은 20x1년 11월 30일에 자발적으로 퇴직하였고, 11월 30일 퇴직금을 지급하였다.
수행과제	1. [사원등록] 메뉴를 수정 입력하시오. 2. [급여자료입력]에서 송민기 과장의 11월 급여자료를 추가 입력하고 [중도퇴사자정산] 기능키를 이용하여 퇴사자의 중도정산을 완료하시오. (구분 : '2.급여+상여'로 할 것.) 3. [퇴직금산정]에서 퇴직금을 산출 하시오. 4. [퇴직소득자료입력]에서 산출된 퇴직금을 반영하여 퇴직소득세를 계산하시오.

2 사업소득의 원천징수

자료. 사업소득자 관련정보

성 명	이명수(코드 22001)
거주구분(내국인 / 외국인)	거주자 / 내국인
주민등록번호	950817-2251621
귀속년월 / 지급년월일	20x1년 6월 / 20x1년 7월 5일
지급금액	2,000,000원

자료설명	1. 20x1년 회사 창립기념일에 행사진행전문가(행사도우미) 이명수에게 행사진행을 요청하고 수수료를 지급하였다. 2. 행사진행전문가 이명수는 고용관계가 없으며, 행사진행이 주업이다.
수행과제	1. [사업소득자입력]을 하시오. 2. [사업소득자료입력] 메뉴에서 사업소득세를 산출하고, [원천징수이행상황신고서]에 반영하시오.

[실무수행평가] – 원천징수관리

번호	평가문제	배점
21	**평가문제 [급여자료입력 조회]** 송민기의 11월분 소득세는 얼마인가?	3
22	**평가문제 [퇴직소득자료입력 조회]** 송민기의 42.신고대상세액의 계는 얼마인가?	2
23	**평가문제 [퇴직금산정 조회]** 송민기의 산정상여는 얼마인가?	3
24	**평가문제 [원천징수이행상황신고서 조회]** (귀속월 6월, 지급월 7월)의 20.차월이월환급액은 얼마인가?	2
	원천징수 소계	10

실무수행5 | 법인세관리

(주)스타기업(1731)은 중소기업으로 사업연도는 제20기(20x1.1.1. ~ 20x1.12.31.)이다. 입력된 자료와 세무조정 참고자료에 의하여 법인세무조정을 수행하시오.

① 수입금액조정명세서

<table>
<tr><td rowspan="10">세무조정
참고자료</td><td colspan="4">1. 결산서상 수입금액은 손익계산서의 매출계정을 조회한다.
2. (주)서우산업과 체결한 공사내용은 다음과 같다.</td></tr>
<tr><td>구 분</td><td>내 용</td><td>구 분</td><td>내 용</td></tr>
<tr><td>공사명</td><td>울산공장 신축공사</td><td>도급자</td><td>(주)서우산업</td></tr>
<tr><td>도급금액</td><td>500,000,000원</td><td>총공사비누적액</td><td>300,000,000원</td></tr>
<tr><td>총공사예정비</td><td>400,000,000원</td><td>공사계약일</td><td>20x0.10.1.</td></tr>
<tr><td>도급계약기간</td><td colspan="3">20x0.10.1. ~ 20x3.3.31.</td></tr>
<tr><td rowspan="2">손익계산서
수입금액</td><td>20x0년</td><td colspan="2">140,000,000원</td></tr>
<tr><td>20x1년</td><td colspan="2">225,000,000원</td></tr>
<tr><td colspan="4">3. 회사는 제품판매를 촉진하기 위하여 상품권을 발행하고 있다.
　20x1년 4월 1일에 상품권 30,000,000원을 발행하고 제품매출로 회계처리 하였으나,
　20x1년 12월 31일까지 회수된 상품권은 없다.</td></tr>
</table>

수행과제	수입금액조정명세서를 작성하시오. 1. [1.수입금액 조정계산]에 결산서상 수입금액을 조회하여 반영하시오. 2. [2.수입금액 조정명세]에 작업진행률에 의한 수입금액을 반영하시오. 3. [2.수입금액 조정명세]에 기타수입금액을 반영하시오. 4. [1.수입금액 조정계산]에 조정사항을 반영하시오. 5. 소득금액조정합계표에 각 건별로 세무조정사항을 반영하시오.

[실무수행평가] – 법인세관리 1

번호	평가문제 [수입금액 조정명세서 조회]	배점
25	'⑥조정후 수입금액'의 합계금액은 얼마인가?	3
26	문제 [1]과 관련된 세무조정 대상 중 익금산입(유보발생)으로 소득금액조정합계표에 반영할 금액은 얼마인가?	2
27	문제 [1]과 관련된 세무조정 대상 중 익금불산입(유보발생)으로 소득금액조정합계표에 반영할 금액은 얼마인가?	2

② 감가상각비조정명세서

자료. 감가상각 관련 자료

고정자산 내 역	코드	자산명	내용 연수	경비 구분	업종 코드	취득일	취득금액	전기말 상각누계액	당기 회사 감가상각비
비품	101	온풍기	5년	판관	05	2023.1.10.	10,000,000원	4,510,000원	4,510,000원
기계장치	201	스마트 포장기	5년	제조	20	2023.1.20.	100,000,000원	42,100,000원	25,112,900원

세무조정 참고자료	1. 당기의 감가상각 관련 자료이다. 2. 회사는 감가상각 방법을 무신고 하였다. 3. 기계장치(스마트포장기)에 대한 전년도 감가상각 시인부족액 3,000,000원에 대하여 당기에 다음과 같이 회계처리 하였다.(전년도 감가상각에 대한 세무조정은 없었다) 　(차) 전기오류수정손실(이익잉여금)　3,000,000원　　(대) 감가상각누계액　3,000,000원 4. 제시된 자산외에는 감가상각을 하지 않는다고 가정한다.
수행과제	감가상각비조정명세서를 작성하시오. 1. 감가상각액을 산출하기 위하여 고정자산을 각각 등록하시오. 　(고정자산등록에 관련된 자료는 주어진 자료를 최대한 입력하시오.) 2. 미상각분 감가상각조정명세를 작성하시오. 3. 감가상각비조정명세서합계표를 작성하시오. 4. 소득금액조정합계표에 개별자산별로 세무조정사항을 반영하시오.

[실무수행평가] - 법인세관리 2

번호	평가문제 [감가상각비조정명세서합계표 조회]	배점
28	④기계장치의 '(106)상각부인액'은 얼마인가?	2
29	⑤기타자산의 '(106)상각부인액'은 얼마인가?	3
30	문제 [2]와 관련된 세무조정 대상 중 손금산입(기타)으로 소득처분할 금액은 얼마인가?	2

③ 퇴직급여충당금조정명세서

자료 1. 전기 자본금과 적립금 조정명세서(을) 내역

[별지 제50호 서식(을)]   (앞 쪽)

사업 연도	20x0.01.01. ~ 20x0.12.31.	자본금과 적립금조정명세서(을)		법인명	(주)스타기업

세무조정유보소득계산

① 과목 또는 사항	② 기초잔액	당 기 중 증감		⑤ 기말잔액 (익기초현재)	비고
		③ 감 소	④ 증 가		
퇴직급여충당부채			40,000,000	40,000,000	

자료 2. 급여지급 내역

계정과목	총 인원수	1년 미만 근속 인원수	1년 미만 근속자 총급여액
801.급여	3명	1명	12,000,000원
504.임금	6명	1명	28,000,000원

세무조정 참고자료	1. 총급여액은 관련된 계정과목을 참고한다. 　(급여(판)에는 임원의 규정초과상여금 10,000,000원, 직원의 규정초과상여금 　12,000,000원이 포함되어 있다.) 2. 1년 미만 근속자에 대한 급여액 자료는 자료 2와 같으며, 퇴직급여 지급규정에 따라 　1년미만 근속자는 퇴직급여 지급대상에 포함되지 않는다. 3. 일시퇴직시 퇴직급여추계액은 80,080,000원, 「근로자퇴직급여 보장법」에 따른 퇴직 　급여추계액은 79,300,000원이다. 4. 퇴직급여충당부채계정 및 전기분 자본금과 적립금 조정명세서(을)를 참고한다.
수행과제	**퇴직급여충당금조정명세서를 작성하시오.** 1. [2.총급여액 및 퇴직급여추계액 명세]에 해당 금액을 반영하시오. 2. 전기분 자본금과 적립금 조정명세서(을)와 기장 자료를 조회하여 [1.퇴직급여충당금조 　정]에 해당 금액을 반영하시오. 3. 소득금액조정합계표에 각 건별로 세무조정사항을 반영하시오.

[실무수행평가] - 법인세관리 3

번호	평가문제 [퇴직급여충당금조정명세서 조회]	배점
31	문제 [3]과 관련된 세무조정 대상 중 손금산입할 총금액은 얼마인가?	2
32	문제 [3]과 관련된 세무조정 대상 중 손금불산입(상여)으로 소득처분할 금액은 얼마인가?	2
33	문제 [3]과 관련된 세무조정 대상 중 손금불산입(유보발생)으로 소득처분할 금액은 얼마인가?	3

④ 세금과공과금 명세서

세무조정 참고자료	기장된 자료를 조회하시오. (단, 517.세금과공과금, 817.세금과공과금 계정만 반영하도록 할 것.)
수행과제	**세금과공과금 명세서를 작성하시오.** 1. [계정별원장 불러오기]를 이용하여 손금불산입할 항목을 표기하시오. 2. 소득금액조정합계표에 세무조정사항을 각 건별로 반영하시오.

[실무수행평가] - 법인세관리 4

번호	평가문제 [세금과공과금 명세서 조회]	배점
34	문제 [4]와 관련된 세무조정 대상 중 손금불산입(기타)으로 소득처분할 금액은 얼마인가?	2
35	문제 [4]와 관련된 세무조정 대상 중 손금불산입(상여)으로 소득처분할 금액은 얼마인가?	2
36	문제 [4]와 관련된 세무조정 대상 중 손금불산입(기타사외유출)으로 소득처분할 금액은 얼마인가?	3

⑤ 공제감면세액계산서(2) 및 최저한세조정계산서

세무조정 참고자료	1. 당사는 중소기업에 대한 특별세액감면을 받고자 세액감면신청서를 제출하기로 한다. 2. 각 사업연도 소득금액 내역

<table>
<tr><td rowspan="7">① 각 사 업 연 도 소 득 계 산</td><td colspan="2">101.결 산 서 상 당 기 순 손 익</td><td>01</td><td>135,929,900</td></tr>
<tr><td rowspan="2">소득금액조정
금 액</td><td>102.익 금 산 입</td><td>02</td><td>42,500,000</td></tr>
<tr><td>103.손 금 산 입</td><td>03</td><td>1,860,000</td></tr>
<tr><td colspan="2">104.차가감소득금액(101 + 102 - 103)</td><td>04</td><td>176,569,900</td></tr>
<tr><td colspan="2">105.기 부 금 한 도 초 과 액</td><td>05</td><td></td></tr>
<tr><td colspan="2">106.기부금한도초과이월액손금산입</td><td>54</td><td></td></tr>
<tr><td colspan="2">107.각사업연도소득금액 (104+105-106)</td><td>06</td><td>176,569,900</td></tr>
</table>

3. 감면대상 세액계산 자료
 - 감면소득 : 156,562,000원
 - 과세표준 : 176,569,900원
 - 감면율 : 30% 적용
 - 직전 과세연도 대비 상시근로자 감소 인원수 : 0명
 - 사유발생일 : 20x1년 12월 31일

수행과제	**공제감면세액계산서(2) 및 최저한세조정계산서를 작성하시오.** 1. 기 입력된 자료는 무시하고 제시된 각 사업연도 소득금액 내역을 이용하여 법인세과세표준 및 세액조정계산서에서 과세표준 및 산출세액을 계산하시오. 2. 공제감면세액계산(2)에 감면대상 세액계산 자료를 이용하여 중소기업에 대한 특별세액감면세액을 산출하시오. 3. 최저한세조정계산서를 통하여 최저한세 적용여부를 검토하시오. 4. 공제감면세액계산서(2)에 최저한세 적용에 따른 감면배제금액을 반영하시오. 5. 공제감면세액계산서(2)에서 산출된 감면세액을 공제감면세액합계표(갑,을)에 반영하시오.

[실무수행평가] - 법인세관리 5

번호	평가문제	배점
37	**평가문제 [공제감면세액계산서(2) 조회]** '③감면대상세액'은 얼마인가?	3
38	**평가문제 [공제감면세액계산서(2) 조회]** '④최저한세 적용 감면배제금액'은 얼마인가?	2
39	**평가문제 [공제감면세액 합계표(갑,을) 조회]** '(154)중소기업에 대한 특별세액감면의 ④감면세액'은 얼마인가?	2
	법인세관리 소계	35

실무이론평가

1	2	3	4	5	6	7	8	9	10
①	②	①	④	③	③	②	②	②	④

01 수정 후 당기순이익 = 수정 전 당기순이익(51,000,000) - 임차료(1,200,000) = 49,800,000원

외상매출금 현금 회수액은 당기순이익에 영향을 미치지 않는다.

임차료 기간 경과분(미지급분)에 대한 회계 처리 누락으로 당기순이익 1,200,000원이 과대계상.

02 유효이자율(6%) 〉 액면이자율(5%) → 할인발행

03

퇴직급여충당부채

퇴사	*2,000,000*	기초	7,000,000
기말	10,000,000	설정	5,000,000
계	12,000,000	계	12,000,000

04 20x0년 감가상각비(정률법) = 장부가액(20,000,000) × 상각률(0.4) = 8,000,000원

　　 20x1년 감가상각비(정률법) = (20,000,000원 - 8,000,000원) × 0.400 = 4,800,000원

　　 20x2년 감가상각비(정액법) = (20,000,000원 - 8,000,000원 - 4,800,000원)/3년 = 2,400,000원

05 재평가잉여금 = 6,000,000원(공정가치) - 4,500,000원(장부금액) = 1,500,000원

재평가잉여금은 기타포괄손익(자본)으로 인식한다.

재평가잉여금은 당기순이익에 영향을 미치지 않는다.

06

외 상 매 출 액 : 10,000,000원 - 500,000원(매출할인) =	9,500,000원
직 수 출 액 :	6,000,000원
비영업용 승용차 처분 :	4,000,000원
건 물 처 분 :	7,000,000원
과 세 표 준 :	26,500,000원

07 과세이연된 퇴직금을 **일시금 형태로 수령한 경우에는 퇴직소득으로 원천징수**한다.

08 총수입금액 = 매출액(28,000,000) + 장려금(2,000,000) + 보험차익(5,000,000) = 35,000,000원

기계장치처분이익(복식부기의무자가 아님)과 배당금수익(배당소득으로 과세)은 사업소득 총수입금액에 포함되지 않으나, 나머지는 사업소득 총수입금액에 포함됨.

09 금융회사 외의 법인이 **화폐성 외화자산·부채의 평가방법을 마감환율 방법으로 신고**한 경우에만, 그 **외환차이가 발생한 기간에 인식한 평가손익(또는 환산손익)을 인정**한다.

10 각 사업연도의 기간이 6개월을 초과하는 법인은 사업연도 개시일부터 6개월간을 중간예납기간으로 하여 **중간예납기간이 경과한 날부터 2개월 이내에 그 기간에 대한 법인세를 신고·납부**해야 한다.

■■■■■■ 실무수행평가

실무수행 1. 거래자료 입력

① 사채 [일반전표입력] 3월 31일

1. 이자지급 분개

(차) 이자비용   731,670원   (대) 보통예금(국민은행)   600,000원
                                           사채할인발행차금   131,670원

 − 액면이자 : 30,000,000원×8%×3/12 = 600,000원
 − 시장이자 : 29,266,830원×10%×3/12 = 731,670원
 − 사채할인발행차금상각액 : 731,670원 − 600,000원 = 131,670원

2. 사채상환 분개

(차) 사채   15,000,000원   (대) 보통예금(국민은행)   15,000,000원
      사채상환손실   300,750원   사채할인발행차금   300,750원
 − 사채상환손실 = [사채할인발행차금(733,170) − 상각액(131,670)] / 2 = 300,750원

② 퇴직연금 [일반전표입력] 6월 30일

(차) 퇴직연금운용자산(교보생명(주))1,000,000원 (대) 퇴직연금운용이익   1,000,000원

실무수행 2. 부가가치세관리

① 수정전자세금계산의 발급

1. [수정전자세금계산서 발급]
   ① [매입매출전표입력] 5월 20일 전표선택 ➡ [수정세금계산서] 클릭 ➡ 수정사유(4.계약의 해제)를 선택 ➡ [확인(Tab)]을 클릭
   ② [수정세금계산서(매출)] 화면에서 수정분 [작성일 5월 30일], [공급가액 −30,000,000원], [세액 −3,000,000원] 자동반영 후 [확인(Tab)]을 클릭

③ [매입매출전표입력] 5월 30일

거래유형	품명	공급가액	부가세	거래처	전자세금
11.과세	계약금	-30,000,000	-3,000,000	(주)LG건강	전자발행
분개유형				(대) 선수금	-30,000,000원
3.혼합				부가세예수금	-3,000,000원
				보통예금(국민은행)	33,000,000원

2. [전자세금계산서 발행 및 내역관리] 기출문제 78회 참고

② 확정신고누락분의 수정신고서 반영

1. [매입매출전표입력]

- 10월 20일

거래유형	품명	공급가액	부가세	거래처	전자세금
11.과세	제품	10,000,000	1,000,000	(주)씨제이	전자입력
분개유형	(차) 외상매출금	11,000,000원	(대) 제품매출		10,000,000원
2.외상			부가세예수금		1,000,000원

- 11월 15일

거래유형	품명	공급가액	부가세	거래처	전자세금
51.과세	원재료	2,000,000	200,000	(주)인터코스	전자입력
분개유형	(차) 원재료	2,000,000원	(대) 외상매입금		2,200,000원
2.외상	부가세대급금	200,000원			

- 11월 27일

거래유형	품명	공급가액	부가세	거래처	전자세금
14.건별	개인공급	3,000,000	300,000		
분개유형	(차) 가지급금	2,800,000원	(대) 제품		2,500,000원
3.혼합	(이덕현)		(적요8.타계정으로 대체)		
			부가세예수금		300,000원

2. [부가가치세신고서] 10월 1일 ~ 12월 31일(수정차수 1)

	구 분			수정전				수정후		
				금액	세율	세액	No	금액	세율	세액
과세표준및매출세액	과세	세금계산서발급분	1	266,200,000	10/100	26,620,000	1	276,200,000	10/100	27,620,000
		매입자발행세금계산서	2		10/100		2		10/100	
		신용카드·현금영수증	3		10/100		3		10/100	
		기타	4		10/100		4	3,000,000	10/100	300,000
	영세	세금계산서발급분	5		0/100		5		0/100	
		기타	6		0/100		6		0/100	
	예정신고누락분		7				7			
	대손세액가감		8				8			
	합계		9	266,200,000	㉮	26,620,000	9	279,200,000	㉮	27,920,000
매입세액	세금계산서수취부분	일반매입	10	135,425,000		13,542,500	10	137,425,000		13,742,500
		수출기업수입분납부유예	10-1				10-1			
		고정자산매입	11				11			
	예정신고누락분		12				12			
	매입자발행세금계산서		13				13			
	그밖의공제매입세액		14				14			
	합계 (10-(10-1)+11+12+13+14)		15	135,425,000		13,542,500	15	137,425,000		13,742,500
	공제받지못할매입세액		16				16			
	차감계 (15-16)		17	135,425,000	㉯	13,542,500	17	137,425,000	㉯	13,742,500
납부(환급)세액 (㉮매출세액-㉯매입세액)					㉰	13,077,500			㉰	14,177,500
경감	그밖의경감·공제세액		18				18			
공제세액	신용카드매출전표등발행공제계		19		[참고]		19		[참고]	
	합계		20		㉣		20		㉣	
소규모 개인사업자 부가가치세 감면세액			20-1		㉤		20-1		㉤	
예정신고미환급세액			21		㉥		21		㉥	
예정고지세액			22		㉦		22		㉦	
사업양수자의 대리납부 기납부세액			23		㉧		23		㉧	
매입자 납부특례 기납부세액			24		㉨		24		㉨	
신용카드업자의 대리납부 기납부세액			25		㉩		25		㉩	
가산세액계			26		㉪		26		㉪	215,840
차가감납부할세액(환급받을세액) (㉰-㉣-㉤-㉥-㉦-㉧-㉨-㉩+㉪)			27	13,077,500					27	14,393,340
총괄납부사업자 납부할세액 (환급받을 세액)										

3. 가산세명세

– 세금계산서 발급시기

공급시기	발급기한	지연발급(1%)	미발급(2%)
10/20	11/10	11.11~익년도 1.25	익년도 1.25까지 미발급

구 분			공급가액	세액
매출	과세	세 금(전자)	10,000,000(미발급)	1,000,000
		기 타	3,000,000(개인적공급)	300,000
	영세	세 금(전자)		
		기 타		
매입	세금계산서 등		2,000,000	200,000
미달신고(납부)←신고·납부지연 가산세				1,100,000

1. 전자세금계산서 미발급	**10,0000,000원**×2% = 200,000원
2. 신고불성실	**1,100,000원**×10%×(1 – 90%) = 11,000원
	* 1개월 이내 수정신고시 90% 감면
3. 납부지연	**1,100,000원**×20일×2.2(가정)/10,000 = 4,840원
계	215,840원

실무수행 3. 결산

1 수동결산 및 자동결산

1. [일반전표입력] 12월 31일

| (차) 매도가능증권평가익 | 20,000,000원 | (대) 매도가능증권(178) | 40,000,000원 |
| 매도가능증권손상차손 | 20,000,000원 | | |

2. [결산자료입력]

- 원재료 14,000,000원, 제품 50,000,000원 입력 후 상단 툴바의 전표추가(F3) 를 클릭하여 결산분 개 생성한다.

3. [이익잉여금처분계산서] 메뉴

- 이익잉여금처분계산서에서 처분일을 입력한 후, 전표추가(F3) 를 클릭하여 손익대체 분개를 생성한다.

[실무수행평가] – 재무회계

번호	평가문제	배점	답
11	**평가문제 [월계표 조회]**	2	(1,000,000)원
12	**평가문제 [손익계산서 조회]**	2	(4,717,940)원
13	**평가문제 [손익계산서 조회]**	2	(1,281,960,100)원
14	**평가문제 [재무상태표 조회]**	3	(14,699,250)원
15	**평가문제 [재무상태표 조회]**	3	(1,980,594,000)원
16	**평가문제 [재무상태표 조회]**	2	②
17	**평가문제 [재무상태표 조회]**	2	②
18	**평가문제 [부가가치세신고서 조회]**	3	(13,742,500)원
19	**평가문제 [부가가치세신고서 조회]**	3	(27,920,000)원
20	**평가문제 [부가가치세신고서 조회]**	3	(215,840)원
재무회계 소계		25	

실무수행 4. 원천징수 관리

① 중도퇴사자의 정산(송민기)

1. [사원등록] 20.퇴사년월일 : 11월30일

2. [급여자료입력] 귀속년월 11월, 2.급여+상여, 지급일 11월 25일

    - 급여 등을 입력하고 '중도퇴사자정산' 메뉴를 실행 → [반영Tab]클릭

급여항목	지급액	공제항목	공제액
기본급	3,600,000	국민연금	162,000
상여	2,000,000	건강보험	127,620
직책수당		고용보험	50,400
근속수당		장기요양보험료	16,520
		건강보험료정산	127,320
		장기요양보험료정산	14,050
		소득세	383,400
		지방소득세	38,380
		농특세	

3. [퇴직금산정] 1003.송민기

금여지급내역	상여지급내역	퇴직정산내역	소득세계산내역	중간정산조회		
기간(에서)	2025/09/01	2025/10/01	2025/11/01	합 계		
기간(까지)	2025/09/30	2025/10/31	2025/11/30			
근무일수	30 일	31 일	30 일	91 일		
기본급	3,600,000	3,600,000	3,600,000	10,800,000		
직책수당						
근속수당						
급여(요약)						
기타비과세(요약/간편)						
주식행사익(요약)						
국외비과세-일반(요약)						
국외비과세-외항(요약)						
연장비과세(요약)						
연구비과세(요약)						
급여출액	3,600,000	3,600,000	3,600,000	10,800,000		

산정급여	10,800,000	산정상여	498,630	산정급상여합계	11,298,630
월평균임금	3,766,210	일평균임금	124,160	퇴직금 산출액	19,256,705

4. [퇴직소득자료입력] 지급년월 11월

납부명세	퇴직세액계산	중간정산내역	[주의] 40번 금액은 계산 산식과 다르면 전자신고시 오류로 검증됩니다.						
이연퇴직소득세액계산	(37)신고대상세액((36))	연금계좌 입금내역				연금계좌 복수입력		(39)퇴직급여((17))	(40)이연퇴직소득세(37)×(38)/(39)
		연금계좌취급자	사업자등록번호	계좌번호	입금일	(38)계좌입금금액			
	구 분	소득세		지방소득세		농어촌특별세		계	
납부명세	(42)신고대상세액((36))	198,160		19,816				217,976	
	(43)이연퇴직소득세((40))								
	(44)차감 원천징수세액((42)-(43))	198,160		19,810				217,970	
(10)확정급여형 퇴직연금제도가입일		(11)2011.12.31 퇴직금		영수일자		신고서귀속년월		2025-11	

② 사업소득의 원천징수

1. [사업소득자입력] 22001.이명수, 940916.행사도우미

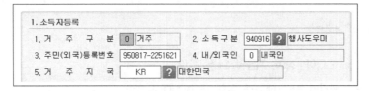

1.소득자등록

| 1. 거 주 구 분 | 0 | 거주 | 2. 소득구분 | 940916 | ? | 행사도우미 |

| 3. 주민(외국)등록번호 | 950817-2251621 | 4. 내/외국인 | 0 | 내국인 |

| 5. 거 주 지 국 | KR | ? | 대한민국 |

2. [사업소득자료입력]

소득 지급 내역

귀속년월	지급년월일	지급총액	세율(%)	소득세	지방소득세	세액계	차인지급액
20x1 -06	20x1 07 05	2,000,000	3	60,000	6,000	66,000	1,934,000

3. [원천징수이행상황신고서] 귀속기간 6월, 지급기간 7월, 0.정기신고

	구분	코드	소득지급(과세미달,비과세포함) 4.인원	5.총지급액	징수세액 6.소득세 등	7.농어촌특별세	8.가산세	9.당월 조정 환급세액	10.소득세 등 (가산세 포함)	11.농어촌 특별세
급여소득	간이세액	A01								
	중도퇴사	A02								
	일용근로	A03								
	연말정산합계	A04								
	연말분납금액	A05								
	연말납부금액	A06								
	가감계	A10								
퇴직소득	연금계좌	A21								
	그외	A22								
	가감계	A20								
사업소득	매월징수	A25	1	2,000,000	60,000					
	연말정산	A26								
	가감계	A30	1	2,000,000	60,000				60,000	
기타소득	연금계좌	A41								
	종교매월징수	A43								

전월 미환급 세액의 계산			당월 발생 환급세액				18.조정대상환급 (14+15+16+17)	19.당월조정 환급액계	20.차월이월 환급액(18-19)	21.환급신청액
12.전월미환급	13.기환급신청	14.잔액12-13	15.일반환급	16.신탁재산	17.금융등	17.합병등				
443,570		443,570					443,570	60,000	383,570	

[실무수행평가] – 원천징수관리

번호	평가문제	배점	답
21	**평가문제 [급여자료입력 조회] 11월분 소득세**	3	(383,400)원
22	**평가문제 [퇴직소득자료입력 조회] 42.신고대상세액의 계**	2	(217,976)원
23	**평가문제 [퇴직금산정 조회] 송민기의 산정상여**	3	(498,630)원
24	**평가문제 [원천징수이행상황신고서 조회] 20.차월이월환급액**	2	(383,570)원
	원천징수 소계	10	

※ 21~24는 프로그램이 자동 계산되어지므로 시점(세법변경, 프로그램 업데이트 등)마다 달라질 수가 있습니다.

실무수행 5. 법인세관리

1 수입금액조정명세서

1. [1.수입금액 조정계산]

	계정과목		③결산서상 수입금액	조 정		⑥조정후 수입금액 (③+④-⑤)
	①항 목	②과 목		④가산	⑤차감	
1	매 출	제품매출	1,159,467,170			1,159,467,170
2	매 출	상품매출	360,900,000			360,900,000
3	매 출	공사수입금	225,000,000			225,000,000

2. [2.수입금액 조정명세]

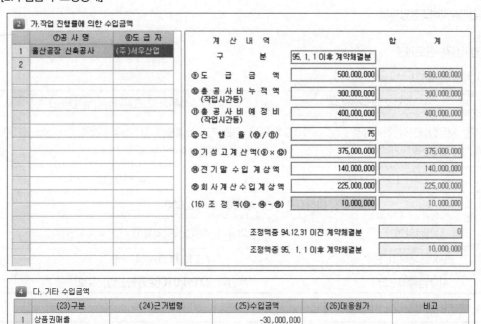

가.작업 진행률에 의한 수입금액

	⑦공 사 명	⑧도 급 자
1	울산공장 신축공사	(주)서우산업
2		

계 산 내 역 구 분	95. 1. 1 이후 계약체결분	합 계
⑨도 급 금 액	500,000,000	500,000,000
⑩총 공 사 비 누 적 액 (작업시간등)	300,000,000	300,000,000
⑪총 공 사 비 예 정 비 (작업시간등)	400,000,000	400,000,000
⑫진 행 율 (⑩ / ⑪)	75	
⑬기 성 고 계 산 액(⑨ × ⑫)	375,000,000	375,000,000
⑭전 기 말 수 입 계 상 액	140,000,000	140,000,000
⑮회 사 계 산 수 입 계 상 액	225,000,000	225,000,000
(16) 조 정 액(⑬-⑭-⑮)	10,000,000	10,000,000
조정액중 94.12.31 이전 계약체결분		0
조정액중 95. 1. 1 이후 계약체결분		10,000,000

다. 기타 수입금액

	(23)구분	(24)근거법령	(25)수입금액	(26)대응원가	비고
1	상품권매출		-30,000,000		

3. [1.수입금액 조정계산]에 조정사항 반영

	계정과목		③결산서상 수입금액	조 정		⑥조정후 수입금액 (③+④-⑤)
	①항 목	②과 목		④가산	⑤차감	
1	매 출	제품매출	1,159,467,170		30,000,000	1,129,467,170
2	매 출	상품매출	360,900,000			360,900,000
3	매 출	공사수입금	225,000,000	10,000,000		235,000,000

4. [소득금액조정합계표 작성]

익금산입	공사기성고차액	10,000,000원	유보발생
익금불산입	상품권매출	30,000,000원	유보발생

[실무수행평가] – 법인세관리 1

번호	평가문제 [수입금액 조정명세서 조회]	배점	답
25	⑥조정후 수입금액	3	(1,725,367,170)원
26	익금산입(유보발생)	2	(10,000,000)원
27	익금불산입(유보발생)	2	(30,000,000)원

② 감가상각비조정명세서

1. 감가상각 한도계산

(1) 비품(정률법)→내용연수 5년

세무상취득가액(A)		세무상 기초감가상각누계액(B)	
=기말 재무상태표상 취득가액 +즉시상각의제액(당기)	10,000,000	기초 재무상태표상 감가상각누계액 (−) 전기상각부인누계액	4,510,000 0
10,000,000		4,510,000	
미상각잔액(C=A−B)=5,490,000			
상각범위액(D)	세무상미상각잔액(C)×상각률(0.451)=2,475,990		
회사계상상각비(E)	4,510,000원(상각비)		
시부인액(D−E)	부인액 2,034,010(손금불산입, 유보)		

(2) 기계장치(정률법)→내용연수 5년

세무상취득가액(A)		세무상 기초감가상각누계액(B)	
=기말 재무상태표상 취득가액 +즉시상각의제액(당기)	100,000,000	기초 재무상태표상 감가상각누계액 (−) 전기상각부인누계액	42,100,000 0
100,000,000		42,100,000	
미상각잔액(C=A−B)=57,900,000			
상각범위액(D)	세무상미상각잔액(C)×상각률(0.451)=26,112,900		
회사계상상각비(E)	25,112,900원(상각비)+3,000,000원(잉여금)=28,112,900		
시부인액(D−E)	부인액 2,000,000(손금불산입, 유보)		

2. [고정자산등록]

① 비품

② 기계장치

※ 기계장치(스마트포장기) 회사계상 상각비를 28,112,900
원(25,112,900원＋3,000,000원)으로 수정한다.

3. [미상각분 감가상각조정명세]

① 비품

② 기계장치

4. [감가상각비조정명세서합계표]

①자산구분		②합계액	유 형 자 산			⑥무형자산
			③건축물	④기계장치	⑤기타자산	
재무상태표상액	(101)기말현재액	110,000,000		100,000,000	10,000,000	
	(102)감가상각누계액	79,232,900		70,212,900	9,020,000	
	(103)미상각잔액	30,767,100		29,787,100	980,000	
(104)상각범위액		28,588,890		26,112,900	2,475,990	
(105)회사손금계상액		32,622,900		28,112,900	4,510,000	
조정금액	(106)상각부인액 ((105)-(104))	4,034,010		2,000,000	2,034,010	
	(107)시인부족액 ((104)-(105))					
	(108)기왕부인액 중 당기손금추인액					
(109)신고조정손금계상액						

5. [소득금액조정합계표]

손금불산입	비품 감가상각비 상각부인액	2,034,010원	유보발생
손금산입	기계장치 감가상각비(전기오류수정손실)	3,000,000원	기타
손금불산입	기계장치 감가상각비 상각부인액	2,000,000원	유보발생

[실무수행평가] – 법인세관리 2

번호	평가문제 [감가상각비조정명세서합계표 조회]	배점	답
28	④기계장치의 (106)상각부인액	2	(2,000,000)원
29	⑤기타자산의 (106)상각부인액	3	(2,034,010)원
30	손금산입(기타)	2	(3,000,000)원

③ 퇴직급여충당금조정명세서

1. [퇴직급여충당부채 계정별 잔액조회]

날짜	코드	적요	코드	거래처명	차변	대변	잔액
		전기이월				40,000,000	40,000,000
12/02		퇴직금 지급			25,000,000		15,000,000
12/31	04	퇴직충당부채의당기설정액				40,080,000	55,080,000
12/31		퇴직충당부채의당기설정액				25,000,000	80,080,000
		[월 계]			25,000,000	65,080,000	
		[누 계]			25,000,000	105,080,000	

2. [퇴직급여충당금조정명세서]

(1) 2.총급여액 및 퇴직급여추계액 명세

1	2. 총급여액 및 퇴직급여추계액 명세						2	퇴직급여추계액 명세서
구 분	17.총급여액		18.퇴직급여 지급대상이 아닌 임원 또는 직원에…		19.퇴직급여 지급대상인 임원 또는 직원에 대한…		20.기말현재 임원 또는 직원 전원의 퇴…	
계정명	인원	금액	인원	금액	인원	금액	인원	금액
급여(판)	3	114,800,000	1	12,000,000	2	102,800,000	7	80,080,000
임금(제)	6	270,000,000	1	28,000,000	5	242,000,000	21. 「근로자퇴직급여보장법」에 따른…	
							인원	금액
							7	79,300,000
							22.세법상 추계액 MAX(20, 21)	
							금액	
계	9	384,800,000	2	40,000,000	7	344,800,000	80,080,000	

※ 임원의 규정 초과 상여금은 손금인정이 되지 않으므로 [17.총급여액] 입력시 제외

(2) 1.퇴직급여 충당금 조정

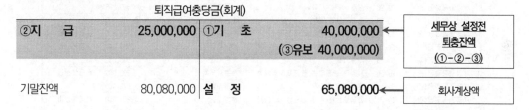

퇴직급여충당금(회계)

②지 급	25,000,000	①기 초	40,000,000
		(③유보 40,000,000)	
기말잔액	80,080,000	설 정	65,080,000

세무상 설정전
퇴충잔액
(①-②-③)

회사계상액

3	1. 퇴직급여 충당금 조정						
영 제60조 제1항에 의한 한도액	1. 퇴직급여 지급대상이 되는 임원 또는 직원에게 지급한 총급여액			2. 설정률	3. 한도액	비고	
			344,800,000	5 / 100	17,240,000		
영 제60조 제2항 및 제3항에 의한 한도액	4.장부상 충당금기초잔액	5.확정기여형 퇴직 연금자의 설정전 기계상된 퇴직급여충당금	6.기중 충당금 환입액	7.기초충당금 부인누계액	8.기중 퇴직금 지급액	9.차감액 (4-5-6-7-8)	
	40,000,000			40,000,000	25,000,000	-25,000,000	
	10.추계액대비설정액 (22X(0%))		11.퇴직금전환금	12.설정률 감소에 따라 환입을 제외하는 금액 MAX(9-10-11,0)		13.누적한도액 (10-9+11+12)	
한도초과액 계 산	14.한도액 (3과 13중 적은금액)			15.회사계상액		16.한도초과액 (15-14)	
					65,080,000	65,080,000	

3. [소득금액조정합계표]

손금불산입	규정초과 상여금	10,000,000원	상여
손금불산입	퇴직급여충당금한도초과액	65,080,000원	유보발생
손금산입	전기퇴직급여충당부채	25,000,000원	유보감소

[실무수행평가] – 법인세관리 3

번호	평가문제 [퇴직급여충당금조정명세서 조회]	배점	답
31	**손금산입할 총금액**	2	(25,000,000)원
32	**손금불산입(상여)**	2	(10,000,000)원
33	**손금불산입(유보발생)**	3	(65,080,000)원

④ 세금과공과금 명세서

1. [계정별원장 불러오기]를 이용한 손금불산입 항목 표기
   - [계정별원장 불러오기]키를 이용하여 해당계정 데이터를 기장된 내역에서 불러온 후 [손금불산입만 별도 표기하기]키를 클릭하여 화면우측의 비고란에서 손금불산입할 항목만 선택한다.

No	①과목	②일자	③적요	④지급처	⑤금액	비고
1	세금과공과금(제)	01-25	자동차세	춘천시청	800,000	
2	세금과공과금(판)	01-31	자동차분면허세납부		138,000	
3	세금과공과금(판)	01-31	자동차분면허세납부		156,000	
4	세금과공과금(판)	02-02	민지세		500,000	
5	세금과공과금(제)	02-25	공장사업소세 납부	춘천시청	900,000	
6	세금과공과금(판)	03-20	산재보험료 연체료	근로복지공단	95,000	
7	세금과공과금(제)	03-29	공장재산세 납부	춘천시청	2,500,000	
8	세금과공과금(판)	03-31	지급명세서 미제출 가산세	춘천세무서	120,000	손금불산입
9	세금과공과금(판)	06-30	대표이사 개인차량 주차위반 과태료	강남경찰서	60,000	손금불산입
10	세금과공과금(제)	07-25	자동차세	춘천시청	800,000	
11	세금과공과금(판)	07-25	사업과 관련없는 불공제매입세액	춘천세무서	300,000	손금불산입
12	세금과공과금(판)	07-31	본사건물 재산세	춘천시청	2,820,000	
13	세금과공과금(판)	07-31	건물재산세(주주 김민영 소유분)	춘천시청	1,500,000	손금불산입
14	세금과공과금(판)	08-05	주민세(사업소분)	춘천시청	1,760,000	
15	세금과공과금(판)	11-20	주식발행비		670,000	손금불산입
16	세금과공과금(판)	11-20	전기요금연체료	한국전력	6,000	
17	세금과공과금(판)	12-27	자동차세	춘천시청	320,000	

2. [소득금액조정합계표]

손금불산입	지급명세서 미제출 가산세	120,000원	기타사외유출
손금불산입	대표이사 개인차량 주차위반 과태료	60,000원	상여
손금불산입	사업과 관련없는 불공제매입세액	300,000원	기타사외유출
손금불산입	건물재산세(주주 김민영 소유분)	1,500,000원	배당
손금불산입	주식발행비	670,000원	기타

[실무수행평가] – 법인세관리 4

번호	평가문제 [세금과공과금 명세서 조회]	배점	답
34	손금산입할 총금액	2	(670,000)원
35	손금불산입(상여)	2	(60,000)원
36	손금불산입(유보발생)	3	(420,000)원

5 공제감면세액계산서(2) 및 최저한세조정계산서

1. 법인세과세표준 및 세액조정계산서

① 각사업연도소득계산	101.결산서 상 당 기 순 손 익	01	135,929,900
	소득금액조정금액 102.익 금 산 입	02	42,500,000
	103.손 금 산 입	03	1,860,000
	104.차가감소득금액(101 + 102 - 103)	04	176,569,900
	105.기 부 금 한 도 초 과 액	05	
	106.기부금한도초과이월액 손 금 산 입	54	
	107.각사업연도소득금액(104+105-106)	06	176,569,900
② 과세표준계산	108.각 사 업 연 도 소 득 금 액(108=107)		176,569,900
	109.이 월 결 손 금	07	
	110.비 과 세 소 득	08	
	111.소 득 공 제	09	
	112.과 세 표 준(108-109-110-111)	10	176,569,900
	159.선 박 표 준 이 익	55	
③ 산출세액계산	113.과 세 표 준(113=112+159)	56	176,569,900
	114.세 율	11	9%
	115.산 출 세 액	12	15,891,291
	116.지 점 유 보 소 득(법 제96조)	13	
	117.세 율	14	
	118.산 출 세 액	15	
	119.합 계(115+118)	16	15,891,291

2. 공제감면세액계산서(2)

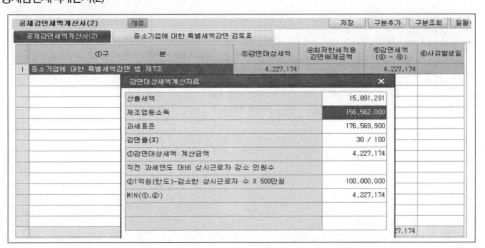

3. 최저한세조정계산서

① 구　　분		②감면후세액	③최저한세	④조정감	⑤조정후세액
(101) 결 산 서 상　　당 기 순 이 익		135,929,900			
소 득 조정금액	(102)익 금 산 입	42,500,000			
	(103)손 금 산 입	1,860,000			
(104) 조 정 후 소 득 금 액(101+102-103)		176,569,900	176,569,900		176,569,900
최저한세적용 대상특별비용	(105)준 비 금		0	0	0
	(106)특별 / 특례상각		0	0	0
(107)특별비용손금산입전소득금액(104+105+106)		176,569,900	176,569,900		176,569,900
(108) 기 부 금 한 도 초 과 액		0	0		0
(109) 기 부 금 한 도 초 과 이월액 손 금 산 입		0	0		0
(110) 각 사 업 년 도 소 득 금 액(107+108-109)		176,569,900	176,569,900		176,569,900
(111) 이　　월　　결　　손　　금		0	0		0
(112) 비　　과　　세　　소　　득		0	0		0
(113) 최 저 한 세 적 용 대 상 비 과 세 소 득			0	0	0
(114) 최저한세 적용대상 익금불산입.손금산입			0	0	0
(115) 차 가 감 소 금 액(110-111-112+113+114)		176,569,900	176,569,900		176,569,900
(116) 소　　　득　　　공　　　제		0	0		0
(117) 최 저 한 세 적 용 대 상　　소 득 공 제			0	0	0
(118) 과 세 표 준 금 액 (115-116+117)		176,569,900	176,569,900		176,569,900
(119) 선　　박　　표　　준　　이　　익		0	0		0
(120) 과 세 표 준 금 액 (118+119)		176,569,900	176,569,900		176,569,900
(121) 세　　　　　　　　율		9%	7%		9%
(122) 산　　　출　　　세　　　액		15,891,291	12,359,893		15,891,291
(123) 감　　　면　　　세　　　액		4,227,174		695,776	3,531,398
(124) 세　　　액　　　공　　　제		0		0	0
(125) 차　　감　　세　　액 (122-123-124)		11,664,117			12,359,893

4. 공제감면세액계산서(2)

- 최저한세적용감면배제금액란에 695,776원을 입력하여 감면세액 3,531,398원을 계산한다.

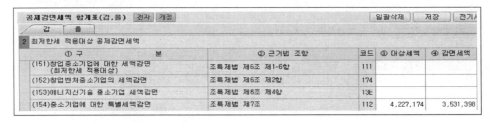

	①구　　　　분	③감면대상세액	④최저한세적용 감면배제금액	⑤감면세액 (③ - ④)	⑥사유발생월
1	중소기업에 대한 특별세액감면 법 제7조	4,227,174	695,776	3,531,398	2024-12-31

5. 공제감면세액 합계표(갑,을)

2 최저한세 적용대상 공제감면세액

① 구　　　　분	② 근거법 조항	코드	③ 대상세액	④ 감면세액
(151)창업중소기업에 대한 세액감면 (최저한세 적용대상)	조특제법 제6조 제1~6항	111		
(152)창업벤처중소기업의 세액감면	조특제법 제6조 제2항	174		
(153)에너지신기술 중소기업 세액감면	조특제법 제6조 제4항	13나		
(154)중소기업에 대한 특별세액감면	조특제법 제7조	112	4,227,174	3,531,398

[실무수행평가] – 법인세관리 5

번호	평가문제	배점	답
37	[공제감면세액계산서(2) 조회] ③감면대상세액	3	(4,227,174)원
38	[공제감면세액계산서(2) 조회] ④최저한세 적용 감면배제금액	2	(695,776)원
39	[공제감면세액 합계표(갑,을) 조회] (154)④감면세액	2	(3,531,398)원
	법인세관리 소계	35	

Tax Accounting Technician
세무정보처리 자격시험 1급

기회

합격율	시험년월
30%	2024.04

실무이론평가

[1] (주)한공은 기업의 이해관계자에게 적시성 있는 정보를 제공하기 위해 사업연도(1년) 단위 재무제표 뿐 아니라 반기 및 분기재무제표를 작성하여 공시하고 있다. 이와 관련된 재무제표의 기본가정은 무엇인가?

① 기업실체   ② 계속기업

③ 발생주의 회계   ④ 기간별 보고

[2] (주)한공의 20x1년 12월 31일 현재 창고에 보관 중인 재고자산은 300,000원이다. 다음 자료는 반영되지 않았다. 이를 반영하면 기말재고자산 금액은 얼마인가?

- 20x1년 12월 12일에 선적지인도조건으로 수출한 상품(원가 50,000원)이 기말 현재 운송 중이다.
- 20x1년 12월 26일에 시용판매 조건으로 인도한 상품(원가 80,000원) 중 기말 현재 매입의사표시를 받은 상품의 원가는 60,000원이다.
- 20x1년 12월 27일에 목적지인도조건으로 매입한 상품(원가 90,000원)이 기말 현재 도착하지 않았다.

① 310,000원   ② 320,000원

③ 350,000원   ④ 410,000원

[3] 다음 자료는 (주)한공의 20x1년 12월 31일 수정전 잔액시산표 중 재무상태표 관련 계정내역과 결산정리 사항을 나타낸 것이다. 결산정리사항을 반영한 후, 20x1년 12월 31일 현재 재무상태표상 자산금액은 얼마인가?

자료 1. 잔액시산표(수정전)

차변	계정과목	대변
50,000,000	당좌예금	
30,000,000	매출채권	
40,000,000	재고자산	
100,000,000	건물	
	건물감가상각누계액	5,000,000
	외상매입금	10,000,000
	퇴직급여충당부채	30,000,000
	장기차입금	20,000,000
	자본금	100,000,000
	이익잉여금	20,000,000
	⋮	

㈜한공 · 20x1년 12월 31일 · (단위 : 원)

자료 2. 결산정리사항

가. 과거의 경험에 의해 매출채권 잔액의 10%를 대손으로 예상하고 있다.
나. 20x1년 건물 감가상각비 계상액은 5,000,000원이다.

① 178,000,000원
② 207,000,000원
③ 212,000,000원
④ 220,000,000원

[4] 도매업을 영위하는 (주)한공은 코스닥에 상장되어 있는 (주)공인의 주식을 단기매매목적으로 보유하고 있다. 주식평가로 인하여 20x1년 재무제표에 미치는 영향으로 옳은 것은?

〈주식보유현황〉

주식명	보유주식수	1주당 공정가치 (20x1.12.31.)	평가전 장부가액
(주)공인	1,000주	45,000원	47,000,000원

① 영업이익이 증가한다.
② 영업외비용이 증가한다.
③ 당기순이익이 증가한다.
④ 영업외수익이 증가한다.

[5] (주)한공은 게임 소프트웨어를 개발·판매하는 회사로서 새로운 게임 플랫폼을 개발하기 위한 프로젝트를 연초에 개시하여 6월말에 완료하였다. 다음 자료를 토대로 당기 손익계산서에 계상할 무형자산상각비를 계산하면 얼마인가? (단, 회사는 무형자산에 대해 10년간 정액법으로 월할상각한다.)

구분	연구단계	개발단계
연구원 인건비	700,000원	900,000원
재료비 및 용역비	500,000원	300,000원
기타 간접경비	300,000원	100,000원

① 50,000원
② 65,000원
③ 75,000원
④ 140,000원

[6] 다음 중 세금계산서(또는 전자세금계산서)에 대하여 옳은 설명을 하는 사람은?

> 상우 : 당초 공급한 재화가 환입된 경우 수정세금계산서 작성일자는 재화가 환입된 날이지!
> 은주 : 공급받는 자의 성명 또는 명칭은 세금계산서의 필요적 기재사항이야!
> 보라 : 영세율 적용 대상 거래는 모두 세금계산서의 발급의무가 면제되는 거야!
> 진환 : 발급일이 속하는 달의 다음 달 10일까지 전자세금계산서 발급명세를 국세청장에게 전송하여야 해!

① 상우
② 은주
③ 보라
④ 진환

[7] 다음 자료를 토대로 종합소득에 합산하여 과세표준 신고를 하여야 하는 금융소득을 계산하면 얼마인가?

가. 직장공제회 초과반환금	12,000,000원
나. 법원보관금의 이자	17,000,000원
다. 비영업대금의 이익	15,000,000원
라. 비실명이자	20,000,000원

① 0원 ② 27,000,000원
③ 32,000,000원 ④ 35,000,000원

[8] 다음 자료를 토대로 거주자 김한공 씨의 20x1년 사업소득금액을 계산하면 얼마인가?(단, 20x1년 중 부채의 합계가 자산의 합계액을 초과하지 않았고, 소득세비용은 고려하지 않는다.)

〈손익계산서〉	
• 매출	300,000,000원
• 매출원가	100,000,000원
• 급여(김한공 씨의 급여 50,000,000원 포함)	150,000,000원
• 판매비	25,000,000원
• 배당금 수익	10,000,000원
• 이자비용(은행으로부터 사업용자금을 대출받음)	5,000,000원
• 당기순이익	30,000,000원

① 20,000,000원 ② 25,000,000원
③ 70,000,000원 ④ 75,000,000원

[9] 다음 중 법인세 신고를 위한 각 사업연도소득금액 계산 시 세무조정을 하지 않아도 되는 것은?

① 주식발행초과금을 자본잉여금으로 회계처리한 경우
② 토지 취득세를 세금과공과로 회계처리한 경우
③ 지분법평가로 인한 지분법이익을 영업외수익으로 회계처리한 경우
④ 미지급 일반기부금을 영업외비용으로 회계처리한 경우

[10] 다음은 부가가치세 과세사업자인 (주)한공의 대손관련 자료이다. 이를 토대로 계산한 부가가치세 세액과 법인세 세액에 미치는 영향의 합계금액은 얼마인가?

> (1) 매출처의 회생계획인가 결정으로 외상매출금 22,000,000원(부가가치세 포함)을 회수할 수 없게 되었다.
> (2) 부가가치세 신고 시 대손세액공제와 법인세 신고 시 대손금 손금산입을 적용하고자 한다.(위의 대손금은 부가가치세법상 대손세액공제와 법인세법상 손금산입 요건을 충족하고 있다.)
> (3) (주)한공의 과세표준에 적용할 법인세율은 9%이고, 법인지방소득세는 고려하지 않는 것으로 한다.

① 2,000,000원 세액 감소
② 2,200,000원 세액 감소
③ 3,800,000원 세액 감소
④ 4,400,000원 세액 감소

■■■■ 실무수행평가

(주)푸른산업(1710)은 화학섬유를 제조하여 판매하는 법인기업으로 회계기간은 제7기(20x1.1.1. ~ 20x1. 12.31.)이다. 제시된 자료와 [자료설명]을 참고하여 [수행과제]를 완료하고 [평가문제]의 물음에 답하시오.

실무수행1 ┃ 거래자료 입력

실무프로세스자료이다. [자료설명]을 참고하여 [수행과제]를 수행하시오.

① 정부보조금

자료 1. 보통예금(국민은행) 거래내역

		내용	찾으신금액	맡기신금액	잔액	거래점
번호	거래일	계좌번호 112-523678-300 (주)푸른산업				
1	20x1-1-25	한국기계연구원		23,000,000	***	***
2	20x1-1-30	(주)기성산업	14,300,000		***	***
3	20x1-1-31	연구소 직원 인건비	9,300,000			

자료 2. 세금계산서

전자세금계산서 (공급받는자 보관용)				승인번호			

공급자	등록번호	110-81-32147			공급받는자	등록번호	104-81-43125	
	상호	(주)기성산업	성명(대표자)	김성일		상호	(주)푸른산업	성명(대표자)	유광열
	사업장주소	서울특별시 서대문구 충정로7길 29-13				사업장주소	서울특별시 서초구 서초대로 53	
	업태	제조업	종사업장번호			업태	제조업외	종사업장번호
	종목	기계제조				종목	화학섬유 방적업	
	E-Mail	kisung@bill36524.com				E-Mail	purun@bill36524.com	

작성일자	20x1.1.30.	공급가액	13,000,000	세액	1,300,000
비고					

월	일	품목명	규격	수량	단가	공급가액	세액	비고
1	30	자동계량기				13,000,000	1,300,000	

합계금액	현금	수표	어음	외상미수금	이 금액을	● 영수 ○ 청구	함
14,300,000							

자료 3. 인건비 지급내역

급여	예수금	차인지급액
10,000,000원	700,000원	9,300,000원

자료설명	1. 자료 1은 중소기업 기술개발지원사업 주관기관으로부터 받은 정부지원금 내역이다. 　- 지원금 중 13,000,000원은 기술개발사업 수행에 필요한 연구장비구입 지원금액이며, 당사는 206.기계장치로 처리하고 있다. 　- 지원금 중 10,000,000원은 연구개발에 따른 인건비 지원 금액이며, 당사는 연구개발에 따른 인건비를 852.인건비정부보조금으로 처리하고 있다. 2. 자료 2는 기술개발사업 수행에 필요한 연구장비를 구입하고 수취한 전자세금계산서이다. 3. 자료 3은 인건비 지급내역이다.
수행과제	[1월 30일] 정부보조금을 사용한 유형자산 취득에 대한 내역을 매입매출전표입력에 입력하시오.(전자세금계산서는 '전자입력'으로 처리할 것.) [1월 31일] 정부보조금을 사용한 인건비 보조금에 대한 내역을 일반전표입력에 입력하시오.

② 리스회계

자료 1. 리스내역

전자계산서				(공급받는자 보관용)		승인번호	

공급자	등록번호	113-86-37898			공급받는자	등록번호	104-81-43125		
	상호	(주)현대캐피탈	성명(대표자)	이가현		상호	(주)푸른산업	성명(대표자)	유광열
	사업장주소	서울시 구로구 신도림로11가길 34				사업장주소	서울특별시 서초구 서초대로 53		
	업태	금융서비스	종사업장번호			업태	제조업외	종사업장번호	
	종목	대출 및 리스				종목	화학섬유 방적업		
	E-Mail	capital@bill36524.com				E-Mail	purun@bill36524.com		

작성일자	20x1.3.30.	공급가액	6,000,000	비 고	

월	일	품목명	규격	수량	단가	공급가액	비고
3	30	리스료				6,000,000	

합계금액	현금	수표	어음	외상미수금	이 금액을	⦿ 영수 함 ○ 청구
6,000,000						

자료 2. 보통예금(국민은행) 거래내역

번호	거래일	내용	찾으신금액	맡기신금액	잔액	거래점
		계좌번호 112-523678-300 (주)푸른산업				
1	20x1-3-30	리스료	6,000,000		***	***

자료설명	1. 자료 1은 공장용 자동화 기계를 리스하고 발급받은 전자계산서이다. 2. 자료 2는 리스료를 전액 보통예금 계좌에서 이체하여 지급한 내역이다.
수행과제	매입매출전표에 입력하시오. (전자계산서는 '전자입력'으로 처리하며 537.운용리스료 계정과목을 사용하여 처리할 것.)

실무수행2 | 부가가치세관리

부가가치세 신고 관련 자료이다. [자료설명]을 참고하여 [수행과제]를 수행하시오.

① 수정전자세금계산서의 발행

전자세금계산서				(공급자 보관용)			승인번호		

공급자	등록번호	104-81-43125			공급받는자	등록번호	114-81-58741		
	상호	(주)푸른산업	성명(대표자)	유광열		상호	(주)슬금비	성명(대표자)	이수아
	사업장주소	서울특별시 서초구 서초대로 53				사업장주소	서울시 서대문구 충정로7길 31		
	업태	제조업외	종사업장번호			업태	제조업, 도매	종사업장번호	
	종목	화학섬유 방적업				종목	합성용품 외		
	E-Mail	purun@bill36524.com				E-Mail	sooa1007@bill36524.com		

작성일자	20x1.9.10.	공급가액	18,000,000	세 액	1,800,000
비고					

월	일	품목명	규격	수량	단가	공급가액	세액	비고
9	10	제품001		100	180,000	18,000,000	1,800,000	

합계금액	현금	수표	어음	외상미수금	이 금액을	○ 영수	함
19,800,000				19,800,000		● 청구	

자료설명	1. 제품을 공급하고 9월 10일에 발급한 전자세금계산서이다. 2. 담당자의 착오로 이중발급한 사실이 확인되었다.
수행과제	수정사유를 선택하여 전자세금계산서 발행 및 내역관리 메뉴에서 발급 및 전송하시오. (외상대금 및 제품매출에서 음수(-)로 처리하고 전자세금계산서 발급 시 결제내역 입력 및 전송일자는 무시할 것.)

② 기한 후 신고

자료 1. 제품매출 전자세금계산서 발급 목록

매출전자세금계산서 목록								
번호	작성일자	승인번호	발급일자	전송일자	상호	공급가액	세액	전자세금계산서종류
1	20x10520	생략	20x10620	20x10621	(주)한국상사	20,000,000	2,000,000	일반
2	20x10610	생략	20x10610	20x10611	(주)구구스	20,000,000	–	영세율

자료 2. 원재료매입 전자세금계산서 수취 목록

매출전자세금계산서 목록								
번호	작성일자	승인번호	발급일자	전송일자	상호	공급가액	세액	전자세금계산서종류
1	20x10612	생략	20x10612	20x10613	(주)신일산업	5,000,000	500,000	일반

자료 3. 현금영수증 수취내역 (관리부 회식비)

```
                    현금영수증
                 CASH RECEIPT
------------------------------------------
거래일시        20x1 - 06 - 20   20 : 38 : 04
품명                                소고기
식별번호                        208341****
승인번호                         190420105
판매금액                          500,000원
부가가치세                         50,000원
봉사료                                 0원

합계                              550,000원
------------------------------------------
현금영수증가맹점명                    한우마을
사업자번호             110 - 12 - 51115
대표자명 : 이수정       TEL : 0707122223
주소  : 경기도 군포시 경수대로 443(당정동)
CATID : 1123973              전표No :
현금영수증 문의 : Tel 126
http : //현금영수증.kr
감사합니다.
```

자료설명	1. 자료 1~자료 3은 20x1년 제1기 과세기간 최종 3개월(20x1.4.1. ~ 20x1.6.30.)의 매출과 매입자료이다.(상기 자료 외 거래내역은 없는 것으로 가정한다.) 2. 제1기 확정 부가가치세 신고를 기한 내에 하지 못하여 20x1년 8월 5일에 기한후 신고납부하려고 한다.

수행과제	1. 자료 1~자료 3까지 작성일자로 거래자료를 입력하시오. -자료 1~2의 거래는 모두 외상이다. -자료 3의 거래처는 일반과세자이며, 대금은 현금으로 지급하였다. -전자세금계산서 거래분은 '전자입력'으로 처리할 것. 2. 가산세를 적용하여 제1기 확정 부가가치세 신고서를 작성하시오. -과세표준명세의 '신고구분'과 '신고년월일'을 기재할 것. -신고불성실가산세는 일반무신고에 의한 가산세율을 적용하며, 미납일수는 11일, 1일 2.2/10,000로 한다.

실무수행3 결산

[결산자료]를 참고로 결산을 수행하시오.(단, 제시된 자료 이외의 자료는 없다고 가정함.)

① 수동결산 및 자동결산

자료설명	**1. 손익의 예상과 이연** -차입금현황

차입금 종류	차입처	금액	연이자율	이자지급일	만기
운전자금 (신용)	기업은행	667,950,000원	2%	매월 21일 (후불)	2026년 12월 21일

-일할계산하고, 원 단위 미만 버림.(366일, 미지급일수 10일)

2. 재고자산 실사내역

품목	장부금액	순실현가능가치	현행대체원가
원재료	22,000,000원	20,000,000원	23,000,000원
제 품	40,000,000원	38,000,000원	–
합계	62,000,000원	58,000,000원	–

-재고자산 실사 내역을 기준으로 종목별로 저가법을 적용하여 평가한다.

3. 이익잉여금처분계산서 처분 예정(확정)일
 -당기 : 20x2년 2월 28일   -전기 : 20x1년 2월 28일

수행과제	결산을 완료하고 이익잉여금처분계산서에서 손익대체분개를 하시오. (단, 이익잉여금처분내역은 없는 것으로 하고 미처분이익잉여금 전액을 이월이익잉여금으로 이월하기로 한다.)

| 평가문제 | 입력자료 및 회계정보를 조회하여 [평가문제]의 답안을 입력하시오.(70점) |

번호	평가문제	배점
11	**평가문제 [계정별원장 조회]** 1월 말 852.인건비정부보조금 잔액은 얼마인가? ① 　　　0원　　　　　　　② 　9,300,000원 ③ 14,300,000원　　　　　④ 10,000,000원	2
12	**평가문제 [재무상태표 조회]** 1월 말 기계장치 장부금액은 얼마인가?	3
13	**평가문제 [제조원가명세서 조회]** 3월 말 경비 합계액은 얼마인가?	3
14	**평가문제 [재무상태표 조회]** 당기말 재고자산 잔액은 얼마인가?	2
15	**평가문제 [재무상태표 조회]** 당기말 유동부채 금액은 얼마인가?	3
16	**평가문제 [재무상태표 조회]** 12월 31일 현재 이월이익잉여금(미처분이익잉여금) 잔액은 얼마인가? ① 729,654,890원　　　　② 219,654,890원 ③ 667,343,850원　　　　④ 719,654,890원	2
17	**평가문제 [거래처원장 조회]** 9월 말 (주)슬금비의 외상매출금 잔액은 얼마인가?	2
18	**평가문제 [전자세금계산서 발행 및 내역관리 조회]** 9월 10일자 수정세금계산서의 수정입력사유를 코드번호로 입력하시오.	2
19	**평가문제 [부가가치세신고서 조회]** 제1기 확정 부가가치세신고서의 납부(환급)세액(㉮매출세액-㉯매입세액) ㉰는 얼마인가?	3
20	**평가문제 [부가가치세신고서 조회]** 제1기 확정 부가가치세신고서의 가산세액(26란) 합계금액은 얼마인가?	3
	재무회계 소계	25

실무수행4 | 원천징수 관리

인사급여 관련 실무프로세스를 수행하시오.

① 이자/배당소득의 원천징수

성 명	이주형(코드 1100)
거주구분(내국인/외국인)	거주자 / 내국인
주민등록번호	641120 – 1523000
귀속년월/지급년월일	20x1년 12월 / 20x1년 12월 31일
지급금액	5,000,000원
은행(계좌번호, 예금주)	신한은행(20201 – 55 – 1005, 이주형)

자료설명	1. 회사는 이주형의 차입금에 대해 12월 31일 1년분 이자를 지급하였다. 2. 차입기간 : 20x1.1.1.~20x1.12.31. 3. 소득구분 : 122.비영업대금의 이익 4. 채권이자구분 : 66.채권등의 이자등을 지급하는 경우 이자등 지급총액 5. 이자율 : 연 5%
수행과제	1. [기타소득자입력]에서 소득자를 등록하시오.(주소입력은 생략 할 것.) 2. [이자배당소득자료입력]에서 소득지급내역을 입력하고 소득세를 산출하시오. 　(주어진 자료 이외의 정보입력은 생략할 것.)

② 국세청연말정산간소화 및 이외의 자료를 기준으로 연말정산

자료설명	사무직 이재환(1003)의 연말정산을 위한 자료이다. 1. 사원등록의 부양가족현황은 사전에 입력되어 있다. 2. 부양가족은 이재환과 생계를 같이 하고 있다.
수행과제	[사원등록]메뉴의 부양가족명세를 수정하고, [연말정산 근로소득원천징수영수증] 메뉴에서 연말정산을 완료하시오. 1. 의료비는 [의료비] 탭에서 입력하며, 국세청자료는 공제대상 합계금액을 1건으로 집계하여 입력한다. 　(단, 실손의료보험금 500,000원을 수령하였으며, 성형외과 진료비는 미용목적의 성형수술이다.) 2. 보험료는 [소득공제] 탭에서 입력한다.

자료 1. 이재환 사원의 부양가족등록 현황

연말정산관계	성명	주민번호	기타사항
0.본인	이재환	800902 – 1754110	세대주
3.배우자	신인순	850527 – 2899734	총급여액 8,000,000원
6.형제자매	이윤환	901212 – 2345670	장애인복지법에 의한 청각장애인이며, 원고료(기타소득) 수입 2,000,000원 있음
4.직계비속	이하율	110101 – 4231454	소득 없음
4.직계비속	이하원	120122 – 3122220	소득 없음

자료 2. 국세청간소화서비스 및 기타증빙자료

20x1년 귀속 소득 · 세액공제증명서류 : 기본(지출처별)내역 [의료비]

■ 환자 인적사항

성 명	주 민 등 록 번 호
이하율	110101 – 4******

■ 의료비 지출내역

(단위 : 원)

사업자번호	상 호	종류	납입금액 계
109 – 04 – 16***	서울**병원	일반	3,600,000
106 – 05 – 81***	**성형외과	일반	1,900,000
205 – 01 – 44***	**안경원	일반	800,000
의료비 인별합계금액			5,500,000
안경구입비 인별합계금액			800,000
산후조리원 인별합계금액			0
인별합계금액			6,300,000

국세청
National Tax Service

· 본 증명서류는 『소득세법』 제165조 제1항에 따라 영수증 발급기관으로부터 수집한 서류로 소득·세액공제 충족 여부는 근로자가 직접 확인하여야 합니다.
· 본 증명서류에서 조회되지 않는 내역은 영수증 발급기관에서 직접 발급받으시기 바랍니다.

20x1년 귀속 소득·세액공제증명서류 : 기본내역 [실손의료보험금]

■ 수익자 인적사항

성 명	주 민 등 록 번 호
이재환	800902 - 1******

■ 의료비 지출내역

(단위 : 원)

상호	상품명	보험계약자		수령금액 계
사업자번호	계약(증권)번호	피보험자		
(주)MG손해보험	(무)안심실손보험	800902 - 1******	이재환	500,000
201 - 81 - 81***	4222***	110111 - 4******	이하율	
인별합계금액				500,000

국 세 청
National Tax Service

- 본 증명서류는 『소득세법』 제165조 제1항에 따라 영수증 발급기관으로부터 수집한 서류로 소득·세액공제 충족 여부는 근로자가 직접 확인하여야 합니다.
- 본 증명서류에서 조회되지 않는 내역은 영수증 발급기관에서 직접 발급받으시기 바랍니다.

20x1년 귀속 소득·세액공제증명서류 : 기본(지출처별)내역 [보장성 보험, 장애인전용보장성보험]

■ 계약자 인적사항

성 명	주 민 등 록 번 호
이재환	800902 - 1******

■ 보장성보험(장애인전용보장성보험) 납입내역

(단위 : 원)

종류	상 호	보험종류			납입금액 계
	사업자번호	증권번호	주피보험자		
	종피보험자1	종피보험자2	종피보험자3		
보장성	한화생명보험(주)	실손의료보험	120122 - 3******	이하원	1,200,000
	108 - 81 - 15***				
인별합계금액					1,200,000

국 세 청
National Tax Service

- 본 증명서류는 『소득세법』 제165조 제1항에 따라 영수증 발급기관으로부터 수집한 서류로 소득·세액공제 충족 여부는 근로자가 직접 확인하여야 합니다.
- 본 증명서류에서 조회되지 않는 내역은 영수증 발급기관에서 직접 발급받으시기 바랍니다.

[실무수행평가] – 원천징수관리

번호	평가문제	배점
21	**평가문제 [이자배당소득 자료입력 조회]** 이주형의 12월 이자소득세는 얼마인가?	2
22	**평가문제 [이재환 연말정산 근로소득원천징수영수증 조회]** 37.차감소득금액은 얼마인가?	3
23	**평가문제 [이재환 연말정산 근로소득원천징수영수증 조회]** 62.의료비 세액공제액은 얼마인가?	2
24	**평가문제 [이재환 연말정산 근로소득원천징수영수증 조회]** 61.보장성보험 세액공제액은 얼마인가?	3
	원천징수 소계	10

실무수행5 법인세관리

(주)그린전자(1711)는 중소기업으로 사업연도는 제20기(20x1.1.1.~20x1.12.31.)이다. 입력된 자료와 세무조정 참고자료에 의하여 [수행과제]를 완료하고 [평가문제]의 물음에 답하시오.

1 임대보증금 간주익금 조정

자료 1. 건물 및 부속토지 관련 자료

계정과목	취득일	취득원가 (자본적 지출 포함)	당기말 감가상각누계액	면적	비고
토지	2021.1.15.	450,000,000원	–	면적 800㎡	–
건물(주1)	2021.1.15.	280,000,000원	45,000,000원	연면적 2,000㎡	–

(주1) 20x1년 8월 4일에 엘리베이터를 30,000,000원에 설치하였고, 건물 취득원가에 포함되어 있다.

자료 2. 임대현황

임대기간	임대보증금	월임대료	임대건물면적
20x0.1.1.~20x1.12.31.	600,000,000원	5,000,000원	1,200㎡

자료 3. 임대보증금 등 운용현황

계정과목	계정금액	임대보증금운용수입	기타수입금액
이자수익	2,560,000원	1,275,000원	1,285,000원
배당금수익	3,640,000원	1,300,000원	2,340,000원

세무조정 참고자료	1. 자료 1은 임대건물과 부속토지 관련 내역이다. 2. 자료 2는 임대현황이다. 3. 자료 3은 임대보증금 등 운용현황이다. 4. 본 예제에 한하여 간주익금 계산 대상 법인으로 가정하며, 정기예금이자율은 3.5%이다.
수행과제	**임대보증금 간주익금 조정명세서를 작성하시오.** 1. [2.임대보증금등의 적수계산]에 임대보증금 적수계산을 하시오. 2. [3.건설비 상당액 적수계산]에 건설비 적수계산을 하시오. 3. [4.임대보증금등의 운용수입금액 명세서]에 운용수입금액을 반영하시오. 4. [1.임대보증금등의 간주익금 조정]에 간주익금 대상금액을 계산하여 소득금액조정합계표에 세무조정사항을 반영하시오.

[실무수행평가] – 법인세관리 1

번호	평가문제 [임대보증금 간주익금 조정명세서 조회]	배점
25	'①임대보증금등 적수'는 얼마인가?	2
26	'②건설비상당액 적수'는 얼마인가?	2
27	'⑦익금산입금액'은 얼마인가?	3

② 기업업무추진비 조정명세서(갑,을)

세무조정 참고자료	1. 수입금액에는 특수관계인과의 거래금액 60,000,000원이 포함되어 있다. 2. 접대비(기업업무추진비) 계정금액 및 접대비(기업업무추진비) 중 신용카드 등 사용금액은 기장된 자료에 의해 자동반영 한다. 3. 접대비(기업업무추진비)(판) 중 경조사비는 전액 현금으로 지급하였으며, 적요번호 10번(신용카드미사용분)으로 기장되어 있다. 4. 접대비(기업업무추진비)(판) 중 대표이사 개인사용분 2,500,000원(현금지출)을 확인하였다. 5. 타계정 접대비(기업업무추진비) 해당액 계정과목 / 금액 / 비고 여비교통비(판) / 1,600,000원 / 매출처에 접대한 식대 (법인신용카드 사용분) 6. 접대비(기업업무추진비)(판)는 모두 건당 3만원(경조사비 20만원)을 초과한다. 7. 당사는 전자회로 제조를 주업으로 하는 기업으로 부동산임대업이 주업이 아니다.
수행과제	기업업무추진비 조정명세서(갑,을)을 작성하시오. 1. [기업업무추진비조정명세서(을)] [경조사비등 설정]에서 적요번호를 입력하여 경조사비가 자동반영되도록 하시오. 2. [기업업무추진비조정명세서(을)]을 작성하시오. 3. [기업업무추진비조정명세서(갑)]을 작성하시오. 4. 소득금액조정합계표에 각 건별로 세무조정사항을 반영하시오.

[실무수행평가] – 법인세관리 2

번호	평가문제 [기업업무추진비조정명세서 조회]	배점
28	기업업무추진비조정명세서(갑)의 '1.기업업무추진비 해당 금액'은 얼마인가?	2
29	기업업무추진비조정명세서(갑)의 '2.기준금액 초과 접대비 중 신용카드 미사용으로 인한 손금불산입액'은 얼마인가?	2
30	기업업무추진비조정명세서(갑)의 '14.한도초과액'은 얼마인가?	3

③ 가지급금 등의 인정이자 조정명세서(갑,을)

자료 1. 대표이사(정지현) 가지급금 관련 자료

월 일	대여액	회수액	잔 액	비 고
20x1. 5. 17.	60,000,000원		60,000,000원	-
20x1. 6. 30.		15,000,000원	45,000,000원	-
20x1. 10. 10.	5,000,000원		50,000,000원	-
20x1. 11. 30.	10,000,000원		60,000,000원	대표이사 자녀학자금 대여

자료 2. 대표이사(정지현) 가수금 관련 자료

월 일	차입액	상환액	잔 액	비 고
20x1. 1. 2.	20,000,000원		20,000,000원	-
20x1. 3. 20.		20,000,000원		-

자료 3. 차입금

[장기차입금(신한은행) 내역]

차입일자	차입액	상환액	잔액	이자율
전기이월	300,000,000원		300,000,000원	연 5.4%
20x1. 10. 30.		100,000,000원	200,000,000원	연 5.4%

[단기차입금(우리은행) 내역]

차입일자	차입액	상환액	잔액	이자율
전기이월	100,000,000원		100,000,000원	연 4.8%

세무조정 참고자료	1. 자료 1과 자료 2는 대표이사의 가지급금과 가수금 내역이다. 대표이사 외 다른 특수관계인에 대한 가지급금은 없는 것으로 한다. 2. 자료 3은 당사의 차입금 내역이다. 3. 회사는 최초로 가지급금이 발생하였으며, 인정이자 계산 시 당좌대출이자율(4.6%)과 가중평균차입이자율 중 낮은 이자율을 선택하기로 한다. 4. 가지급금에 대한 약정된 이자는 없는 것으로 한다. 5. 대표이사에 대한 가지급금과 가수금은 상계하여 적수계산을 한다.

수행과제	가지급금 등의 인정이자 조정명세서(갑,을)을 작성하시오. 1. [2.이자율별 차입금 잔액계산]을 하시오. 2. [3.가지급금, 가수금적수계산]에서 [계정별원장데이터불러오기]를 이용하여 가지급금 및 가수금의 적수계산을 하시오. 3. 법인세부담이 최소화 되는 방향으로 세무조정하여 인정이자를 계산하시오. 4. [4.인정이자계산]에서 조정대상금액을 계산하시오. 5. 소득금액조정합계표에 각 건별로 세무조정사항을 반영하시오.

[실무수행평가] – 법인세관리 3

번호	평가문제 [가지급금 등의 인정이자 조정명세서 조회]	배점
31	대표이사 정지현의 '12.가지급금적수' 금액은 얼마인가?	2
32	대표이사 정지현의 '13.가수금적수' 금액은 얼마인가?	2
33	문제 [3]과 관련된 세무조정 대상 중 익금산입으로 소득처분할 금액은 얼마인가?	3

④ 선급비용명세서

자료 전기 자본금과 적립금 조정명세서(을) 내역

[별지 제50호 서식(을)]   (뒤 쪽)

사업 연도	20x0.01.01. ~ 20x0.12.31.	자본금과 적립금조정명세서(을)		법인명	(주)그린전자

세무조정유보소득계산					
① 과목 또는 사항	② 기초잔액	당 기 중 증감		⑤ 기말잔액 (익기초현재)	비고
		③ 감 소	④ 증 가		
선급비용(보험료)	1,200,000	1,200,000	1,500,000	1,500,000	

세무조정 참고자료	1. 전기분 자본금과 적립금조정명세서(을) 내역을 참고하여 조정한다. (선급기간 : 20x1. 1. 1. ~ 20x1. 12. 31. 월할계산할 것.) 2. 선급비용을 계상할 계정은 보험료(제), 임차료(판)이다.
수행과제	선급비용명세서를 작성하시오. 1. 계정과목의 원장내역을 조회하여 해당금액을 반영하시오. 2. 각 건별로 소득금액조정합계표에 세무조정사항을 반영하시오.

[실무수행평가] – 법인세관리 4

번호	평가문제 [선급비용명세서 조회]	배점
34	보험료(제)의 세무조정 대상금액은 얼마인가?	3
35	임차료(판)의 세무조정 대상금액은 얼마인가?	2
36	전기분 보험료의 세무조정 대상금액은 얼마인가?	2

⑤ 소득금액조정합계표 및 자본금과적립금조정명세서(갑,을)

자료. 전기 자본금과 적립금 조정명세서(을) 내역

[별지 제50호 서식(을)]					(앞 쪽)
사업 연도	20x0.01.01. ~ 20x0.12.31.	자본금과 적립금조정명세서(을)		법인명	(주)그린전자

세무조정유보소득계산					
① 과목 또는 사항	② 기초잔액	당 기 중 증감		⑤ 기말잔액 (익기초현재)	비고
		③ 감 소	④ 증 가		
외상매출금			5,000,000	5,000,000	
외화환산이익			-1,000,000	-1,000,000	

세무조정 참고자료	1. 전기에 부도가 발생하여 대손처리 하였던 외상매출금 5,000,000원은 대손요건이 충족되었다.(비망계정 인식할 것) 2. 외화환산이익은 전기 외상매출금에 대한 것으로 세무조정 시 익금불산입 하였다. 전기 외상매출금은 당해 사업연도에 전액 회수되었다. 3. 회사는 자기주식처분이익 9,000,000원을 자본잉여금으로 계상하였다. 4. 잡이익에는 전기에 손금불산입되었던 법인세납부액 중 당기환급액 132,000원이 포함되어 있다. 5. 문제① ~ 문제⑤의 세무조정내용을 참고하여 자본금과적립금조정명세서(을) 당기 증감란에 반영하도록 한다.
수행과제	1. 제시된 자료에 의하여 소득금액조정합계표를 작성하시오. 2. 전기분 자본금과 적립금 조정명세서(을) 및 세무조정사항을 반영하여 당기분 자본금과 적립금 조정명세서(을)를 작성하시오.

[실무수행평가] – 법인세관리 5

번호	평가문제	배점
37	**평가문제 [소득금액조정합계표 조회]** 문제 [5]와 관련된 세무조정 대상 중 익금산입(기타)으로 소득금액조정합계표에 반영할 총금액은 얼마인가?	3
38	**평가문제 [소득금액조정합계표 조회]** 문제 [5]와 관련된 세무조정 대상 중 익금불산입(기타)으로 소득금액조정합계표에 반영할 총금액은 얼마인가?	2
39	**평가문제 [자본금과 적립금 조정명세서(을) 조회]** ③감소란 합계금액은 얼마인가? ① 4,000,000원 ② 5,499,000원 ③ 5,500,000원 ④ 6,500,000원	2

실무이론평가

1	2	3	4	5	6	7	8	9	10
④	②	②	②	②	①	①	③	①	③

01 기업실체의 이해관계자는 지속적으로 의사결정을 해야 하므로 적시성 있는 정보가 필요하게 된다. 이러한 정보수요를 충족시키기 위하여 도입된 재무제표의 기본 가정이 기간별 보고이다.

02 기말재고자산 = 보관중인 재고자산(300,000) + 매입의사표시를 받지 않은 시송품(20,000)
＝320,000원

03 수정후 자산 = 수정전 자산(215,000,000) − 매출채권 대손충당금(3,000,000)
− 건물 감가상각누계액(5,000,000) = 207,000,000원

04 단기매매증권평가손실(영업외비용) = (45,000원 × 1,000주) − 47,000,000원 = 2,000,000원
영업외비용이 증가하고, 당기순이익은 감소하고, 영업이익·영업외수익은 불변이다.

05 무형자산금액 = 개발단계(900,000 + 300,000 + 100,000) = 1,200,000원
상각비 = 무형자산금액(1,200,000) ÷ 내용연수(10년) × (6/12) = 65,000원
연구단계에서 발생한 지출은 모두 당기비용으로 처리한다.

06 ② 공급받는 자의 성명 또는 명칭은 세금계산서의 임의적 기재사항이다.
③ 내국신용장 또는 구매확인서에 의하여 공급하는 재화 등 **일정한 영세율 거래는 세금계산서 발급 대상**이다.
④ 전자세금계산서 발급명세는 **발급일의 다음날까지 국세청장에게 전송**하여야 한다.

07 직장공제회 초과반환금, 법원보관금의 이자, 비실명이자는 무조건 분리과세대상이나 비영업대금의 이익은 조건부 종합과세대상이다. 분리과세를 제외한 금융소득이 2천만원 이하이므로 **종합과세대상 금융소득은 없다.**

08 사업소득금액 = 당기순이익(30,000,000) + 대표자 급여(50,000,000) − 배당금수익(10,000,000)
＝70,000,000원

09 ① 주식발행초과금을 자본잉여금으로 회계처리한 경우 세무조정은 필요 없다.
② 손금불산입 유보의 세무조정이 필요하다.
③ 익금불산입 △유보의 세무조정이 필요하다.
④ 손금불산입 유보의 세무조정이 필요하다.

10 (1) 대손세액공제로 인한 부가가치세 납부세액의 감소액 = 22,000,000원 × 10/110 = 2,000,000원

(2) 대손금의 손금산입으로 인한 법인세액 감소액 : 20,000,000원* × 9% = 1,800,000원

   * 대손세액공제를 받은 금액 **2,000,000원(부가가치세)**은 법인세법상 대손처리할 수 없다.

(3) 부가가치세와 법인세 세액에 미치는 영향(세액감소분) : (1)+(2) = 3,800,000원

실무수행평가

실무수행 1. 거래자료 입력

① 정부보조금

1. [매입매출전표입력] 1월 30일

거래유형	품명	공급가액	부가세	거래처	전자세금
51.과세	자동계량기	13,000,000	1,300,000	(주)기성산업	전자입력
분개유형	(차) 기계장치	13,000,000원	(대) 보통예금		14,300,000원
3.혼합	부가세대급금	1,300,000원	(국민은행)		
	정부보조금(104)	13,000,000원	정부보조금(219)		13,000,000원
	(보통예금 차감)		(기계장치 차감)		

2. [일반전표입력] 1월 31일

(차) 인건비정부보조금(판)   10,000,000원   (대) 예수금   700,000원

   보통예금(국민은행)   9,300,000원

② 리스회계 [매입매출전표입력] 3월 30일

거래유형	품명	공급가액	부가세	거래처	전자세금
53.면세	리스료	6,000,000		(주)현대캐피탈	전자입력
분개유형	(차) 운용리스료(제)	6,000,000원	(대) 보통예금		6,000,000원
3.혼합			(국민은행)		

실무수행 2. 부가가치세관리

① 수정전자세금계산서의 발행

1. [매입매출전표입력] 9월 10일

① [매입매출전표 입력] 9월 10일 전표 선택 ➜ 수정세금계산서 클릭 ➜ [수정사유] 화면에서 [6.착오에 의한 이중발급 등] 선택 후 확인(Tab) 을 클릭

수정사유	6 착오에 의한 이중발급등 ▼	(발행매수 : 1 매 발행)
비 고	당초(세금)계산서작성일 20x1 년 09 월 10 일	

② 수정세금계산서(매출) 화면에서 수정분을 입력한 후 확인(Tab) 클릭

	수정입력사유	6 착오에 의한 이중발급등		당초(세금)계산서작성			2024-09-10					
구분	년	월	일	유형	품명	수량	단가	공급가액	부가세	합계	코드	거래처명	사업.주민번호
당초분	20x1	09	10	과세	제품001	100	180,000	18,000,000	1,800,000	19,800,000	00111	(주)슬금비	114-81-58741
수정분	20x1	09	10	과세	제품001	-100	180,000	-18,000,000	-1,800,000	-19,800,000	00111	(주)슬금비	114-81-58741

③ [매입매출전표입력] 9월 10일

거래유형	품명	공급가액	부가세	거래처	전자세금
11.과세	제품001	-18,000,000	-1,800,000	(주)슬금비	전자발행
분개유형	(차) 외상매출금	-19,800,000원	(대) 제품매출		-18,000,000원
2.외상			부가세예수금		-1,800,000원

2. [전자세금계산서 발행 및 내역관리] 기출문제 78회 참고

② 기한 후 신고

1. [매입매출전표입력]

- 5월 20일

거래유형	품명	공급가액	부가세	거래처	전자세금
11.과세	제품	20,000,000	2,000,000	(주)한국상사	전자입력
분개유형	(차) 외상매출금	22,000,000원	(대) 제품매출		20,000,000원
2.외상			부가세예수금		2,000,000원

- 6월 10일

거래유형	품명	공급가액	부가세	거래처	전자세금
12.영세	제품	20,000,000	0	(주)구구스	전자입력
분개유형	(차) 외상매출금	20,000,000원	(대) 제품매출		20,000,000원
2.외상					

- 6월 12일

거래유형	품명	공급가액	부가세	거래처	전자세금
51.과세	원재료	5,000,000	500,000	(주)신일산업	전자입력
분개유형	(차) 원재료	5,000,000원	(대) 외상매입금		5,500,000원
2.외상	부가세대급금	500,000원			

- 6월 20일

거래유형	품명	공급가액	부가세	거래처	전자세금
61.현과	회식비	500,000	50,000	한우마을	
분개유형	(차) 복리후생비(판)	500,000원	(대) 현금		550,000원
1.현금	부가세대급금	50,000원			

2. [부가가치세신고서] 4월 1일 ~ 6월 30일

1) 20x1년 제1기 기한 후 부가가치세신고서

	구 분		금액	세율	세액
과세표준및매출세액	과세	세금계산서발급분 1	20,000,000	10/100	2,000,000
		매입자발행세금계산서 2		10/100	
		신용카드.현금영수증 3		10/100	
		기타 4		10/100	
	영세	세금계산서발급분 5	20,000,000	0/100	
		기타 6		0/100	
	예정신고누락분 7				
	대손세액가감 8				
	합계 9		40,000,000	㉑	2,000,000
매입세액	세금계산수취부분	일반매입 10	5,000,000		500,000
		수출기업수입분납부유예 10-1			
		고정자산매입 11			
	예정신고누락분 12				
	매입자발행세금계산서 13				
	그밖의공제매입세액 14		500,000		50,000
	합계 (10-(10-1)+11+12+13+14) 15		5,500,000		550,000
	공제받지못할매입세액 16				
	차감계 (15-16) 17		5,500,000	㉰	550,000
납부(환급)세액 (㉑매출세액-㉰매입세액)		㉬			1,450,000
경감공제세액	그밖의경감·공제세액 18				
	신용카드매출전표등발행공제계 19			[참고]	
	합계 20			㉣	
소규모 개인사업자 부가가치세 감면세액 20-1				㉤	
예정신고미환급세액 21				㉥	
예정고지세액 22				㉦	
사업양수자가 대리납부한 세액 23				㉧	
매입자납부특례에따라납부한세액 24				㉨	
신용카드업자가 대리납부한 세액 25				㉩	
가산세액계 26				㉪	398,509
차가감납부할세액(환급받을세액) (㉬-㉣-㉤-㉥-㉦-㉧-㉨-㉩+㉪) 27					1,848,509
총괄납부사업자 납부할세액 (환급받을세액)					

2) 과세표준명세

화면상단의 과표(F7)를 클릭하여 '신고구분'에서 '4.기한후과세표준'을 선택하고, '신고년월일'에 '20x1 - 08 - 05'을 기입 후 확인을 클릭하면 부가가치세신고서에 '기한후신고'가 표시된다.

3. 가산세명세

- 세금계산서 발급시기

공급시기	발급기한	지연발급(1%)	미발급(2%)
5/20	~6/10	6.11~7.25	7.25까지 미발급

구 분			공급가액	세액
매출	과세	세 금(전자)	20,000,000(지연발급)	2,000,000
		기 타		
	영세	세 금(전자)	20,000,000	
		기 타		
매입	세금계산서 등		5,000,000+500,000	500,000+50,000
미달신고(납부)←신고 · 납부지연 가산세				1,450,000

1. 전자세금계산서 지연발급	20,0000,000원×1%=200,000원
2. 신고불성실	1,450,000원×20%×(1-50%)=145,000원 * 1개월 이내 기한후신고시 50% 감면
3. 영세율과세표준 신고불성실	20,000,000원×0.5%×(1-50%)=50,000원 * 1개월 이내 기한후신고시 50% 감면
4. 납부지연	1,450,000원×11일×2.2(가정)/10,000=3,509원
계	398,509원

실무수행 3. 결산

① 수동결산 및 자동결산

1. [일반전표입력] 12월 31일

(차) 이자비용   365,000원   (대) 미지급비용   365,000원

※ 미지급비용 : 667,950,000원×2%×10/366=365,000원

2. [결산자료입력]

- 결산자료입력에서 원재료 22,000,000원, 제품평가손실 2,000,000원, 제품 40,000,000원을 입력하고 전표추가(F3) 를 클릭하여 결산분개를 생성한다.

3. [이익잉여금처분계산서] 메뉴

- 이익잉여금처분계산서에서 처분일을 입력한 후, 전표추가(F3) 를 클릭하여 손익대체분개를 생성한다.

[실무수행평가] – 재무회계

번호	평가문제	배점	답
11	평가문제 [계정별원장 조회]	2	①
12	평가문제 [재무상태표 조회]	3	(45,000,000)원
13	평가문제 [제조원가명세서 조회]	3	(24,631,000)원
14	평가문제 [재무상태표 조회]	2	(60,000,000)원
15	평가문제 [재무상태표 조회]	3	(2,180,646,000)원
16	평가문제 [재무상태표 조회]	2	③
17	평가문제 [거래처원장 조회]	2	(19,800,000)원
18	평가문제 [전자세금계산서 발행 및 내역관리 조회]	2	(6)
19	평가문제 [부가가치세신고서 조회]	3	(1,450,000)원
20	평가문제 [부가가치세신고서 조회]	3	(398,509)원
	재무회계 소계	25	

실무수행 4. 원천징수 관리

① 이자/배당소득의 원천징수

1. [기타소득자입력] 1100. 이주형, 122.비영업대금의 이익

2. [이자배당소득자료입력]

② 국세청연말정산간소화 및 이외의 자료를 기준으로 연말정산(이재환)

[사원등록 부양가족명세 수정]

관계	요 건		기본 공제	추가 (자녀)	판 단
	연령	소득			
본인(세대주)	–	–	○		
배우자	–	×	부		총급여액 5백만원 초과자
누이(35)	×	○	○	장애(1)	기타소득금액 = 2,000,000 × (1 − 60%) = 800,000원
자1(14)	○	○	○	자녀	
자2(13)	○	○	○	자녀	

[연말정산 근로소득원천징수영수증]

항 목	요건		내역 및 대상여부	입력
	연령	소득		
의 료 비	×	×	• 자 1 의료비(안경은 500,000한도) (실손의료보험금 500.000차감, 미용목적 성형수술은 대상에서 제외)	○(일반 3,600,000)
보 험 료	○	○	• 자2 보장성 보험료	○(일반 1,200,000)

1. 의료비 세액공제

2. 보험료 세액공제(이하원)

[실무수행평가] – 원천징수관리

번호	평가문제	배점	답
21	[이자배당소득 자료입력 조회] 이자소득세	2	(1,250,000)원
22	[이재환 연말정산 근로소득원천징수영수증 조회] 37. 차감소득금액	3	(24,787,440)원
23	[이재환 연말정산 근로소득원천징수영수증 조회] 62. 의료비세액공제	2	(319,500)원

번호	평가문제	배점	답
24	**[이재환 연말정산 근로소득원천징수영수증 조회]** 61. 보장성보험 세액공제액	3	(120,000)원
	원천징수 소계	10	

※ 22는 프로그램이 자동계산되어지므로 시점(세법변경, 프로그램 업데이트 등)마다 달라질 수가 있습니다.

〈참고사항 : 세액공제 총급여액 49,000,000원〉

※ 시험시 프로그램이 자동계산되어진 것으로 답을 입력하시고 시간이 남으시면 체크해 보시기 바랍니다.

		한도	공제율	대상금액	세액공제
1. 보험료	일반	1백만원	12%	1,200,000	120,000
2. 의료비	일반	–	15%	3,600,000	319.500
	☞ 의료비세액공제 = [3,600,000 – 총급여액(49,000,000)×3%]×15% = 319,500				

실무수행 5. 법인세관리

① 임대보증금 간주익금 조정

1. [2. 임대보증금등의 적수계산]

3. [4. 임대보증금등의 운용수입금액 명세서]

	(29)과　　　목	(30)계 정 금 액	(31)보증금운용수입금액	(32)기타수입금액	(33)비　　　고
1	이자수익	2,560,000	1,275,000	1,285,000	
2	배당금수익	3,640,000	1,300,000	2,340,000	
3					
	계	6,200,000	2,575,000	3,625,000	

4. [1. 임대보증금등의 간주익금 조정]

①임대보증금등 적수	②건설비상당액 적수	③보증금잔액 {(①-②)/ 365 }	④이자율(%)	⑤(③×④) 익금상당액	⑥보증금운용수입	⑦(⑤-⑥) 익금산입금액
219,000,000,000	57,450,000,000	442,602,739	3.5	15,491,095	2,575,000	12,916,095

보증금 잔액 재계산 / 보증금적수계산 일수 수정

5. [소득금액조정합계표]

익금산입	임대보증금 간주익금	12,916,095원	기타사외유출

[실무수행평가] – 법인세관리 1

번호	평가문제 [임대보증금 간주익금 조정명세서 조회]	배점	답
25	① 임대보증금 등 적수	2	(219,000,000,000)원
26	② 건설비상당액 적수	2	(57,450,000,000)원
27	⑦ 익금산입금액	3	(12,916,095)원

② 기업업무추진비 조정명세서(갑,을)

1. [경조사비 등 설정]

[경조사비등 설정]을 클릭하여 [1.경조사비 설정]란에 적요번호를 입력한다.

코드	계정과목명	경조사비 지출액(신용카드미사용)		경조사비(신용카드사용)	
813	접대비(기업업무추진비)(판)	현금적요 10 ? 거래처 경조사비 지급(조정)		현금적요 ?	
		대체적요 10 ? 거래처 경조사비 지급(조정)		대체적요 ?	

2. [기업업무추진비 조정명세서(을)]

① 수입금액 명세 합계란에 1,281,386,010원, 특수관계인간 거래금액란에 60,000,000원입력
② [6.접대비계상액 중 사적사용 경비]란에 2,500,000원 입력
③ 접대비등 해당금액란에 여비교통비 1,600,000원 입력

④ [15.신용카드 등 미사용금액]란에 1,415,000원 입력

3,915,000원 - 2,500,000원 = 1,415,000원

⑤ [16.총 초과금액] 란에 45,600,000원과 여비교통비 1,600,000원 입력

48,100,000원 - 2,500,000원 = 45,600,000원

1. 수입금액 명세

구 분	1. 일반 수입 금액	2. 특수관계인간 거래금액	3. 합 계 (1+2)
금 액	1,221,386,010	60,000,000	1,281,386,010

2. 기업업무추진비등 해당금액   경조사비등 설정   금융기관의 수입금액

4. 계 정 과 목		합계	접대비(기업업무추	여비교통비	
5. 계 정 금 액		50,300,000	48,700,000	1,600,000	
6. 기업업무추진비계상액중 사적사용 경비		2,500,000	2,500,000		
7. 기업업무추진비 해당금액 (5-6)		47,800,000	46,200,000	1,600,000	
8. 신용카드등미사용금액	경조사비 중 기준 금액 초과액	9.신용카드 등 미사용금액	600,000	600,000	
		10. 총 초과액	600,000	600,000	
	국외지역 지출액	11.신용카드 등 미사용금액			
		12. 총 지출액			
	농어민 지출액	13.송금명세서 미제출금액			
		14. 총 지출액			
	기업업무추진비 중 기준금액 초과액	15.신용카드 등 미사용금액	1,415,000	1,415,000	
		16. 총 초과금액	47,200,000	45,600,000	1,600,000
17.신용카드 등 미사용 부인 액 (9+11+13+15)		2,015,000	2,015,000		
18.기업업무추진비 부 인 액 (6+17)		4,515,000	4,515,000		
문화 사업 기업업무추진비					
전통 시장 기업업무추진비					

3. [기업업무추진비 조정명세서(갑)]

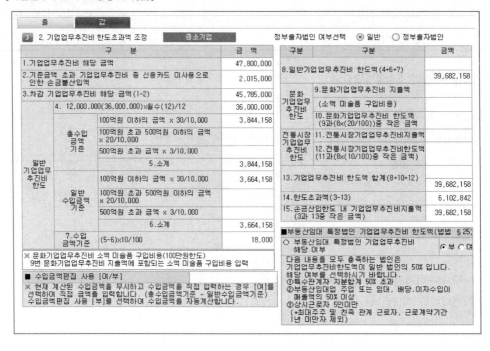

4. [소득금액조정합계표]

손금불산입	기업업무추진비 중 대표이사 개인사용분	2,500,000원	상여
손금불산입	기업업무추진비 중 신용카드 미사용액	2,015,000원	기타사외유출
손금불산입	기업업무추진비 한도초과	6,102,842원	기타사외유출

[실무수행평가] – 법인세관리 2

번호	평가문제 [기업업무추진비조정명세서 조회]	배점	답
28	1.기업업무추진비 해당금액	2	(47,800,000)원
29	2.기준금액 초과 접대비 중 신용카드 미사용으로 인한 손금불산입액	2	(2,015,000)원
30	14.한도초과액	3	(6,102,842)원

③ 가지급금 등의 인정이자 조정명세서(갑,을)

1. [3.가지급금,가수금적수계산]

   1) [1.가지급금(전체)] 대표이사 정지현

계정별원장 데이터불러오기

No	직책	성명	G	TY
1	대표이	정지현	0	
2				

No	월일	적요	차변	대변	잔액	일수	적수	발생일자
1	05-17	대여	60,000,000		60,000,000	44	2,640,000,000	2025-05-17
2	06-30	회수		15,000,000	45,000,000	102	4,590,000,000	2025-06-30
3	10-10	대여	5,000,000		50,000,000	51	2,550,000,000	2025-10-10
4	11-30	대여	10,000,000		60,000,000	32	1,920,000,000	2025-11-30

   2) [2.가수금] 대표이사 정지현

계정별원장 데이터불러오기

No	직책	성명	G	TY
1	대표이	정지현	0	
2				

No	월일	적요	차변	대변	잔액	일수	가수금적수
1	01-02	일시가수		20,000,000	20,000,000	77	1,540,000,000
2	03-20	가수반제	20,000,000			287	

   3) [3.당좌대출이자율]

No	직책	성명	G	TY
1	대표이	정지현	0	당
2				

작업순서 준수(1.가지급금(전체), 2.가수금->3.당좌대출이자율)   '을'지 서식 확인 인명별 불러오기 전체인명 불러오기

No	대여기간 발생년월일	회수년월일	월일	적요	차변	대변	잔액	일수	가지급금적수	가수금적
1	2025-05-17		05-17	대여	60,000,000		60,000,000	44	2,640,000,000	
2	2025-05-17		06-30	회수		15,000,000	45,000,000	185	8,325,000,000	
3	2025-10-10		10-10	대여	5,000,000		5,000,000	83	415,000,000	
4	2025-11-30		11-30	대여	10,000,000		10,000,000	32	320,000,000	

2. [4.인정이자계산]

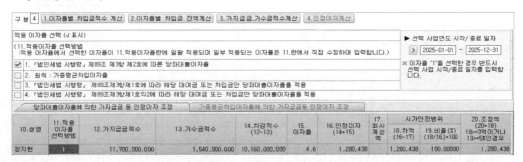

3. [소득금액조정합계표]

익금산입	가지급금인정이자(대표자)	1,280,438원	상여

[실무수행평가] – 법인세관리 3

번호	평가문제 [가지급금 등의 인정이자 조정명세서 조회]	배점	답
31	12.가지급금 적수	2	(11,700,000,000)원
32	13. 가수금 적수	2	(1,540,000,000)원
33	익금산입으로 소득처분할 금액	3	(1,280,438)원

④ 선급비용명세서

1. 선급비용명세서

구분	거래내용	거래처	대상기간		지급액	선급비용	회사 계상액	세무조정 대상금액
			시작일	종료일				
선급보험료	공장건물부험료	한화손해보험(주)	20x1.02.20	20x2.02.19	2,200,000	301,369	100,000	201,369
선급임차료	복합기 임차료	스마트사무기기	20x1.06.01	20x2.05.31	1,200,000	496,438		496,438

2. 소득금액조정합계표

손금불산입	공장건물 보험료 선급비용	201,369원	유보발생
손금불산입	복합기 임차료 선급비용	496,438원	유보발생
손금산입	전기분 보험료 선급비용	1,500,000원	유보감소

[실무수행평가] – 법인세관리 4

번호	평가문제 [선급비용명세서 조회]	배점	답
34	보험료(제)의 세무조정 대상금액	3	(201,369)원
35	임차료(판)의 세무조정 대상금액	2	(496,438)원
36	전기분 보험료의 세무조정 대상금액	2	(1,500,000)원

5 소득금액조정합계표 및 자본금과적립금조정명세서(갑,을)

1. 소득금액조정합계표

손금산입	전기 외상매출금	4,999,000원	유보감소
익금산입	전기 외화환산이익	1,000,000원	유보감소
익금산입	자기주식처분이익	9,000,000원	기타
익금불산입	법인세 당기환급액	132,000원	기타

2. 자본금과 적립금 조정명세서(을)

	①과목 또는 사항	②기초잔액	③감소	④증가	⑤기말잔액 (익기초현재)	비고
1	공장건물보험료			201,369	201,369	
2	복합기 임차료			496,438	496,438	
3	전기 외상매출금	5,000,000	4,999,000		1,000	
4	전기외화환산이익	-1,000,000	-1,000,000			
5	전기분보험료	1,500,000	1,500,000			

을(세무조정 유보소득 계산)   갑(자본금과 적립금 계산서)   갑(이월결손금계산서)

1 세무조정 유보소득 계산

당기중증감

[실무수행평가] – 법인세관리 5

번호	평가문제	배점	답
37	[소득금액조정합계표 조회] 익금산입(기타)	3	(9,000,000)원
38	[소득금액조정합계표 조회] 익금불산입(기타)	2	(132,000)원
39	[자본금과 적립금 조정명세서(을) 조회] ③ 감소란 합계금액	2	②

	합격율	시험년월
	30%	2024.02

실무이론평가

[1] 다음 자료에 대한 설명으로 옳은 것은?

임차료				
				(단위 : 원)
2/1			12/31 선급임차료	200,000
			12/31 집합손익	400,000
		600,000		600,000

이자수익				
				(단위 : 원)
12/31	선수이자	400,000	3/1 현금	900,000
12/31	집합손익	500,000		
		900,000		900,000

① 당기분 임차료는 600,000원이다.

② 차기로 이연되는 임차료는 200,000원이다.

③ 차기로 이연되는 이자수익은 500,000원이다.

④ 당기분 이자수익은 900,000원이다.

[2] 다음은 (주)한공의 2월 상품거래 내역이다. 월말상품재고액과 매출총이익을 계산한 것으로 옳은 것은? (단, 선입선출법을 적용한다.)

				매입단가	판매단가
2월 1일	전월이월	100개		@5,000원	
2월 2일	매 입	70개		@6,000원	
2월 14일	매 출	120개			@9,000원
2월 25일	매출할인	50,000원			

	상품재고액	매출총이익
①	250,000원	410,000원
②	250,000원	460,000원
③	300,000원	410,000원
④	300,000원	460,000원

[3] 다음 자료를 토대로 20x2년 말 현재 재무상태표상 감가상각누계액과 정부보조금 잔액을 계산하면 얼마인가?

- 20x0년 1월 1일 기계장치 취득 (취득원가 1,000,000원, 정부보조금 600,000원)
- 5년, 정액법, 월할상각, 잔존가치는 없음

	감가상각누계액	정부보조금잔액
①	400,000원	240,000원
②	400,000원	360,000원
③	600,000원	240,000원
④	600,000원	360,000원

[4] (주)한공은 20x1년 1월 1일 액면가액 1,000,000원의 사채(만기 3년, 표시이자율 연 10% 후불, 유효이자율 12%)를 발행하였다. 사채 발행금액은 얼마인가?
(단, 현가표는 아래의 표를 이용한다)

구분	10%		12%	
	기간말 1원의 현재가치	연금 1원의 현재가치	기간말 1원의 현재가치	연금 1원의 현재가치
1년	0.90909	0.90909	0.89286	0.89286
2년	0.82645	1.73554	0.79719	1.69005
3년	0.75131	2.48685	0.71178	2.40183

① 892,860원 ② 951,963원
③ 1,000,000원 ④ 1,300,000원

[5] 다음은 (주)한공의 주식발행 관련 자료이다. 이에 대한 회계처리가 자본항목에 미치는 영향으로 옳지 <u>않은</u> 것은?

- 장기운용자금 조달 목적으로 신주 4,000주(1주당 액면금액 5,000원)를 16,000,000원에 발행하다.
- 신주발행 시 발생한 비용 1,500,000원을 제외한 주식대금 잔액은 전액 보통예금으로 납입받다.
- 신주발행시 주식발행초과금 미상각잔액이 2,500,000원이 있다.

① 자본금 20,000,000원이 증가한다.
② 주식할인발행차금 3,000,000원이 발생한다.
③ 주식발행초과금 2,500,000원이 감소한다.
④ 이익잉여금 14,500,000원이 증가한다.

[6] 다음 중 부가가치세법상 과세대상 거래에 대한 설명으로 옳지 <u>않은</u> 것은?
① 과세대상 재화의 범위에는 유체물 뿐만 아니라 전기, 가스, 열 등의 자연력도 포함된다.
② 건설업의 경우 건설업자가 건설자재의 전부를 부담하는 것은 재화의 공급에 해당한다.
③ 고용관계에 따라 근로를 제공하는 것은 용역의 공급으로 보지 아니한다.
④ 사업자가 과세사업과 관련하여 생산한 재화를 자신의 면세사업을 위해 직접 사용하는 것은 재화의 공급에 해당한다.

[7] 다음 중 소득세 신고 · 납부에 대한 설명으로 옳지 <u>않은</u> 것은?

① 근로소득만 있는 거주자가 근로소득에 대한 연말정산을 한 경우에는 과세표준 확정신고의무가 없다.

② 매출 · 매입처별계산서합계표의 전부 또는 일부를 제출하지 않은 경우 소득세법상 경정의 대상이 된다.

③ 거주자에게 이자소득을 지급하는 금융기관은 소득세를 원천징수해야 한다.

④ 확정신고 시 납부할 세액이 9백만원인 경우 5백만원을 초과하는 금액은 분할납부가 가능하다.

[8] 다음은 제조업을 영위하는 개인사업자 한공회 씨의 20x1년 손익계산서에 반영된 자료이다. 소득세 차감전 순이익이 150,000,000원인 경우, 한공회 씨의 20x1년 사업소득금액은 얼마인가?

• 대표자 급여	60,000,000원
• 예금이자수익	3,500,000원
• 토지처분이익	40,000,000원
• 광고선전비	1,600,000원

① 106,500,000원 ② 150,000,000원
③ 166,500,000원 ④ 168,100,000원

[9] 다음은 (주)한공의 제4기 사업연도(20x1.1.1.~20x1.12.31.)의 과세자료이다. 이를 토대로 법인세법상 각사업연도소득금액을 계산하면 얼마인가?

1. 손익계산서상 당기순이익은 200,000,000원이다.
2. 손익계산서상 다음과 같은 사실이 발견되었다.
    (1) 당기의 상품매출액 40,000,000원과 그 매출원가 32,000,000원이 누락되었다.
    (2) 손익계산서에는 폐수배출부담금 10,000,000원이 세금과공과에 계상되어 있다.
    (3) 인건비 중에는 급여지급기준을 초과하여 직원에게 지급한 상여금 8,000,000원이 포함되어 있다.
    (4) 손익계산서상의 일반기부금은 18,000,000원이며 법인세법상 일반기부금한도액은 23,000,000원이다.
    (5) 손익계산서상의 법인세비용은 32,000,000원이다.

① 258,000,000원 ② 250,000,000원
③ 245,000,000원 ④ 218,000,000원

[10] 다음 중 법인세법상 결손금 및 이월결손금에 관한 설명으로 옳지 <u>않은</u> 것은?

① 결손금 소급공제는 중소기업에 한하여 적용받을 수 있다.

② 중소기업은 사업연도 소득의 100%까지 이월결손금을 공제할 수 있으나, 중소기업 외의 일반법인 등은 사업연도 소득의 80%까지 이월결손금을 공제할 수 있다.

③ 특례기부금의 손금산입한도액을 계산함에 있어 공제하는 이월결손금은 발생시점에 제한이 없다.

④ 여러 사업연도에서 이월결손금이 발생한 경우에는 먼저 발생한 사업연도 분부터 차례대로 공제한다.

■■■■■■ 실무수행평가

(주)동해산업(1690)은 소화기를 제조하여 판매하는 법인기업으로 회계기간은 제7기(20x1.1.1.~20x1.12.31.)이다. 제시된 자료와 [자료설명]을 참고하여 [수행과제]를 완료하고 [평가문제]의 물음에 답하시오.

▌실무수행1 │ 거래자료 입력

실무프로세스자료이다. [자료설명]을 참고하여 [수행과제]를 수행하시오.

1 사채

자료 1. 이사회의사록

이 사 회 의 사 록

회사는 장기자금을 조달할 목적으로 회사채 발행을 결정하고 다음과 같이 회사채 발행에 대한 사항을 결정함.

- 다 음 -

1. 사채의 액면금액 :	200,000,000원
2. 사채의 발행금액 :	184,116,000원
3. 사 채 발 행 비 :	2,000,000원
4. 사 채 의 만 기 :	5년
5. 표 시 이 자 율 :	6%

20x1년 3월 1일

자료 2. 보통예금(국민은행) 거래내역

번호	거래일자	내 용	찾으신금액	맡기신금액	잔 액	거래점
		계좌번호 112-523678-300 (주)동해산업				
1	20x1-3-1	사채발행		184,116,000		
2	20x1-3-1	사채발행비 지급	2,000,000		*****	역삼

자료설명	자료 1은 사채발행관련 이사회 의사록이다. 자료 2는 사채발행금액의 입금내역과 사채발행비의 출금내역이다.
수행과제	사채발행에 대한 거래자료를 입력하시오.

② 자산, 부채, 자본의 특수회계처리

	전자세금계산서 (공급받는자 보관용)					승인번호			

전자세금계산서 (공급받는자 보관용)   승인번호

공급자	등록번호	117-81-10218			공급받는자	등록번호	104-81-43125		
	상호	(주)미래건설	성명(대표자)	박한기		상호	(주)동해산업	성명(대표자)	민경록
	사업장주소	서울 금천구 시흥대로 38길 65				사업장주소	서울특별시 강남구 강남대로 254		
	업태	환경복원	종사업장번호			업태	제조업	종사업장번호	
	종목	건설폐기물				종목	분사기 및 소화기		
	E-Mail	future@bill36524.com				E-Mail	east_sea@bill36524.com		

작성일자	20x1.5.6.	공급가액	18,000,000	세액	1,800,000
비고					

월	일	품목명	규격	수량	단가	공급가액	세액	비고
5	6	철거비				18,000,000	1,800,000	

합계금액	현금	수표	어음	외상미수금	이 금액을	○ 영수 / ● 청구	함
19,800,000	9,800,000			10,000,000			

자료설명	제3공장을 신축할 목적으로 건축물이 있는 토지를 취득한 후 즉시 그 건축물을 철거하고 수취한 전자세금계산서이다.
수행과제	매입매출전표에 입력하시오. (세금계산서 거래분은 '전자입력'으로 처리할 것.)

실무수행2 부가가치세관리

부가가치세 신고 관련 자료이다. [자료설명]을 참고하여 [수행과제]를 수행하시오.

1 수정전자세금계산서의 발행

전자세금계산서			(공급자 보관용)				승인번호			
공급자	등록번호	104-81-43125				공급받는자	등록번호	220-81-10867		
	상호	(주)동해산업	성명 (대표자)	민경록			상호	(주)하나소방	성명 (대표자)	최인환
	사업장 주소	서울특별시 강남구 강남대로 254					사업장 주소	경기도 수원시 팔달구 매산로 1 (매산로1갈)		
	업태	제조업		종사업장번호			업태	도매업		종사업장번호
	종목	분사기 및 소화기					종목	분사기 및 소화기		
	E-Mail	east_sea@bill36524.com					E-Mail	hana@bill36524.com		
작성일자		20x1.8.23.	공급가액		45,000,000		세 액		4,500,000	
비고										

월	일	품목명	규격	수량	단가	공급가액	세액	비고
8	23	가정용 소화기		1,500	30,000	45,000,000	4,500,000	

합계금액	현금	수표	어음	외상미수금	이 금액을	○ 영수 ● 청구	함
49,500,000				49,500,000			

자료설명	1. 제품을 공급하고 발급한 전자세금계산서이다. 2. 담당자의 착오로 작성연월일 7월 23일이 8월 23일로 잘못 기재되었다.
수행과제	수정사유를 선택하여 수정전자세금계산서를 발급·전송하시오. ※ 전자세금계산서는 전자세금계산서 발행 및 내역관리 메뉴에서 발급·전송한다. (전자세금계산서 발급 시 결제내역 입력과 전송일자는 무시할 것.)

② 기한후 신고

자료 1. 매출 전자세금계산서 누락분(제품 매출)

매출전자세금계산서 목록								
번호	작성일자	승인번호	발급일자	전송일자	상호	공급가액	세액	전자세금계산서종류
1	20x1-11-30	생략	20x1-1-31	20x1-2-1	(주)삼성소화기	32,000,000원	3,200,000원	일반
2	20x1-12-19	생략	20x1-1-31	20x1-2-1	(주)서울소방	25,000,000원	2,500,000원	일반

자료 2. 매입 전자세금계산서 누락분(기계장치)

매출전자세금계산서 목록								
번호	작성일자	승인번호	발급일자	전송일자	상호	공급가액	세액	전자세금계산서종류
1	20x1-12-20	생략	20x1-12-20	20x1-12-21	두산기계(주)	18,000,000원	1,800,000원	일반

자료설명	1. 자료 1 ~ 자료 2는 20x1년 제2기 과세기간 최종 3개월(20x1.10.1.~ 20x1.12.31.)의 매출과 매입자료이다. 2. 제2기 부가가치세 확정신고를 기한내에 하지 못하여 20x1년 2월 11일에 기한후 신고납부하려고 한다. 3. 20x1년 제2기 예정신고는 적법하게 신고하였다.
수행과제	1. 자료 1 ~ 자료 2까지 작성일자로 거래자료를 입력하시오.(제시된 거래는 모두 외상이며, 세금계산서 거래분은 '전자입력'으로 처리할 것.) 2. 가산세를 적용하여 제2기 부가가치세 확정신고서를 작성하시오. 　-과세표준명세의 '신고구분'과 '신고년월일'을 기재할 것 　-신고불성실가산세는 일반무신고에 의한 가산세율을 적용하며, 미납일수는 17일, 1일 2.2/10,000로 한다.

실무수행3 결산

[결산자료]를 참고로 결산을 **수행하시오.**(단, 제시된 자료 이외의 자료는 없다고 가정함.)

① 수동결산 및 자동결산

자료설명	1. 차입금현황

1. 차입금현황

차입금 종류	차입처	금액	연이자율	이자지급일	만기
시설자금	기업은행	500,000,000원	4%	매월 20일 (후불)	2025년 12월 20일

– 12월 이자지급일에 보통예금에서 정상적으로 이체되었다.
– 차입일수는 일할 계산한다.
– 1년은 365일로 가정하고, 이자 미지급일수는 11일이다.
– 원 단위 미만은 절사할 것.

2. 재고자산 명세

계정과목	장부상금액	순실현가능가치
상 품	55,000,000원	57,000,000원
제 품	49,700,000원	42,500,000원

3. 이익잉여금처분계산서 처분 예정(확정)일
   – 당기 : 20x1년 2월 28일
   – 전기 : 20x0년 2월 28일

수행과제	결산을 완료하고 이익잉여금처분계산서에서 손익대체분개를 하시오. (단, 이익잉여금처분내역은 없는 것으로 하고 미처분이익잉여금 전액을 이월이익잉여금으로 이월하기로 할 것.)

평가문제 입력자료 및 회계정보를 조회하여 [평가문제]의 답안을 입력하시오.(70점)

[실무수행평가] - 재무회계

번호	평가문제	배점
11	**평가문제 [손익계산서 조회]** 당기에 발생한 이자비용은 얼마인가?	2
12	**평가문제 [재무상태표 조회]** 3월 말 사채 장부금액은 얼마인가?	3
13	**평가문제 [재무상태표 조회]** 5월 말 토지 잔액은 얼마인가?	3
14	**평가문제 [재무상태표 조회]** 12월 말 재고자산 잔액은 얼마인가?	2
15	**평가문제 [재무상태표 조회]** 12월 31일 현재 이월이익잉여금(미처분이익잉여금) 잔액은 얼마인가? ① 355,568,110원 ② 548,154,996원 ③ 796,821,361원 ④ 972,585,856원	2
16	**평가문제 [거래처원장 조회]** 7월말 (주)하나소방의 외상매출금 잔액은 얼마인가?	2
17	**평가문제 [전자세금계산서 발행 및 내역관리 조회]** 7월 23일자 수정세금계산서의 수정입력사유를 코드번호로 입력하시오.	2
18	**평가문제 [부가가치세신고서 조회]** 제2기 확정 신고기간 부가가치세 기한후신고서의 과세표준 합계(9란) 세액은 얼마인가?	3
19	**평가문제 [부가가치세신고서 조회]** 제2기 확정 신고기간 부가가치세 기한후신고서의 고정자산매입(11란) 세액은 얼마인가?	3
20	**평가문제 [부가가치세신고서 조회]** 제2기 확정 신고기간 부가가치세 기한후신고서의 가산세액(26란) 합계금액은 얼마인가?	3
	재무회계 소계	25

실무수행4 | 원천징수 관리

인사급여 관련 실무프로세스를 수행하시오.

1 퇴직소득 자료입력

자료 1. 퇴사자 관련정보

사원코드	1005	사원명	장미영
퇴직일자	20x1년 5월 31일	회사규정상 퇴직급여	25,000,000원
퇴직사유	정리해고	영수일자	20x1년 5월 31일
근속기간	2020년 5월 1일 ~ 20x1년 5월 31일		

자료 2. 퇴직연금 가입내용

퇴직연금 유형	확정급여형(DB형)	퇴직연금 가입일	2020년 5월 1일
연금계좌(IRP) 이연금액	25,000,000원	연금계좌 입금일	20x1년 5월 31일
연금계좌 취급자	신한은행	사업자등록번호	114-85-45632
연금계좌번호(IRP)	1158913147		

자료설명	1. 자료 1은 행정팀 과장 장미영(코드 1005)의 퇴직관련 자료이다. 2. 자료 2는 회사에서 가입한 퇴직연금 내용이다.
수행과제	1. [급여자료입력]에서 중도퇴사자 정산내역을 반영하시오. (퇴사자 장미영의 5월 급여는 입력되어 있으며, 구분은 '1.급여'로 선택할 것.) 2. [퇴직소득자료입력]에서 퇴직급여현황을 입력하고, 소득세를 산출하시오.

② 이자/배당소득의 원천징수

자료. 이자소득 관련정보

코드	2200	소득자명	진기호
주민등록번호	821110-1036911	소득구분	112.내국법인 회사채이자
이자지급일	20x1.9.30.	지급이자	6,000,000원
주 소	서울 금천구 시흥대로 23		
이자지급대상기간	20x1.3.1.~20x1.9.1.		
채권이자 구분코드	66.채권등의 이자 등을 지급받는 경우 이자 등 지급총액		

자료설명	1. 자료는 회사가 발행한 기명 회사채 이자 지급내역이다. 2. 원천징수세율은 14%이다.
수행과제	1. [기타소득자입력]에서 소득자를 등록하시오.(우편번호 입력은 생략할 것.) 2. [이자배당소득자료입력]에서 이자소득을 입력하고 소득세를 산출하시오.

[실무수행평가] - 원천징수관리

번호	평가문제	배점
21	**평가문제 [급여자료입력 조회]** 장미영의 5월 급여에 대한 차인지급액은 얼마인가?	3
22	**평가문제 [퇴직소득자료입력 조회]** 장미영의 '(22)근속월수'는 몇 개월인가?	2
23	**평가문제 [퇴직소득자료입력 조회]** 장미영의 '(40)이연퇴직소득세'는 얼마인가?	2
24	**평가문제 [이자배당소득자료입력 조회]** 진기호의 9월 소득지급내역에서 확인되는 세액합계는 얼마인가?	3
	원천징수 소계	10

실무수행5 | 법인세관리

(주)작은행복(1691)은 중소기업으로 사업연도는 제24기(20x1.1.1.~20x1.12.31.)이다. 입력된 자료와 세무조정 참고자료에 의하여 법인세무조정을 수행하시오.

① 수입금액조정명세서

자료. 전기 자본금과 적립금 조정명세서(을) 내역

[별지 제50호 서식(을)]					(앞 쪽)
사업 연도	20x0.01.01. ~ 20x0.12.31.	자본금과 적립금조정명세서(을)		법인명	(주)작은행복

세무조정유보소득계산					
① 과목 또는 사항	② 기초잔액	당 기 중 증감		⑤ 기말잔액 (익기초현재)	비고
		③ 감 소	④ 증 가		
제품매출			20,000,000	20,000,000	
제품매출원가			− 16,000,000	− 16,000,000	

세무조정
참고자료
	1. 결산서상 수입금액은 손익계산서의 매출계정을 조회한다.
	2. 위 자료는 전기 매출누락 관련 자료이며, 전기 제품매출 누락액(판매가 20,000,000
	    원, 원가 16,000,000원)을 당기 1월 3일에 회계처리하였다. 단, 매출과 매출원가에
	    대하여 전기의 세무조정은 적법하게 이루어졌다.
	3. 잡이익 계정에 부산물 매각수입이 포함되어 있으며, 이는 제품제조 과정에서 발생된
	    부산물이다.

수행과제	수입금액조정명세서를 작성하시오. 1. [1.수입금액 조정계산]에 결산서상 수입금액을 조회하여 반영하시오. 2. [2.수입금액 조정명세]에 기타수입금액을 반영하시오. 3. [1.수입금액 조정계산]에 조정사항을 반영하시오. 4. 소득금액조정합계표에 세무조정사항을 반영하시오.

[실무수행평가] – 법인세관리 1

번호	평가문제 [수입금액 조정명세서 조회]	배점
25	'⑥조정후 수입금액' 합계는 얼마인가?	3
26	문제 [1]과 관련된 세무조정 대상 중 익금불산입(유보감소)으로 소득처분할 금액은 얼마인 가?	2
27	문제 [1]과 관련된 세무조정 대상 중 손금불산입(유보감소)으로 소득처분할 금액은 얼마인 가?	2

② 감가상각비조정명세서

자료 1. 전기 자본금과 적립금 조정명세서(을) 내역

[별지 제50호 서식(을)]					(앞 쪽)
사업 연도	20x0.01.01. ~ 20x0.12.31.	**자본금과 적립금 조정명세서(을)**		법인명	(주)작은행복
세무조정유보소득계산					
① 과목 또는 사항	② 기초잔액	당 기 중 증감		⑤ 기말잔액 (익기초현재)	비고
		③ 감 소	④ 증 가		
감가상각비	7,000,000	2,000,000		5,000,000	트럭

자료 2. 감가상각 자료

고정자산 내 역	코드	자산명	경비 구분	업종 코드	취득일	취득금액	전기말 상각누계액	당기 회사 감가상각비	비고
건물 (정액법 40년)	101	본사건물	판관	08	20x1.7.5.	250,000,000원	0원	3,125,000원	(주1)
차량운반구 (정률법 5년)	201	트럭	제조	05	2018.4.5.	50,000,000원	20,000,000원	12,000,000원	
기계장치 (정률법 10년)	301	조립기계	제조	LL	2022.1.2.	10,000,000원	2,590,000원	1,919,190원	(주2)

(주1) 건물취득세 5,800,000원을 세금과공과금(판매관리비)로 회계처리 하였다.

(주2) 기계주요부품교체비 3,500,000원을 수선비(제조경비)로 회계처리 하였다.

세무조정 참고자료	1. 자료 1의 감가상각비는 차량운반구(트럭)에 대한 전년도 상각 부인액이다. 2. 제시된 자산외에는 감가상각을 하지 않는다고 가정한다.
수행과제	**감가상각비조정명세서를 작성하시오.** 1. 감가상각액을 산출하기 위하여 고정자산을 각각 등록하시오. 　(고정자산등록에 관련된 자료는 주어진 자료를 최대한 입력 할 것.) 2. 미상각분 감가상각조정명세를 작성하시오. 3. 감가상각비조정명세서합계표를 작성하시오. 4. 소득금액조정합계표에 개별자산별로 세무조정사항을 반영하시오.

[실무수행평가] – 법인세관리 2

번호	평가문제 [감가상각비조정명세서합계표 조회]	배점
28	문제 [2]와 관련된 세무조정 대상 중 손금불산입(유보발생)으로 소득처분할 금액은 얼마인가?	2
29	문제 [2]와 관련된 세무조정 대상 중 손금산입(유보감소)으로 소득처분할 금액은 얼마인가?	3
30	'(105)회사손금계상액 ②합계액'은 얼마인가?	2

③ 대손충당금 및 대손금조정명세서

자료 1. 전기 자본금과 적립금 조정명세서(을) 내역

[별지 제50호 서식(을)]					(앞 쪽)
사업 연도	20x0.01.01. ~ 20x0.12.31.	자본금과 적립금 조정명세서(을)		법인명	(주)작은행복
세무조정유보소득계산					
① 과목 또는 사항	② 기초잔액	당 기 중 증감		⑤ 기말잔액 (익기초현재)	비고
		③ 감 소	④ 증 가		
대손충당금 한도초과액	3,200,000	3,200,000	2,500,000	2,500,000	
외상매출금(대손금)			6,000,000	6,000,000	

자료 2. 대손에 관한 사항

일자	계정과목	대손사유	금액	비고
20x1.05.07	외상매출금	강제집행	4,000,000원	대손요건 충족
20x1.10.19	받을어음	부도	2,000,000원	부도확인일 20x1.04.18.

세무조정 참고자료	1. 자료 1의 전기 외상매출금(대손금) 부인액 6,000,000원은 20x1년 2월 7일에 소멸시효가 완성되어 대손금의 손금산입 요건을 충족하였다. 2. 자료 2는 당기에 발생한 대손내역이며, 그 외의 대손발생은 없다. 3. 회사는 매출채권에 대해서만 대손충당금을 설정하며, 대손충당금 설정대상 제외 채권은 없다. 4. 회사의 대손실적률은 1/100이다. 5. 기타의 사항은 기장된 데이터를 이용하기로 한다.

수행과제	대손충당금 및 대손금조정명세서를 작성하시오. 1. 전기 자본금과 적립금 조정명세서(을)의 내역을 세무조정하시오. 2. [2.대손금조정]에 대한 대손처리내역을 원장조회하여 반영하시오. 3. [1.대손충당금조정(채권잔액)]에 채권잔액을 반영하시오. 4. [1.대손충당금조정(손금 및 익금산입조정)]에 손금산입액 및 익금산입액 조정사항을 반영하시오. 5. 소득금액조정합계표에 세무조정사항을 각 건별로 반영하시오.

[실무수행평가] – 법인세관리 3

번호	평가문제 [대손충당금 및 대손금조정명세서 조회]	배점
31	'1.채권잔액'은 얼마인가?	2
32	문제 [3]과 관련된 세무조정 대상 중 손금산입으로 소득금액조정합계표에 반영할 총 금액은 얼마인가?	2
33	문제 [3]과 관련된 세무조정 대상 중 손금불산입으로 소득금액조정합계표에 반영할 총 금액은 얼마인가?	3

④ 세금과공과금 명세서

자료설명	1. 기장된 자료를 조회하시오. 　(단, 517.세금과공과금, 817.세금과공과금 계정만 반영하도록 할 것.) 2. 본사건물 취득세는 감가상각조정명세서에서 세무조정을 완료하였다.
수행과제	세금과공과금 명세서를 작성하시오. 1. [계정별원장 불러오기]를 이용하여 손금불산입할 항목을 표기하시오. 2. 소득금액조정합계표에 세무조정사항을 각 건별로 반영하시오.

[실무수행평가] – 법인세관리 4

번호	평가문제 [세금과공과금 명세서 조회]	배점
34	문제 [4]와 관련된 세무조정 대상 중 손금불산입(유보)으로 소득처분할 금액은 얼마인가?	2
35	문제 [4]와 관련된 세무조정 대상 중 손금불산입(상여)으로 소득처분할 금액은 얼마인가?	2
36	문제 [4]와 관련된 세무조정 대상 중 손금불산입(기타사외유출)으로 소득처분할 총금액은 얼마인가?	3

5 세액공제조정명세서(3) 및 최저한세조정계산서

자료. 신규투자 설비 내역

전자세금계산서

(공급받는자 보관용) 승인번호

	등록번호	514-81-21541				등록번호	120-81-32144		
공급자	상호	(주)온기계	성명(대표자)	김기계	공급받는자	상호	(주)작은행복	성명(대표자)	김정수
	사업장 주소	서울 용산구 한강대로 22				사업장 주소	서울 서대문구 충정로7길 29-18		
	업태	제조업	종사업장번호			업태	제조업	종사업장번호	
	종목	기계설비				종목	1차 비철금속 제조업		
	E-Mail	korea@naver.com				E-Mail	happy@bill36524.com		

작성일자	20x1.3.26.	공급가액	300,000,000	세 액	30,000,000
비고					

월	일	품목명	규격	수량	단가	공급가액	세액	비고
3	26	자동화기계				300,000,000	30,000,000	

합계금액	현금	수표	어음	외상미수금	이 금액을	○ 영수	함
330,000,000				330,000,000		◉ 청구	

세무조정 참고자료	위 자료는 공장의 생산성 향상을 위한 생산자동화설비를 투자한 내역이며, 회사는 본 건에 대하여 **통합투자세액공제(일반)**를 받으려고 한다. (기본공제 세액공제율은 10%를 적용하며, 추가공제는 없는 것으로 가정한다.)
수행과제	**세액공제조정명세서(3) 및 최저한세조정계산서를 작성하시오.** 1. 세액공제조정명세서(3)에 당기 공제대상세액을 입력하시오. 2. 세무조정자료를 반영하여 법인세과세표준 및 세액조정계산서의 소득금액을 계산하시오. 3. 최저한세조정계산서를 통하여 최저한세 적용여부를 검토하시오. 4. 세액공제조정명세서(3) [2.당기 공제 세액 및 이월액 계산]에 최저한세 적용에 따른 미공제세액을 반영하시오. 5. 세액공제조정명세서(3)에서 산출된 공제세액을 공제감면세액합계표(갑,을)에 반영하시오. 6. 법인세과세표준 및 세액조정계산서에 공제세액을 반영하시오.

[실무수행평가] - 법인세관리 5

번호	평가문제	배점
37	**평가문제 [세액공제조정명세서(3) 조회]** 1.공제세액계산에서 통합투자세액공제(일반)의 '(104)공제대상세액'은 얼마인가?	3
38	**평가문제 [세액공제조정명세서(3) 조회]** 2.당기공제세액 및 이월액계산에서 '(121)최저한세적용에 따른 미공제세액'은 얼마인가?	2
39	**평가문제 [법인세과세표준 및 세액조정계산서 조회]** '125.가감계'금액은 얼마인가? ① 1,871,260원 ② 10,329,121원 ③ 50,625,265원 ④ 147,309,249원	2
	법인세관리 소계	35

실무이론평가

1	2	3	4	5	6	7	8	9	10
②	③	③	②	④	②	④	③	②	③

01 ① 당기분 임차료는 400,000원이다.

③ 차기로 이연되는 이자수익은 400,000원이다.

④ 당기분 이자수익은 500,000원이다.

02 순매출액 = 매출수량(120개) × 단가(9,000) - 매출할인(50,000) = 1,030,000원

월말상품재고액(선입선출법) = (100개 + 70개 - 120개) × 6,000원(2.4) = 300,000원

순매입액 = 70개 × 6,000원 = 420,000원

상 품			
기초상품	500,000	*매출원가*	*620,000*
순매입액	420,000	기말상품	300,000
계	920,000	계	920,000

매출총이익 = 순매출액(1,030,000) - 매출원가(620,000) = 410,000원

03 20x2년말 감가상각누계액 = 취득원가(1,000,000)/5년 × 3년(x0~x2) = 600,000원

제거되는 정부보조금 = 정부보조금(600,000) × 감가상각누계액(600,000)/취득가액(1,000,000)

= 360,000원

정부보조금 잔액 = 정부보조금(600,000) - 제거되는정부보조금(360,000) = 240,000원

04 사채 발행금액 = 액면이자(100,000) × 2.40183 + 액면가액(1,000,000) × 0.71178 = 951,963원

05 발행가액 = 16,000,000 - 신주발행비(1,500,000) = 14,500,000원

액면가액 = 4,000주 × 액면금액(5,000) = 20,000,000원

발행가액(14,500,000) - 액면가액(20,000,000) = △ 5,500,000원(할인발행)

(차) 보통예금 　　　　　　　　 14,500,000원　　 (대) 자본금 　　　　　　　　　 20,000,000원

　　 주식발행초과금(우선상계) 　 2,500,000원

　　 주식할인발행차금 　　　　　 3,000,000원

06 <u>건설업자가 건설자재의 전부 또는 일부를 부담해 용역을 제공</u>하고 대가를 받는 경우는 용역의 공급에 해당한다.

07 확정신고 시 납부할 세액이 1천만원을 초과할 경우 2천만원까지는 1천만원을 초과하는 금액을 분할 납부하고, **2천만원을 초과하면 해당 세액의 50% 이하의 금액을 분할납부**할 수 있다.

08 사업소득금액 = 소득세차감전순이익(150,000,000) + 대표자급여(60,000,000)
  − 예금이자(3,500,000) − 토지처분이익(40,000,000) = 166,500,000원
예금이자는 이자소득으로 토지처분이익은 양도소득으로 과세된다.

09

손익계산서상 당기순이익	200,000,000원
(+) 익금산입·손금불산입	82,000,000원*
(−) 손금산입·익금불산입	(32,000,000원)**
= 각 사업연도 소득금액	250,000,000원

* 매출액(40,000,000원) + 폐수배출부담금(10,000,000원) + 법인세비용(32,000,000원) = 82,000,000원

** 매출원가 = 32,000,000원

10 특례기부금의 손금산입한도액을 계산함에 있어 공제하는 **이월결손금은 해당 사업연도개시일 전 15년(2019.12.31. 이전 개시한 사업연도 발생분은 10년)** 이내에 개시한 사업연도에서 발생한 것이어야 한다.

실무수행평가

실무수행 1. 거래자료 입력

① 사채

[일반전표입력] 3월 1일

(차) 보통예금(국민은행)	182,116,000원	(대) 사채	200,000,000원
사채할인발행차금	17,884,000원		

※ 사채할인발행차금 : (200,000,000원 − 184,116,000원) + 2,000,000원 = 17,884,000원

② 자산, 부채, 자본의 특수회계처리

[매입매출전표입력] 5월 6일

거래유형	품명	공급가액	부가세	거래처	전자세금
54.불공	철거비	18,000,000	1,800,000	(주)미래건설	전자입력
불공제사유	0. 토지의 자본적 지출관련				
분개유형	(차) 토 지	19,800,000원	(대) 현 금		9,800,000원
3.혼합			미지급금		10,000,000원

실무수행 2. 부가가치세관리

① 수정전자세금계산서의 발행

1. [수정세금계산서 발급]

① [매입매출전표입력] 8월 23일 전표 선택 ➡ 수정세금계산서 ➡ [수정사유] 화면에서

[1.기재사항 착오·정정]을 선택하고 비고란에 [2.작성년월일]을 선택하여 확인(Tab) 클릭

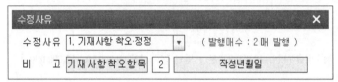

② [수정세금계산서(매출)]화면에서 [작성일 7월 23일], [수량 1,500], [단가 30,000원]을 입력한 후
확인(Tab) 클릭

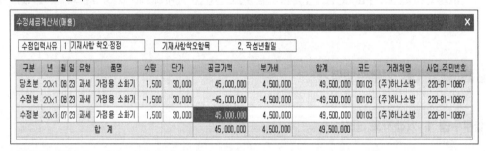

③ 수정세금계산서 2건이 입력이 되는 것을 확인

➡ 8월 23일 당초에 발급한 세금계산서의 (-)세금계산서 발급분에 대한 회계처리

거래유형	품명	공급가액	부가세	거래처	전자세금
11.과세	가정용 소화기	-45,000,000	-4,500,000	(주)하나소방	전자발행
분개유형	(차) 외상매출금	-49,500,000원	(대) 제품매출		-45,000,000원
2.외상			부가세예수금		-4,500,000원

➡ 7월 23일 수정분 세금계산서 발급분에 대한 회계처리

거래유형	품명	공급가액	부가세	거래처	전자세금
11.과세	가정용 소화기	45,000,000	4,500,000	(주)하나소방	전자발행
분개유형	(차) 외상매출금	49,500,000원	(대) 제품매출		45,000,000원
2.외상			부가세예수금		4,500,000원

2. [전자세금계산서 발행 및 내역관리] 기출문제 78회 참고

166

② 기한후 신고

1. [매입매출전표입력]

- 11월 30일

거래유형	품명	공급가액	부가세	거래처	전자세금
11.과세	제품	32,000,000	3,200,000	(주)삼성소화기	전자입력
분개유형	(차) 외상매출금	35,200,000원	(대) 부가세예수금		3,200,000원
2.외상			제품매출		32,000,000원

- 12월 19일

거래유형	품명	공급가액	부가세	거래처	전자세금
11.과세	제품	25,000,000	2,500,000	(주)서울소방	전자입력
분개유형	(차) 외상매출금	27,500,000원	(대) 부가세예수금		2,500,000원
2.외상			제품매출		25,000,000원

- 12월 20일

거래유형	품명	공급가액	부가세	거래처	전자세금
51.과세	기계장치	18,000,000	1,800,000	두산기계(주)	전자입력
분개유형	(차) 기계장치	18,000,000원	(대) 미지급금		19,800,000원
3.혼합	부가세대급금	1,800,000원			

2. [부가가치세신고서] 10월 1일 ~ 12월 31일

	구 분			금액	세율	세액
과세표준및매출세액	과세	세금계산서발급분	1	57,000,000	10/100	5,700,000
		매입자발행세금계산서	2		10/100	
		신용카드.현금영수증	3		10/100	
		기타	4		10/100	
	영세	세금계산서발급분	5		0/100	
		기타	6		0/100	
	예정신고누락분		7			
	대손세액가감		8			
	합계		9	57,000,000	㉓	5,700,000
매입세액	세금계산서수취부분	일반매입	10			
		수출기업수입분납부유예	10-1			
		고정자산매입	11	18,000,000		1,800,000
	예정신고누락분		12			
	매입자발행세금계산서		13			
	그밖의공제매입세액		14			
	합계 (10-(10-1)+11+12+13+14)		15	18,000,000		1,800,000
	공제받지못할매입세액		16			
	차감계 (15-16)		17	18,000,000	㉴	1,800,000
납부(환급)세액 (㉓매출세액-㉴매입세액)					㉵	3,900,000

3. 가산세명세

- 세금계산서 발급시기

공급시기	발급기한	지연발급(1%)	미발급(2%)
11/30	12/10	12.11~익년도 1.25	익년도 1.25까지 미발급
12/19	익년도 1/10	익년도1.10~익년도 1.25	

구 분			공급가액	세액
매출	과세	세 금(전자)	57,000,000(미발급)	5,700,000
		기 타		
	영세	세 금(전자)		
		기 타		
매입	세금계산서 등		18,000,000	1,800,000
미달신고(납부)←신고 · 납부지연 가산세				3,900,000

1. 전자세금계산서 미발급	**57,0000,000원**×2%=1.140,000원
2. 신고불성실	**3,900,000원**×20%×(1－50%)=390,000원 * 1개월 이내 기한후신고시 50% 감면
3. 납부지연	**3,900,000원**×17일×2.2(가정)/10,000=14,586원
계	1,544,586원

4. 과세표준명세

- 화면상단의 과표(F7) 를 클릭하여 '신고구분'에서 '4.기한후과세표준'을 선택하고, '신고년월일'에 '20x2-02-11'을 기입 후 클릭하면 부가가치세신고서에 '기한후신고'가 표시된다.

실무수행 3. 결산

① 수동결산 및 자동결산

1. [일반전표입력] 12월 31일

(차) 이자비용　　　　　　　　　602,739원　　(대) 미지급비용　　　　　　　602,739원
　※ 500,000,000원×4%×11/365＝602,739원(원 단위 미만 절사)

2. [결산자료입력]

- [결산자료입력]에서 제품평가손실에 7,200,000원과 기말제품재고액 49,700,000원 및 기말상품 재고액 55,000,000원을 입력하고 상단 툴바의 전표추가(F3) 를 클릭하여 결산에 반영한다.

3. [이익잉여금처분계산서]

- 이익잉여금처분계산서에서 처분일을 입력한 후, 전표추가(F3) 를 클릭하여 손익대체 분개를 생성한다.

[실무수행평가] – 재무회계

번호	평가문제	배점	답
11	**평가문제 [손익계산서 조회]**	2	(20,874,994)원
12	**평가문제 [재무상태표 조회]**	3	(182,116,000)원
13	**평가문제 [재무상태표 조회]**	3	(319,800,000)원
14	**평가문제 [재무상태표 조회]**	2	(97,500,000)원
15	**평가문제 [재무상태표 조회]**	2	④
16	**평가문제 [거래처원장 조회]**	2	(219,450,000)원
17	**평가문제 [전자세금계산서 발행 및 내역관리 조회]**	2	(1)
18	**평가문제 [부가가치세신고서 조회]**	3	(5,700,000)원
19	**평가문제 [부가가치세신고서 조회]**	3	(1,800,000)원
20	**평가문제 [부가가치세신고서 조회]**	3	(1,544,586)원
	재무회계 소계	25	

실무수행 4. 원천징수 관리

① 퇴직소득 자료입력(장미영)

1. 급여자료입력(귀속년월 5월, 1.급여, 지급일 5월25일)

- 상단 툴바의 [중도퇴사자정산]을 선택하여 연말정산 결과를 반영한다.

급여항목	지급액		공제항목	공제액
기본급	5,000,000		국민연금	225,000
			건강보험	177,250
			고용보험	45,000
			장기요양보험료	22,700
			소득세	-1,110,750
			지방소득세	-111,040

지급	등록	대출
지급/공제 조회구분 : 2.전체사원_현재 ▼		

항 목	TX	금 액
기본급	과세	9,000,000

2. 퇴직소득자료입력

- [15.퇴직급여]란에 25,000,000원을 입력하여 퇴직소득세를 산출한다.

[주의] 40번 금액은 계산 산식과 다르면 전자신고시 오류로 검증됩니다.

이연 퇴직 소득 세액 계산	(37) 신고대상세액((36))	연금계좌 입금내역				연금계좌 복수입력	(39) 퇴직급여 ((17))	(40) 이연퇴직소득세 (37)×(38)/(39)
		연금계좌 취급자	사업자 등록번호	계좌번호	입금일	(38)계좌 입금금액		
	336,000	신한은행	114-85-45632	1158913147	2025-05-31	25,000,000	25,000,000	336,000

납 부 명 세	구 분	소득세	지방소득세	농어촌특별세	계
	(42)신고대상세액((36))	336,000	33,600		369,600
	(43)이연퇴직소득세 ((40))	336,000	33,600		369,600
	(44)차감 원천징수 세액((42)-(43))				
	(10)확정급여형 퇴직연금 제도가입일	2020-05-01	(11)2011.12.31 퇴직금	영수일자 2025-05-31	신고서 귀속년월 2025-05

② 이자/배당소득의 원천징수

1. [기타소득자입력] 2200.진기호, 112.내국법인 회사채의 이자

2. [이자배당소득자료입력] 지급년월 9월, 귀속월 9월, 지급일자 9월 30일

[실무수행평가] – 원천징수관리

번호	평가문제	배점	답
21	평가문제 [급여자료입력 조회]	3	(5,751,840)원
22	평가문제 [퇴직소득자료입력 조회]	2	(61)개월
23	평가문제 [퇴직소득자료입력 조회]	2	(336,000)원
24	평가문제 [이자배당소득자료입력 조회]	3	(924,000)원
원천징수 소계		10	

※ 21,22,23은 프로그램이 자동 계산되어지므로 시점(세법변경, 프로그램 업데이트 등)마다 달라질 수가 있습니다.

실무수행 5. 법인세관리

1 수입금액조정명세서

1. [1. 수입금액 조정계산]
   - 상단부의 [매출조회]를 클릭하여 결산서상 수입금액을 반영한다.
   - 영업외수익 잡이익으로 회계처리된 부산물매각대금도 영업상의 수입금액에 포함하여야 하므로 원장조회를 클릭하여 부산물매각대금 5,000,000원을 확인하여 입력한다.

1.수입금액 조정계산

	계정과목		③결산서상 수입금액	조 정		⑥조정후 수입금액 (③+④-⑤)
	①항 목	②과 목		④가산	⑤차감	
1	매 출	제품매출	979,144,249			979,144,249
2	매 출	상품매출	226,332,555			226,332,555
3	영 업 외 수 익	잡이익	5,000,000			5,000,000

2. [2. 수입금액 조정명세]
   다. 기타수입금액 반영
   - 전기제품매출 수입금액 -20,000,000원, 대응원가 -16,000,000원을 입력한다.

	(23)구분	(24)근거법령	(25)수입금액	(26)대응원가	비고
1	전기제품매출		-20,000,000	-16,000,000	

3. [1. 수입금액 조정계산]
   - 제품매출 ⑤차감란에 20,000,000원을 입력한다.

1.수입금액 조정계산

	계정과목		③결산서상 수입금액	조 정		⑥조정후 수입금액 (③+④-⑤)
	①항 목	②과 목		④가산	⑤차감	
1	매 출	제품매출	979,144,249		20,000,000	959,144,249
2	매 출	상품매출	226,332,555			226,332,555
3	영 업 외 수 익	잡이익	5,000,000			5,000,000
	계		1,210,476,804		20,000,000	1,190,476,804

4. 소득금액조정합계표 작성

익금불산입	전기 제품매출	20,000,000원	유보감소
손금불산입	전기 제품매출원가	16,000,000원	유보감소

[실무수행평가] - 법인세관리 1

번호	평가문제 [수입금액 조정명세서 조회]	배점	답
25	⑥조정후 수입금액	3	(1,190,476,804)원
26	익금불산입(유보감소)	2	(20,000,000)원
27	손금불산입(유보감소)	2	(16,000,000)원

② 감가상각비조정명세서

(1) 건물(정액법)→내용연수 40년

세무상취득가액(A)		상각범위액(B)	
= 기말 재무상태표상 취득가액	250,000,000	상각율	3,197,500(6개월)
+ 즉시상각의제액(전기)	0		
+ 즉시상각의제액(당기)	5,800,000		
255,800,000		0.025	
회사계상상각비(C)	3,125,000(감가상각비) + 5,800,000(즉시상각의제액) = 8,925,000		
시부인액(B−C)	부인액 5,727,500(손금불산입, 유보)		

(2) 차량운반구(정률법)→내용연수 5년

세무상취득가액(A)		세무상 기초감가상각누계액(B)	
= 기말 재무상태표상 취득가액	50,000,000	기초 재무상태표상 감가상각누계액	20,000,000
+ 즉시상각의제액(당기)		(−) 전기상각부인누계액	(−)5,000,000
50,000,000		15,000,000	
미상각잔액(C=A−B) = 35,000,000			
상각범위액(D)	세무상미상각잔액(C)×상각률(0.451) = 15,785,000		
회사계상상각비(E)	12,000,000원(상각비)		
시부인액(D−E)	시인액 3,785,000(손금산입, 유보추인)		

(3) 기계장치(정률법)→내용연수 10년

세무상취득가액(A)		세무상 기초감가상각누계액(B)	
= 기말 재무상태표상 취득가액	10,000,000	기초 재무상태표상 감가상각누계액	2,590,000
+ 즉시상각의제액(당기)		(−) 전기상각부인누계액	
10,000,000		2,590,000	
미상각잔액(C=A−B) = 7,410,000			
상각범위액(D)	세무상미상각잔액(C)×상각률(0.259) = 1,919,190		
회사계상상각비(E)	1,919,190원(상각비)		
시부인액(D−E)	0		

☞ 기계주요부품교체비 3,500,000원은 6,000,000원 이하 수선비로 회사에서 비용처리 하였으므로 손금 인정

1. [고정자산등록]

① 건물

② 차량운반구

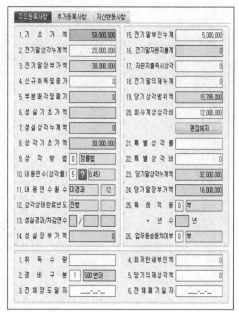

③ 기계장치

2. [미상각분 감가상각조정명세]

① 건물

합계표 자산구분			1	건축물
상각계산의기초가액	재무상태표 자산가액	(5)기말현재액	250,000,000	250,000,000
		(6)감가상각누계액	3,125,000	3,125,000
		(7)미상각잔액(5-6)	246,875,000	246,875,000
	회사계산 상각액	(8)전기말누계		
		(9)당기상각비	3,125,000	3,125,000
		(10)당기말누계액(8+9)	3,125,000	3,125,000
	자본적 지출액	(11)전기말누계		
		(12)당기지출액	5,800,000	5,800,000
		(13)합계(11+12)	5,800,000	5,800,000
(14)취득가액(7+10+13)			255,800,000	255,800,000
(15)일반상각률,특별상각률			0.025	
상각범위액계산	당기산출 상각액	(16)일반상각액	3,197,500	3,197,500
		(17)특별상각액		
		(18)계(16+17)	3,197,500	3,197,500
(19)당기상각시인범위액(18, 단18≤14-8-11+25-전기28)			3,197,500	3,197,500
(20)회사계산상각액(9+12)			8,925,000	8,925,000
(21)차감액(20-19)			5,727,500	5,727,500
(22)최저한세적용에 따른 특별상각부인액				
조정액		(23)상각부인액(21+22)	5,727,500	5,727,500
		(24)기왕부인액중당기손금추인액(25,단 25≤|△21|)		
부인액누계		(25)전기말부인액누계(전기26)		
		(26)당기말부인액누계(25+23-|24|)	5,727,500	5,727,500

② 차량운반구

합계표 자산구분			3	기타자산
상각계산의기초가액	재무상태표 자산 가액	(5)기말현재액	50,000,000	60,000,000
		(6)감가상각누계액	32,000,000	36,509,190
		(7)미상각잔액(5 - 6)	18,000,000	23,490,810
	(8)회사계산감가상각비		12,000,000	13,919,190
	(9)자본적지출액			
	(10)전기말의제상각누계액			
	(11)전기말부인누계액		5,000,000	5,000,000
	(12)가감계(7 + 8 + 9 - 10 + 11)		35,000,000	42,410,000
(13)일반상각률, 특별상각률			0.451	
상각범위액계산	당기 산출 상각액	(14)일반상각액	15,785,000	17,704,190
		(15)특별상각액		
		(16)계(14+15)	15,785,000	17,704,190
	취득 가액	(17)전기말 현재 취득가액	50,000,000	60,000,000
		(18)당기회사계산증가액		
		(19)당기자본적지출액		
		(20)계(17+18+19)	50,000,000	60,000,000
	(21)잔존가액((20) × 5 / 100)		2,500,000	3,000,000
	(22)당기상각시인범위액(16 단,(12-16)<21인경우 12)		15,785,000	17,704,190
(23)회사계산상각액(8+9)			12,000,000	13,919,190
(24)차감액(23-22)			-3,785,000	
(25)최저한세적용에따른특별상각부인액				
조정액		(26)상각부인액(24+25)		
		(27)기왕부인액중당기손금추인액(11,단11≤|△24|)	3,785,000	3,785,000
(28)당기말부인액 누계(11+26-|27|)			1,215,000	1,215,000

③ 기계장치

합계표 자산구분			2	기계장치
상각계산의기초가액	재무상태표 자산 가액	(5)기말현재액	10,000,000	60,000,000
		(6)감가상각누계액	4,509,190	36,509,190
		(7)미상각잔액(5 - 6)	5,490,810	23,490,810
	(8)회사계산감가상각비		1,919,190	13,919,190
	(9)자본적지출액			
	(10)전기말의제상각누계액			
	(11)전기말부인누계액			5,000,000
	(12)가감계(7 + 8 + 9 - 10 + 11)		7,410,000	42,410,000
(13)일반상각률, 특별상각률			0.259	
상각범위액계산	당기 산출 상각액	(14)일반상각액	1,919,190	17,704,190
		(15)특별상각액		
		(16)계(14+15)	1,919,190	17,704,190
	취득 가액	(17)전기말 현재 취득가액	10,000,000	60,000,000
		(18)당기회사계산증가액		
		(19)당기자본적지출액		
		(20)계(17+18+19)	10,000,000	60,000,000
	(21)잔존가액((20) × 5 / 100)		500,000	3,000,000
	(22)당기상각시인범위액(16 단,(12-16)<21인경우 12)		1,919,190	17,704,190
(23)회사계산상각액(8+9)			1,919,190	13,919,190
(24)차감액(23-22)				
(25)최저한세적용에따른특별상각부인액				
조정액		(26)상각부인액(24+25)		
		(27)기왕부인액중당기손금추인액(11,단11≤|△24|)		3,785,000
(28)당기말부인액 누계(11+26-|27|)				1,215,000

3. [감가상각비조정명세서합계표]

①자산구분		②합 계 액	유 형 자 산			⑥무형자산
			③건 축 물	④기 계 장 치	⑤기 타 자 산	
재무상태표상액	(101)기 말 현 재 액	310,000,000	250,000,000	10,000,000	50,000,000	
	(102)감가상각누계액	39,634,190	3,125,000	4,509,190	32,000,000	
	(103)미 상 각 잔 액	270,365,810	246,875,000	5,490,810	18,000,000	
(104)상 각 범 위 액		20,901,690	3,197,500	1,919,190	15,785,000	
(105)회 사 손 금 계 상 액		22,844,190	8,925,000	1,919,190	12,000,000	
조정금액	(106)상 각 부 인 액 ((105) - (104))	5,727,500	5,727,500			
	(107)시 인 부 족 액 ((104)-(105))	3,785,000			3,785,000	
	(108)기왕부인액 중 당기손금추인액	3,785,000			3,785,000	
(109)신고조정손금계상액						

4. [소득금액조정합계표]

손금불산입	건물 감가상각비 상각부인액	5,727,500원	유보발생
손금산입	차량운반구 감가상각비 손금추인액	3,785,000원	유보감소

[실무수행평가] – 법인세관리 2

번호	평가문제 [감가상각비조정명세서합계표 조회]	배점	답
28	손금불산입(유보발생)	2	(5,727,500)원
29	손금산입(유보감소)	3	(3,785,000)원
30	(105)회사손금계상액 ②합계액	2	(22,844,190)원

③ 대손충당금 및 대손금조정명세서

1. 전기 세무조정

- 전기대손충당금 한도초과액은 모두 손금산입하며, 당기에 대손요건을 충족한 대손금 부인액도 손금산입 한다.

(손금산입) 전기 대손충당금 한도 초과액 2,500,000원

(손금산입) 전기 대손금 부인액 6,000,000원

2. [2.대손금조정]의 대손처리내역

	22.일자	23.계정과목	24.채권내역	25.대손사유	26.금액	대손충당금			당기손금 계상액		
						27.계	28.시인액	29.부인액	30.계	31.시인액	32.부인액
1	05-07	외상매출금	매출대금	강제집행	4,000,000	3,000,000	3,000,000		1,000,000	1,000,000	
2	10-19	받을어음	매출대금	부도	2,000,000	300,000	300,000		1,700,000	1,699,000	1,000

① 5월 7일 대손처리내역

월	일	번호	구분	코드	계정과목	코드	거래처	적요	차변	대변
5	7	00001	대변	108	외상매출금	00202	무전상사(주)	강제집행		4,000,000
5	7	00001	차변	109	대손충당금		무전상사(주)	강제집행	3,000,000	
5	7	00001	차변	835	대손상각비		무전상사(주)	강제집행	1,000,000	

➔ 대손요건을 충족하므로 시인액으로 처리한다.

② 10월 19일 대손처리내역

월	일	번호	구분	코드	계정과목	코드	거래처	적요	차변	대변
10	19	00001	대변	110	받을어음	00201	부도상사(주)	부도확인 2023.04.18		2,000,000
10	19	00001	차변	111	대손충당금		부도상사(주)	부도확인 2023.04.18	300,000	
10	19	00001	차변	835	대손상각비		부도상사(주)	부도확인 2023.04.18	1,700,000	

➔ **부도(부도확정일 20x1.4.18) 발생 후 6개월이 경과**하였으므로 비망금액 1,000원을 제외한 금액을 시인액으로 처리한다.

3. [1.대손충당금 조정(채권잔액)]에 설정채권 입력

□ 비고 사용   크게

	16.계정과목	17.채권잔액의 장부가액	18.기말현재 대손금 부인 누계액	19.합계 (17+18)	20.충당금 설정제외 채권	21.채권잔액 (19 - 20)
1	외상매출금	622,334,436		622,334,436		622,334,436
2	받을어음	80,384,010	1,000	80,385,010		80,385,010
3						
	계	702,718,446	1,000	702,719,446		702,719,446

➔ **받을어음 대손금 부인액 1,000원을 설정대상채권에 가산**한다.

4. [1.대손충당금 조정(손금 및 익금산입 조정)]에 대손충당금 조정 입력

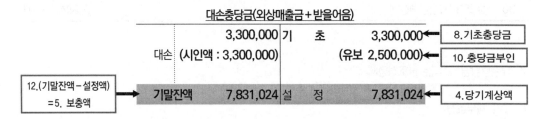

손금 산입액 조정	1. 채권잔액 (21의 금액)		2.설정률	3.한도액 (1 × 2)	회사계상액			7.한도초과액 (6-3)
					4.당기계상액	5.보충액	6.계	
	702,719,446		1 / 100	7,027,194	7,831,024		7,831,024	803,830
익금 산입액 조정	8.장부상 충당금 기초잔액	9.기중 충당금 환입액	10.충당금 부인 누계액	11.당기대손금 상계액 (27의 금액)	12.당기설정 충당금 보충액	13.환입할금액 (8-9-10-11-12)	14.회사 환입액	15.과소환입 과다환입 (△)(13-14)
	3,300,000		2,500,000	3,300,000		-2,500,000		-2,500,000

5. [소득금액조정합계표]

손금산입	전기 대손충당금 손금추인	2,500,000원	유보감소
손금산입	전기 대손금부인액 손금추인	6,000,000원	유보감소
손금불산입	대손금 부인액(받을어음)	1,000원	유보발생
손금불산입	대손충당금 한도초과액	803,830원	유보발생

[실무수행평가] – 법인세관리 3

번호	평가문제 [대손충당금 및 대손금조정명세서 조회]	배점	답
31	1.채권잔액	2	(702,719,446)원
32	손금산입 총금액	2	(8,500,000)원
33	손금불산입 총금액	3	(804,830)원

④ 세금과공과금 명세서

1. [계정별원장 불러오기]를 이용한 손금불산입 항목 표기

 - [계정별원장 불러오기]키를 이용하여 해당계정 데이터를 기장된 내역에서 불러온 후 [손금불산입만 별도 표기하기]키를 클릭하여 화면우측의 비고란에서 손금불산입할 항목만 선택한다.

No	①과목	②일자	③적요	④지급처	⑤금액	비고
1	세금과공과금(판)	01-03	토지 취득세	서대문구청	3,200,000	손금불산입
2	세금과공과금(제)	01-24	자동차세	서대문구청	800,000	
3	세금과공과금(판)	01-31	자동차세	서대문구청	138,000	
4	세금과공과금(판)	02-22	부가가치세 수정신고 가산세	서대문세무서	32,320	손금불산입
5	세금과공과금(제)	02-25	공장 사업소세 납부	서대문구청	900,000	
6	세금과공과금(판)	03-11	자동차분면허세납부	서대문구청	384,680	
7	세금과공과금(제)	03-31	공장재산세 납부	서대문구청	2,500,000	
8	세금과공과금(판)	04-20	불법 주차과태료	종로구청	50,000	손금불산입
9	세금과공과금(판)	06-30	주식 발행비용(등록면허세)	서대문구청	320,000	손금불산입
10	세금과공과금(판)	07-05	본사건물 취득세	서대문구청	5,800,000	
11	세금과공과금(제)	07-25	자동차세	서대문구청	800,000	
12	세금과공과금(판)	07-25	자동차세	서대문구청	230,000	
13	세금과공과금(판)	07-31	건물재산세(대표이사 소유분)	강남구청	720,000	손금불산입
14	세금과공과금(판)	07-31	토지 재산세	서대문구청	680,000	
15	세금과공과금(판)	08-05	주민세(사업소분)	서대문구청	350,000	
16	세금과공과금(판)	09-30	전기요금 연체료	한국전력	22,000	
17	세금과공과금(판)	11-30	인지세	서대문구청	500,000	

2. [소득금액조정합계표]

손금불산입	토지취득세	3,200,000원	유보발생
손금불산입	부가가치세 수정신고 가산세	32,320원	기타사외유출
손금불산입	불법주차과태료	50,000원	기타사외유출
손금불산입	주식발행비용(등록면허세)	320,000원	기타
손금불산입	건물재산세(대표이사 소유분)	720,000원	상여

[실무수행평가] – 법인세관리 4

번호	평가문제 [세금과공과금 명세서 조회]	배점	답
34	손금불산입(유보)	2	(3,200,000)원
35	손금불산입(상여)	2	(720,000)원
36	손금불산입(기타사외유출)	3	(82,320)원

⑤ 세액공제조정명세서(3) 및 최저한세조정계산서

1.세액공제조정명세서(공제세액) → 2.세액조정계산서(산출세액) → 3.최저한세
→ 4.세액공제조정명세서(이월세액) → 5.세액조정계산서(최종)

1. 세액공제조정명세서(3)

[1. 공제세액 계산]

[2. 당기 공제 세액 및 이월액 계산]

2. 최저한세조정계산서

- 법인세과세표준 및 세액조정계산서에서 [새로불러오기]를 클릭하여 소득금액, 과세표준, 산출세액을 자동반영하여 저장한 후 최저한세조정계산서를 작성한다.

① 구 분	②감면후세액	③최저한세	④조정감	⑤조정후세액
(101) 결 산 서 상 당 기 순 이 익	136,803,225			
소득조정금액 (102)익 금 산 입	43,040,650			
(103)손 금 산 입	32,285,000			
(104) 조 정 후 소 득 금 액(101+102-103)	147,558,875	147,558,875		147,558,875
최저한세적용 대상특별비용 (105)준 비 금		0	0	0
(106)특별 / 특례상각		0	0	0
(107)특별비용손금산입전소득금액(104+105+106)	147,558,875	147,558,875		147,558,875
(108) 기 부 금 한 도 초 과 액	0	0		0
(109) 기 부 금 한 도 초 과 이월액 손 금 산 입	0	0		0
(110) 각 사 업 년 도 소 득 금 액(107+108-109)	147,558,875	147,558,875		147,558,875
(111) 이 월 결 손 금	0	0		0
(112) 비 과 세 소 득	0	0		0
(113) 최 저 한 세 적 용 대 상 비 과 세 소 득		0	0	0
(114) 최저한세 적용대상 익금불산입.손금산입		0	0	0
(115) 차 가 감 소 금 액(110-111-112+113+114)	147,558,875	147,558,875		147,558,875
(116) 소 득 공 제	0	0		0
(117) 최 저 한 세 적 용 대 상 소 득 공 제		0	0	0
(118) 과 세 표 준 금 액(115-116+117)	147,558,875	147,558,875		147,558,875
(119) 선 박 표 준 이 익	0	0		0
(120) 과 세 표 준 금 액(118+119)	147,558,875	147,558,875		147,558,875
(121) 세 율	9%	7%		9%
(122) 산 출 세 액	13,280,298	10,329,121		13,280,298
(123) 감 면 세 액	0		0	0
(124) 세 액 공 제	30,000,000		27,048,823	2,951,177
(125) 차 감 세 액(122-123-124)	0			10,329,121

3. 세액공제조정명세서(3) [2. 당기 공제 세액 및 이월액 계산]

- 최저한세적용에 따른 미공제세액 27,048,823원을 입력하여, (123)공제세액에 2,951,177원을 반영한다.

NO	코드	(105)구분	(106)사업년도	당기 공제대상세액 10차년도	당기 공제대상세액 (120)계	(121)최저한세적용 에따른미공제세액	(122)그 밖의 사유로…	(123)공제세액 (120-121-122)	(124)소멸	(125)이월액(107+ 108-123-124)
	13W	통합투자세액공제(일반)	20x1 -12		30,000,000	27,048,823		2,951,177		27,048,823

4. 공제감면세액합계표(갑,을)

공제감면세액 합계표(갑,을) 전자 개정					일괄삭제 저장
갑 을					
(231)통합투자세액공제 (일반)	조특법 제24조	13W		30,000,000	2,951,177
(232)통합투자세액공제 (신성장·원천기술)	조특법 제24조	13X			
(233)통합투자세액공제 (국가전략기술)	조특법 제24조	13Y			
		165			
(234) 소 계		149		30,000,000	2,951,177
(235)합 계(178+234)		150			2,951,177
(236)공제감면세액 총계(150+235)		151			2,951,177

5. 법인세과세표준 및 세액조정계산서

	항목	번호	금액
① 각사업연도소득계산	101.결산서상당기순손익	01	136,803,225
	소득금액조정금액 102.익금산입	02	43,040,650
	103.손금산입	03	32,285,000
	104.차가감소득금액(101 + 102 - 103)	04	147,558,875
	105.기부금한도초과액	05	
	106.기부금한도초과이월액 손금산입	54	
	107.각사업연도소득금액 (104+105-106)	06	147,558,875
② 과세표준계산	108.각사업연도소득금액(108=107)		147,558,875
	109.이월결손금	07	
	110.비과세소득	08	
	111.소득공제	09	
	112.과세표준 (108-109-110-111)	10	147,558,875
	159.선박표준이익	55	
③ 산출세액계산	113.과세표준 (113=112+159)	56	147,558,875
	114.세율	11	9%
	115.산출세액	12	13,280,298
	116.지점유보소득(법제96조)	13	
	117.세율	14	
	118.산출세액	15	
	119.합계(115+118)	16	13,280,298

	항목	번호	금액
④ 납부할세액계산	120.산출세액(120=119)		13,280,298
	121.최저한세 적용대상 공제감면세액	17	2,951,177
	122.차감세액	18	10,329,121
	123.최저한세 적용제외 공제감면세액	19	
	124.가산세액	20	
	125.가감계(122-123+124)	21	10,329,121
기한내납부세액	126.중간예납세액	22	
	127.수시부과세액	23	
	128.원천납부세액	24	
	129.간접회사등외국납부세액	25	
	130.소계(126+127+128+129)	26	
	131.신고납부전가산세액	27	
	132.합계(130+131)	28	
	133.감면분추가납부세액	29	
	134.차가감납부할세액(125-132+133)	30	10,329,121
토지등 양도소득에 대한 법인세 계산(TAB으로 이동)			
미환류소득법인세 계산(F3으로 이동)/ 중소기업제외			
⑦ 세액계	151.차가감납부할세액계(134+150+166)	46	10,329,121
	152.사실과다른회계처리경정세액공제	57	
	153.분납세액계산 범위액	47	10,329,121
	154.분납할세액	48	
	155.차감납부세액	49	10,329,121

[실무수행평가] - 법인세관리 5

번호	평가문제	배점	답
37	**평가문제 [세액공제조정명세서(3) 조회]** (104)공제대상세액	3	(30,000,000)원
38	**평가문제 [세액공제조정명세서(3) 조회]** (121) 최저한세적용에 따른 미공제세액	2	(27,048,823)원
39	**평가문제 [법인세과세표준 및 세액조정계산서 조회]** 125. 가감계	2	②
법인세관리 소계		35	

합격율	시험년월
29%	2023.12

실무이론평가

[1] 다음 중 선생님의 질문에 올바른 답변을 한 사람은?

> 선생님 : 경영진과 독립적으로 내부회계관리제도에 대한 평가기능을 수행하는 담당조직은 무엇인가요?
> 민수 : 감사위원회입니다.
> 준희 : 대표이사입니다.
> 지혜 : 경리부서입니다.
> 수현 : 이사회입니다.

※ 1차 저작권자의 저작권 침해 소지가 있어 삽화 삽입은 어려우니 양해바랍니다.

① 민수   ② 준희
③ 지혜   ④ 수현

[2] 다음은 (주)한공의 20x1년 말 보유중인 상품에 대한 자료이다. 매출원가에 포함될 재고자산감모손실과 재고자산평가손실의 합계액은 얼마인가? (단, 재고자산감모손실은 정상적으로 발생하였다.)

• 장부수량	1,000개	• 실사수량	960개
• 단위당 취득원가	1,000원	• 단위당 순실현가능가치	900원

①   40,000원   ② 100,000원
③ 136,000원   ④ 150,000원

[3] 다음은 (주)한공백화점의 상품매매와 관련한 내용이다. (주)한공백화점의 수익으로 인식되는 시점은?

- 20x1년 3월 25일 : 한공백화점은 상품권 1,000,000원을 발행함
- 20x1년 4월 8일 : 고객으로부터 책상 주문과 관련한 계약금 50,000원을 수령함
- 20x1년 4월 12일 : 고객이 가구매장을 방문하여 잔금 450,000원중 300,000원은 한공백화점이
　　　　　　　　　　발행한 상품권으로 결제하고 150,000원은 신용카드로 결제함
- 20x1년 4월 12일 : 책상은 배송업체를 통해 고객에게 전달됨
- 20x1년 4월 20일 : 신용카드결제대금 150,000원이 한공백화점의 보통예금계좌에 입금됨

---

① 3월 25일　　　　　　　　　　　　② 4월 8일

③ 4월 12일　　　　　　　　　　　　④ 4월 20일

[4] 다음 자료를 토대로 20x1년 12월 31일 결산 시 (주)한공이 인식해야 할 유형자산 손상차손을 계산하면 얼마인가?

- 20x0년 1월 1일 공장에서 사용할 기계장치를 10,000,000원에 취득하다.
  (내용연수 5년, 잔존가치 0원, 정액법)
- 20x1년 12월 31일 기계장치가 장기간 유휴화되어 손상검사를 실시하다.
  (3,000,000원에 매각가능하며, 4,000,000원의 사용가치가 있다.)

---

① 1,000,000원　　　　　　　　　　② 2,000,000원

③ 3,000,000원　　　　　　　　　　④ 4,000,000원

[5] 다음 중 자본에 대한 설명으로 옳은 것은?

① 주식배당과 무상증자는 자본을 증가시킨다.
② 자기주식은 취득원가를 자기주식의 과목으로 하여 자산에 계상한다.
③ 자기주식을 처분하는 경우 처분손익은 영업외손익으로 처리한다.
④ 현금으로 배당하는 경우에는 배당액을 이익잉여금에서 차감한다.

[6] 다음 중 부가가치세법상 일반과세자의 신고와 납부절차에 대한 설명으로 옳은 것은?

① 예정신고 시 대손세액공제와 신용카드매출전표 등 발행공제는 신고대상이다.
② 예정고지세액으로 징수하여야 할 금액이 100만원 미만인 경우에는 징수하지 않는다.
③ 예정 신고기간에 고지납부한 경우에는 확정신고 시 6개월분에 대하여 신고하고, 고지납부 세액은 확정신고 시 납부세액에서 공제한다.
④ 예정신고 또는 조기환급 신고 시에 이미 신고한 내용을 포함하여 과세표준과 납부세액을 확정신 고 하여야 한다.

[7] 다음 중 소득세법상 근로소득의 원천징수 및 연말정산에 관한 설명으로 옳은 것은?

① 원천징수의무자가 매월분의 근로소득을 지급할 때에는 6%의 세율로 소득세를 원천징수한다.

② 원천징수의무자는 해당 과세기간의 다음 연도 1월분의 급여 지급 시 연말정산을 해야 한다.

③ 일용근로자의 근로소득은 소득 지급 시 원천징수된 후 다음 연도에 연말정산을 통하여 확정된다.

④ 원천징수의무자가 12월분의 근로소득을 다음 연도 2월 말일까지 지급하지 아니한 경우에는 그 근로소득을 다음 연도 2월 말일에 지급한 것으로 보아 소득세를 원천징수한다.

[8] 다음은 김회계 씨(총급여액 55,000,000원)가 직접 부담한 의료비 자료이다. 20x1년 연말정산 시 적용하여야 할 의료비 세액공제 금액은 얼마인가?

가. 본인의 시력보정용 안경	700,000원
나. 배우자의 피부과치료비(미용목적)	2,000,000원
다. 70세 어머니(기본공제대상자)의 보청기 구입비	1,500,000원
라. 배우자 어머니(기본공제대상자) 한약(치료목적) 구입비용	1,000,000원

① 202,500원　　　　　　　　② 232,500원

③ 382,500원　　　　　　　　④ 532,500원

[9] 다음 중 법인세법상 업무용승용차 관련비용에 대한 내용으로 옳지 않은 것은? (단, 해당 승용차는 업무전용자동차보험에 가입한 것으로 가정한다.)

① 2016년 1월 1일 이후 개시한 사업연도에 취득한 업무용 승용차는 내용연수 5년, 감가상각방법은 정액법으로 상각한다.

② 업무용승용차 관련비용이 12개월 기준으로 1천5백만원(부동산임대업 주업법인 등 특정법인은 5백만원)이하인 경우에는 운행기록부의 작성 없이도 전액이 업무사용금액인 것으로 인정받을 수 있다.

③ 업무용승용차 관련비용 중 업무사용금액에 해당하지 아니하는 비용은 손금불산입하고 기타사외유출로 소득처분한다.

④ 출·퇴근을 위하여 주행한 거리와 기업업무추진(접대) 관련 운행은 업무용 사용거리에 해당한다.

[10] 다음은 영리내국법인인 (주)한공의 제1기 사업연도(20x1.7.20.~20x1.12.31.) 법인세액의
계산에 관련된 자료이다. 이를 근거로 산출세액을 계산하면 얼마인가?(단, 정관에 따른 사업
연도는 매년 1월 1일부터 12월 31일이다.)

가. 결산서상 당기순이익	180,000,000원
나. 세무조정 금액	
㉠ 익금산입 및 손금불산입	60,000,000원
㉡ 손금산입 및 익금불산입	30,000,000원
다. 공익신탁의 신탁재산에서 생긴 소득	10,000,000원
라. 법인세율 : 과세표준 2억원 이하 9%, 2억원 초과 200억원 이하 19%	

① 18,000,000원   ② 19,900,000원   ③ 28,000,000원   ④ 29,900,,000원

실무수행평가

(주)낙원산업(1680)은 음향기기를 제조하여 판매하는 법인기업으로 회계기간은 제7기(20x1.1.1. ~
20x1.12.31.)이다. 제시된 자료와 [자료설명]을 참고하여 [수행과제]를 완료하고 [평가문제]의 물음에 답하시오.

실무수행1   거래자료 입력

실무프로세스자료이다. [자료설명]을 참고하여 [수행과제]를 수행하시오.

① 정부보조금
자료 1. 20x0년 12월 31일 기계장치(변압설비) 내역

(단위 : 원)

계 정 과 목	금 액
기 계 장 치	20,000,000
감가상각누계액	(8,000,000)
정 부 보 조 금	(7,200,000)

자료 2. 보통예금(신한은행(보통)) 거래내역

번호	거래일	내용	찾으신금액	맡기신금액	잔액	거래점
		계좌번호 210-59-219032 (주)낙원산업				
1	20x1-3-31	(주)우일음향기기		7,700,000	***	***

자료설명	1. 3월 31일 (주)우일음향기기에 기계장치(변압설비)를 매각(매각대금 7,700,000원, 부가가치세 포함)하고, 전자세금계산서를 발급하였다. 2. 매각대금은 신한은행 보통예금계좌로 입금 받았으며, 매각일까지 감가상각비 및 정부보조금 회계처리는 생략하기로 한다.
수행과제	3월 31일 처분 시의 거래자료를 매입매출전표에 입력하시오. (단, 전자세금계산서 거래는 '전자입력'으로 입력할 것.)

② 퇴직연금

자료. 보통예금(신한은행(보통)) 거래내역

번호	거래일자	내용	찾으신금액	맡기신금액	잔액	거래점
		계좌번호 210-59-219032　㈜낙원산업				
1	20x1-06-30	퇴직연금(생산직)	8,000,000		***	***
2	20x1-06-30	퇴직연금(사무직)	9,000,000		***	***

자료설명	확정급여형퇴직연금(DB) 제도에 가입하고 있는 (주)낙원산업은 생산직과 사무직 직원의 퇴직연금 부담금(기여금)을 신한은행 보통예금계좌에서 KDB생명 퇴직연금계좌로 이체하였다.(단, 부담금 중 1%는 사업비로 충당된다.)
수행과제	거래자료를 입력하시오.

실무수행2 | 부가가치세관리

부가가치세 신고 관련 자료이다. [자료설명]을 참고하여 [수행과제]를 수행하시오.

① 수정전자세금계산서의 발행

전자세금계산서				(공급자 보관용)			승인번호		

공급자	등록번호	104-81-43125			공급받는자	등록번호	206-82-07591		
	상호	(주)낙원산업	성명 (대표자)	조명현		상호	(주)서울음향기기	성명 (대표자)	함성우
	사업장 주소	서울 강남구 강남대로 252				사업장 주소	서울 구로구 구로동로 17길		
	업태	제조업	종사업장번호			업태	제조업	종사업장번호	
	종목	음향기기				종목	음향기기		
	E-Mail	paradise@bill36524.com				E-Mail	seoul@bill36524.com		

작성일자	20x1.8.30.	공급가액	21,000,000	세 액	2,100,000
비고					

월	일	품목명	규격	수량	단가	공급가액	세액	비고
8	30	블루투스 스피커	BOX	70	300,000	21,000,000	2,100,000	

합계금액	현금	수표	어음	외상미수금	이 금액을	○ 영수	함
23,100,000				23,100,000		◉ 청구	

자료설명	1. 8월 30일 제품을 공급하고 발급한 전자세금계산서이다. 2. 이 거래에 대하여 내국신용장이 사후에 발급되어 영세율을 적용하려고 한다. - 내국신용장 개설일자 : 20x1년 9월 15일 - 개설은행 : 국민은행 도곡지점
수행과제	내국신용장 사후개설에 따른 수정전자세금계산서를 발행하고, 전자세금계산서 발행 및 내역관리 메뉴에서 발급 및 전송하시오. (전자세금계산서 발급 시 결제내역 입력 및 전송일자는 무시할 것.)

② 확정신고 누락분의 수정신고서 반영

자료 1. 매출(제품 매출) 전자세금계산서 누락분

매출 전자세금계산서 목록								
번호	작성일자	승인 번호	발급일자	전송일자	상호	공급가액	세액	전자세금 계산서종류
1	20x1-12-13	생략	20x2-1-11	20x2-1-12	(주)삼성악기	16,000,000원	1,600,000원	일반

자료 2. 매입(비품) 전자세금계산서 누락분

매입 전자세금계산서 목록								
번호	작성일자	승인 번호	발급일자	전송일자	상호	공급가액	세액	전자세금 계산서종류
1	20x1-12-17	생략	20x1-12-17	20x1-12-18	(주)다음물산	3,000,000원	300,000원	일반

자료 3. 신용카드 매출자료 누락분(국민카드, 개인 천용근에게 제품 매출)

순번	승인년월일	건수	매출액계 (VAT 포함)	신용카드/ 기타결제	구매전용/ 카드매출	봉사료
1	20x1-12-30	1	1,100,000원	1,100,000원	0원	0원

자료설명	1. 자료 1~3은 20x1년 제2기 확정신고시 누락된 매출과 매입 관련 자료이다. 2. 매입매출전표에 자료를 입력하고 제2기 부가가치세 확정 수정신고서(수정차수 1)를 작성하려고 한다. 3. 20x2년 2월 10일에 수정신고 및 추가 납부하며, 신고불성실가산세는 일반과소신고에 의한 가산세율을 적용하고, 미납일수는 16일, 1일 2.2/10,000로 한다.
수행과제	1. 자료 1~3의 거래자료를 작성일자로 매입매출전표에 입력하시오.(모든 거래는 외상으로 처리하며, 전자세금계산서 발급거래는 '전자입력'으로 처리할 것.) 2. 가산세를 적용하여 제2기 부가가치세 확정신고에 대한 수정신고서를 작성하시오.

실무수행3 결산

[결산자료]를 참고로 결산을 수행하시오.(단, 제시된 자료 이외의 자료는 없다고 가정함.)

① 수동결산 및 자동결산

자료설명	1. 외화평가

1. 외화평가

계정과목	거래처	외화금액	발생일	발생일 환율	20x1.12.31. 환율
장기대여금	TOP Inc.	US $ 20,000	20x1.04.05.	1,200원/US $	1,320원/US $

2. 재고자산 실사내역

구분	장부상내역			실사내역		
	수량	단가	금액	수량	단가	금액
제 품	600	170,000원	102,000,000원	580	170,000원	98,600,000원

– 제품의 기말재고 부족수량은 원가성이 없는 비정상적인 감모인 것으로 판명되었다.

3. 이익잉여금처분계산서 처분 예정(확정)일
 – 당기 : 20x2년 2월 28일
 – 전기 : 20x1년 2월 28일

수행과제	결산을 완료하고 이익잉여금처분계산서에서 손익대체분개를 하시오. (단, 이익잉여금처분내역은 없는 것으로 하고 미처분이익잉여금 전액을 이월이익잉여금으로 이월하기로 할 것.)

평가문제	입력자료 및 회계정보를 조회하여 [평가문제]의 답안을 입력하시오.(70점)

번호	평가문제	배점
11	**평가문제 [일/월계표 조회]** 3월 유형자산처분이익 발생액은 얼마인가?	3
12	**평가문제 [손익계산서조회]** 당기에 발생한 영업외비용은 얼마인가?	3
13	**평가문제 [재무상태표 조회]** 6월말 비유동부채 잔액은 얼마인가?	2
14	**평가문제 [재무상태표 조회]** 12월 말 장기대여금 잔액은 얼마인가?	2
15	**평가문제 [재무상태표 조회]** 12월 31일 현재 이월이익잉여금(미처분이익잉여금) 잔액은 얼마인가? ① 666,792,580원 ② 717,093,718원 ③ 814,326,470원 ④ 965,336,250원	2
16	**평가문제 [거래처원장 조회]** 8월 말 (주)서울음향기기의 외상매출금 잔액은 얼마인가?	2
17	**평가문제 [전자세금계산서 발행 및 내역관리 조회]** 8월 30일자 수정세금계산서의 수정입력사유를 코드번호로 입력하시오.	2
18	**평가문제 [부가가치세신고서 조회]** 제2기 확정 신고기간 부가가치세 수정신고서의 과세표준 합계(9란) 세액은 얼마인가?	3
19	**평가문제 [부가가치세신고서 조회]** 제2기 확정 신고기간 부가가치세 수정신고서의 고정자산매입(11란) 세액은 얼마인가?	3
20	**평가문제 [부가가치세신고서 조회]** 제2기 확정 신고기간 부가가치세 수정신고서의 가산세액(26란) 합계금액은 얼마인가?	3
	총 점	25

실무수행4 | 원천징수 관리

인사급여 관련 실무프로세스를 수행하시오.

① 주민등록표(등본) 사원등록

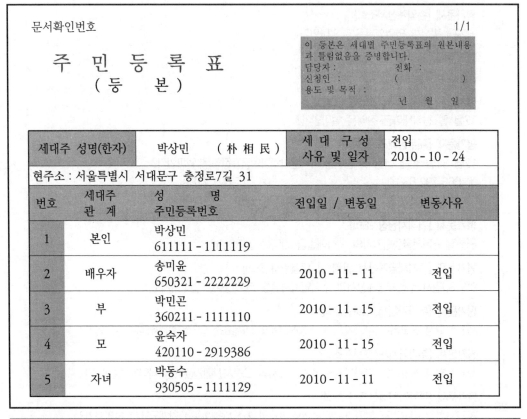

문서확인번호   1/1

주 민 등 록 표
(등   본)

이 등본은 세대별 주민등록표의 원본내용
과 틀림없음을 증명합니다.
담당자 :   전화 :
신청인 :   (   )
용도 및 목적 :
                          년   월   일

세대주 성명(한자)		박상민 (朴 相 民)	세 대 구 성 사 유 및 일 자	전입 2010 - 10 - 24
현주소 : 서울특별시 서대문구 충정로7길 31				
번호	세대주 관 계	성 명 주민등록번호	전입일 / 변동일	변동사유
1	본인	박상민 611111 - 1111119		
2	배우자	송미윤 650321 - 2222229	2010 - 11 - 11	전입
3	부	박민곤 360211 - 1111110	2010 - 11 - 15	전입
4	모	윤숙자 420110 - 2919386	2010 - 11 - 15	전입
5	자녀	박동수 930505 - 1111129	2010 - 11 - 11	전입

자료설명	영업팀 부장 박상민의 주민등록표이다. 1. 배우자 송미윤은 퇴직소득금액 1,000,000원이 있다. 2. 부 박민곤은 사적연금 수령액 11,000,000원이 있다. (분리과세 대상일 경우 분리과세를 선택하기로 한다.) 3. 모 윤숙자는 양도소득금액 7,000,000원이 있다. 4. 자녀 박동수는 대학생이고 복권당첨소득 3,000,000원이 있다. 5. 부양가족에 대한 인적공제는 박상민이 공제 받기로 한다.
수행과제	사원등록메뉴에서 박상민(사원코드 1005)의 부양가족명세를 작성하시오.

② 사업소득의 원천징수

성 명	이소미 (코드 00001)
거주구분(내국인 / 외국인)	거주자 / 내국인
주민등록번호	991225 – 2023104
귀속년월 / 지급년월일	20x1년 6월 / 20x1년 7월 31일
지급금액	5,000,000원

자료설명	1. 회사 창립기념일 행사에 초대가수로 초청된 가수 이소미에게 출연료를 지급하였다. 2. 가수 이소미는 고용관계가 없으며, 가수를 주업으로 하고 있다.
수행과제	1. 사업소득자입력을 하시오. 2. 사업소득자료입력 메뉴를 통하여 사업소득세를 산출하시오.

[실무수행평가] – 원천징수관리

번호	평가문제	배점
21	**평가문제 [박상민 연말정산 근로소득원천징수영수증 조회]** 박상민의 기본공제 대상 인원수(본인포함)는 모두 몇 명인가?	3
22	**평가문제 [박상민 연말정산 근로소득원천징수영수증 조회]** 박상민의 '27.경로우대' 공제대상액은 얼마인가?	3
23	**평가문제 [이소미 사업소득자입력 조회]** 이소미의 소득구분 코드 여섯자리를 입력하시오.	2
24	**평가문제 [이소미 사업소득자료입력(지급년월 7월) 조회]** 이소미의 사업소득 차인지급액은 얼마인가?	2
	원천징수 소계	10

실무수행5 | 법인세관리

(주)일신산업(1681)은 중소기업으로 사업연도는 제20기(20x1.1.1. ~ 20x1.12.31.)이다. 입력된 자료와 세무조정 참고자료에 의하여 법인세무조정을 수행하시오.

1 수입금액조정명세서

자료 1. 전기 자본금과 적립금 조정명세서(을) 내역

[별지 제50호 서식(을)]						(앞 쪽)
사업 연도	20x0.01.01. ~ 20x0.12.31.	자본금과 적립금조정명세서(을)			법인명	(주)일신산업
세무조정유보소득계산						
① 과목 또는 사항	② 기초잔액	당 기 중 증감		⑤ 기말잔액 (익기초현재)	비고
		③ 감 소	④ 증 가		
시용매출(상품)			50,000,000	50,000,000	
시용매출원가(상품)			−30,000,000	−30,000,000	

자료설명	1. 결산서상 수입금액은 손익계산서의 매출계정을 조회한다. 2. 위 자료는 전기 시용매출 관련 자료이며, 20x0.12.31. 거래처 (주)행복상사로부터 시용판매분에 대한 구입의사 표시를 받았으나, 이를 20x0년 재무제표에 반영하지 못하고 당기 1월 2일 회계처리하였다. 단, 상품매출과 상품매출원가에 대하여 전기의 세무조정은 적법하게 이루어졌다. 3. 제품매출 중 20x1년 12월 13일 거래는 (주)한국무역에 위탁판매용 제품을 인도하고 제품매출(판매가 10,000,000원, 원가 6,000,000원)로 회계처리하였으나, 20x1년 12월 31일까지 (주)한국무역은 동 제품 전부를 보관하고 있다.
수행과제	**수입금액조정명세서를 작성하시오.** 1. [1.수입금액 조정계산]에 결산서상 수입금액을 조회하여 반영하시오. 2. [2.수입금액 조정명세]에 기타수입금액을 반영하시오. 3. [1.수입금액 조정계산]에 조정사항을 반영하시오. 4. 소득금액조정합계표에 각 건별로 세무조정사항을 반영하시오.

[실무수행평가] – 법인세관리 1

번호	평가문제 [수입금액 조정명세서 조회]	배점
25	'⑥조정후 수입금액'의 합계금액은 얼마인가?	3
26	문제 [1]과 관련된 세무조정 대상 중 손금불산입(유보감소)으로 소득처분할 금액은 얼마인가?	2
27	문제 [1]과 관련된 세무조정 대상 중 손금불산입(유보발생)으로 소득처분할 금액은 얼마인가?	2

② 외화자산 등 평가차손익조정(갑,을)

자료. 외화자산 및 부채 내역

분류	계정과목	외화금액	발생시 장부금액	당기말회사 적용환율	당기말 장부금액	당기말현재 매매기준율
자산	외화외상매출금	US$27,000	30,240,000원	1,165원/US$	31,455,000원	1,180원/US$
부채	외화장기차입금	US$20,000	22,400,000원	1,165원/US$	23,300,000원	1,180원/US$
부채	외화선수금	US$10,000	11,300,000원	1,130원/US$	11,300,000원	1,180원/US$

세무조정 참고자료	1. 회사는 외화자산과 부채를 기말 매매기준율로 평가하는 것으로 관할 세무서에 신고하였다. 2. 결산 시 임의로 환율을 적용하여 화폐성외화자산·부채를 평가하였으며, 이에 따라 외화평가차손익을 인식하였다.
수행과제	**외화자산 등 평가차손익조정(갑,을)을 작성하시오.** 1. 외화자산 및 부채에 대한 자료를 외화자산 등 평가차손익조정(갑,을)에 반영하시오. 2. 소득금액조정합계표에 해당 과목별로 세무조정사항을 반영하시오.

[실무수행평가] – 법인세관리 2

번호	평가문제 [외화자산 등 평가손익조정(갑,을) 조회]	배점
28	문제 [2]와 관련된 세무조정 대상 중 익금산입(유보발생)으로 소득금액조정합계표에 반영할 총 금액은 얼마인가?	2
29	문제 [2]와 관련된 세무조정 대상 중 손금산입(유보발생)으로 소득금액조정합계표에 반영할 총 금액은 얼마인가?	2
30	외화자산등 평가차손익조정명세서(갑)의 '③회사손익금계상액'은 얼마인가?	3

③ 업무무관지급이자조정명세서(갑,을)

자료 1. 업무무관 자산현황

계정과목	금액	참 고 사 항
투자부동산	150,000,000원	2018년 7월 15일에 투자목적으로 토지를 취득하였으며, 업무무관자산에 해당한다.

자료 2. 업무무관 자산과 관련하여 발생한 비용

계정과목	금액	참 고 사 항
세금과공과금	1,200,000원	자료 1의 투자부동산에 대한 재산세 납부액이다.

자료 3. 이자비용 현황

이자율	이자비용	참 고 사 항
10%	3,500,000원	채권자를 알 수 없는 이자비용이다.(원천징수를 하지 않았음)
7%	17,500,000원	
6%	4,500,000원	

세무조정 참고자료	1. 자료 1은 당해연도 재무상태표에 반영이 되어 있다. 2. 자료 2와 자료 3은 당해연도 손익계산서에 반영이 되어 있다. 3. 가지급금 및 가수금은 [가지급금등의인정이자조정(갑,을)]의 데이터를 이용하기로 한다. 4. 제시된 자료 이외의 업무무관 자산은 없다.
수행과제	**업무무관 지급이자조정명세서(갑,을)을 작성하시오.** 1. 업무무관 지급이자조정명세서(을)를 작성하시오. 2. 업무무관 지급이자조정명세서(갑)를 작성하시오. 3. 소득금액조정합계표에 각 건별로 세무조정사항을 반영하시오.

[실무수행평가] – 법인세관리 3

번호	평가문제 [업무무관 지급이자조정명세서(갑) 조회]	배점
31	'①지급이자' 금액은 얼마인가?	2
32	문제 [3]과 관련된 세무조정 대상 중 상여로 소득처분할 금액은 얼마인가?	2
33	문제 [3]과 관련된 세무조정 대상 중 기타사외유출로 소득처분할 총금액은 얼마인가?	3

④ 소득금액조정합계표

자료. 전기 자본금과 적립금 조정명세서(을) 내역

[별지 제50호 서식(을)]					(앞 쪽)
사업 연도	20x0.01.01. ~ 20x0.12.31.	자본금과 적립금조정명세서(을)		법인명	(주)일신산업
세무조정유보소득계산					
① 과목 또는 사항	② 기초잔액	당 기 중 증감		⑤ 기말잔액 (익기초현재)	비고
		③ 감 소	④ 증 가		
기부금			2,000,000	2,000,000	
선급비용	2,500,000	2,500,000	660,000	660,000	

세무조정 참고자료	1. 전기의 특례기부금 2,000,000원은 미지급분으로 당해연도에 현금으로 지급하였다. 2. 전기의 선급비용 660,000원은 전액 당기 중에 해당기간이 경과하였다. 3. 시장성이 있는 주식에 대한 단기매매증권평가손실 1,000,000원이 있다. 4. 20x1년 10월 1일 100,000,000원을 대여하고 6개월 후에 원금과 이자를 회수하기 로 하였다. 결산 시 발생주의에 따라 이자수익 2,400,000원을 인식하였다.(원천징수 대상 소득임.) 5. 자식주식처분손실은 장부금액이 15,200,000원인 자기주식을 13,000,000원에 처분함 에 따라 발생하였으며, 자본조정으로 계상하였다.
수행과제	소득금액조정합계표에 각 건별로 세무조정사항을 반영하시오.

[실무수행평가] – 법인세관리 4

번호	평가문제 [소득금액조정합계표 조회]	배점
34	문제 [4]와 관련된 세무조정 대상 중 손금산입(유보감소)으로 소득금액조정합계표에 반영할 총금액은 얼마인가?	2
35	문제 [4]와 관련된 세무조정 대상 중 손금불산입(유보발생)으로 소득금액조정합계표에 반영 할 총금액은 얼마인가?	3
36	문제 [4]와 관련된 세무조정 대상 중 익금불산입(유보발생)으로 소득금액조정합계표에 반영 할 총금액은 얼마인가?	2

⑤ 법인세과세표준 및 세액조정계산서

세무조정 참고자료	1. 소득금액조정금액은 다음과 같이 입력한다. 　－당기순이익 : 294,862,598원 　－익금산입 : 104,613,362원 　－손금산입 : 67,560,000원 2. 일반기부금 한도초과액은 9,800,000원이다. 3. 이월결손금 내역은 다음과 같다.

발생연도	2010년	2021년
이월결손금	35,000,000원	15,000,000원

	4. 세액공제감면내역 　－중소기업에 대한 특별세액 감면액은 11,000,000원이다. 　－연구ㆍ인력개발비세액공제액은 7,500,000원이다. 5. 결산 시 법인세계정으로 대체한 선납세금계정에는 중간예납과 원천납부세액이 포함되어 있다.
수행과제	**법인세과세표준 및 세액조정계산서를 작성하시오.** 1. 일반기부금 한도초과액을 반영하시오. 2. 이월결손금을 반영하시오. 3. 공제감면세액을 반영하시오. 4. 영수증수취명세서를 참고하여 가산세를 반영하시오. 5. 중간예납세액 및 원천납부세액(지방소득세 제외)을 반영하시오. 6. 분납 가능한 최대한의 금액을 분납처리하시오. 7. 선택가능한 방법이 있는 경우에는 법인세부담을 최소화하는 방법을 선택한다.

[실무수행평가] – 법인세관리 5

번호	평가문제 [법인세과세표준 및 세액조정계산서 조회]	배점
37	'109.이월결손금(07)'은 얼마인가?	2
38	'130.소계(26)'는 얼마인가?	2
39	'154.분납할 세액(48)'은 얼마인가? ①　　　　0원　　　　　　　　②　　4,296,032원 ③ 18,245,772원　　　　　　④ 102,527,620원	3
	법인세관리 소계	35

실무이론평가

1	2	3	4	5	6	7	8	9	10
①	③	③	②	④	③	④	①	③	③

01 경영진과 독립적으로 내부회계관리제도에 대한 **평가기능을 수행하는 역할은 감사위원회가 담당**한다.

02 재고자산감모손실 = 감모수량(1,000개 - 960개) × 취득원가(1,000) = 40,000원

재고자산평가손실 = 실사수량(960) × 단가하락(1,000원 - 900원) = 96,000원

매출원가 = **정상 재고자산감모손실(96,000)** + 재고자산평가손실(40,000) = 136,000원

03 상품은 인도시점(4.12)에 수익을 인식한다.

04 감가상각누계액 = 취득가액(10,000,000) ÷ 내용연수(5년) × 2년 = 4,000,000원

장부가액 = 취득가액(10,000,000) - 감가상각누계액(4,000,000) = 6,000,000원

유형자산손상차손 = 장부금액(6,000,000) - Max[순공정가치(3,000,000), 사용가치 94,000,000)]
= 2,000,000원

05 ① 주식배당과 무상증자는 자본에 영향이 없다

② 자기주식은 취득원가를 자기주식의 과목으로 하여 **자본조정에 계상**한다.

③ 자기주식을 처분하는 경우 **처분손익은 자본잉여금(자기주식처분이익) 또는 자본조정(자기주식 처분손실)**으로 처리한다.

06 ① **예정신고 시 대손세액공제는 신고대상이 아니다.**

② 예정고지세액으로 징수하여야 할 금액이 **50만원 미만인 경우에는 징수하지 않는다.**

④ 일반과세자는 **예정신고 또는 조기환급 신고 시에 이미 신고한 내용을 제외**하고 과세표준과 납부 세액을 확정신고 하여야 한다.

07 ① 원천징수의무자가 매월분의 근로소득을 지급할 때에는 **근로소득 간이세액표에 따라** 소득세를 원 천징수한다.

② 원천징수의무자는 해당 과세기간의 **다음 연도 2월분의 급여 지급 시 연말정산**을 한다.

③ 일용근로자의 근로소득은 **분리과세되므로 연말정산의 절차를 거치지 않는다.**

08 의료비세액공제액 = [안경구입비(500,000 - 한도) + 보청기(1,500,000) + **치료목적 한약**(1,000,000)
총급여액(55,000,000) × 3%] × 15% = 202,500원

안경구입비는 한도 50만원이고, 미용목적의 치료비는 공제대상의료비에 포함되지 않는다.

09 업무용승용차 관련비용 중 업무사용금액에 해당하지 아니하는 비용은 손금불산입하고 **상여로 소득 처분한다.**

10 1. 과세표준 계산

당기순이익	180,000,000원
익금산입 및 손금불산입	60,000,000원
손금산입 및 익금불산입	△30,000,000원
각 사업연도 소득금액	210,000,000원
비과세소득	△10,000,000원
과세표준	200,000,000원

2. 산출세액 계산

(1) 과세표준(연 환산) = 6개월 과세표준(200,000,000) = 400,000,000원

(2) 산출세액(연 산출세액) = 200,000,000원 × 9% + 200,000,000원 × 19% = 56,000,000원

(3) 산출세액(6개월 산출세액) = 56,000,000 ÷ 12개월 × 6개월 = 28,000,000원

* 사업연도 월수는 역에 따라 계산하되 **1월 미만인 경우에는 1월로 하므로** 본 문제의 사업연도는 6개월에 해당된다.

실무수행평가

실무수행 1. 거래자료 입력

① 정부보조금 [매입매출전표입력] 3월 31일

거래유형	품명	공급가액	부가세	거래처	전자세금
11.과세	기계장치	7,000,000	700,000	(주)우일음향기기	전자입력

분개유형				
	(차) 감가상각누계액	8,000,000원	(대) 기계장치	20,000,000원
	정부보조금(219)	7,200,000원	부가세예수금	700,000원
3. 혼합	보통예금	7,700,000원	유형자산처분이익	2,200,000원
	(신한은행(보통))			

☞처분손익 = 처분가액(7,000,000) - 장부가액(20,000,000 - 8,000,000 - 7,200,000) = 2,200,000원(이익)

② 퇴직연금 [일반전표입력] 6월 30일

(차) 퇴직연금운용자산(KDB생명)	16,830,000원	(대) 보통예금		17,000,000원
수수료비용(판)	90,000원	(신한은행(보통))		
수수료비용(제)	80,000원			

실무수행 2. 부가가치세관리

① 수정전자세금계산서의 발행

1. [수정세금계산서 발급]

　① [매입매출전표입력] 8월 30일 전표선택 ➡ 　수정세금계산서 　클릭 ➡ 수정사유(5.내국신용장사후

　개설)를 선택 ➡ 내국신용장개설일(9월 15일)을 입력하고 　확인(Tab) 　클릭

　② 수정세금계산서(매출)화면에서 수량, 단가, 공급가액을 입력한 후 　확인(Tab) 　클릭

　③ 수정세금계산서 2건에 대한 회계처리가 자동 반영된다.

　➡ 당초에 발급한 과세세금계산서의 (−)세금계산서 발급분에 대한 회계처리

거래유형	품명	공급가액	부가세	거래처	전자세금
11.과세	블루투스 스피커	− 21,000,000	− 2,100,000	(주)서울음향기기	전자발행
분개유형	(차) 외상매출금	− 23,100,000원	(대) 제품매출		− 21,000,000원
2.외상			부가세예수금		− 2,100,000원

　➡ 수정분 영세율세금계산서 발급분에 대한 회계처리

거래유형	품명	공급가액	부가세	거래처	전자세금
12.영세	블루투스 스피커	21,000,000		(주)서울음향기기	전자발행
분개유형	(차) 외상매출금	21,000,000원	(대) 제품매출		21,000,000원
2.외상					

2. [전자세금계산서 발행 및 내역관리] 기출문제 78회 참고

② 확정신고 누락분의 수정신고서 반영

1. [매입매출전표입력]

   - 12월 13일

거래유형	품명	공급가액	부가세	거래처	전자세금
11.과세	제품	16,000,000	1,600,000	(주)삼성악기	전자입력
분개유형	(차) 외상매출금	17,600,000원		(대) 제품매출	16,000,000원
2.외상				부가세예수금	1,600,000원

   - 12월 17일

거래유형	품명	공급가액	부가세	거래처	전자세금
51.과세	비품	3,000,000	300,000	(주)다음물산	전자입력
분개유형	(차) 비품	3,000,000원		(대) 미지급금	3,300,000원
3.혼합	부가세대급금	300,000원			

   - 12월 30일

거래유형	품명	공급가액	부가세	거래처	전자세금
17.카과	제품	1,000,000	100,000	천용근	
분개유형	(차) 외상매출금	1,100,000원		(대) 제품매출	1,000,000원
4.카드(혼합)	(국민카드)			부가세예수금	100,000원

2. [부가가치세신고서] 10월 1일 ~ 12월 31일(수정차수 1)

		구 분		수정전 금액	세율	세액	No	수정후 금액	세율	세액
과세표준및매출세액	과세	세금계산서발급분	1	128,300,000	10/100	12,830,000	1	144,300,000	10/100	14,430,000
		매입자발행세금계산서	2		10/100		2		10/100	
		신용카드·현금영수증	3		10/100		3	1,000,000	10/100	100,000
		기타	4		10/100		4		10/100	
	영세	세금계산서발급분	5		0/100		5		0/100	
		기타	6		0/100		6		0/100	
	예정신고누락분		7				7			
	대손세액가감		8				8			
	합계		9	128,300,000	㉮	12,830,000	9	145,300,000	㉮	14,530,000
매입세액	세금계산서수취부분	일반매입	10	31,700,000		3,170,000	10	31,700,000		3,170,000
		수출기업수입분납부유예	10-1				10-1			
		고정자산매입	11				11	3,000,000		300,000
	예정신고누락분		12				12			
	매입자발행세금계산서		13				13			
	그밖의공제매입세액		14				14			
	합계 (10-(10-1)+11+12+13+14)		15	31,700,000		3,170,000	15	34,700,000		3,470,000
	공제받지못할매입세액		16				16			
	차감계 (15-16)		17	31,700,000	㉯	3,170,000	17	34,700,000	㉯	3,470,000
납부(환급)세액 (㉮매출세액-㉯매입세액)					㉰	9,660,000			㉰	11,060,000
경감공제세액	그밖의경감·공제세액		18				18			
	신용카드매출전표등발행공제계		19		[참고]		19	1,100,000	[참고]	
	합계		20		㉱		20	1,100,000	㉱	
소규모 개인사업자 부가가치세 감면세액			20-1		㉲		20-1		㉲	
예정신고미환급세액			21		㉳		21		㉳	
예정고지세액			22		㉴		22		㉴	
사업양수자가 대리납부한 세액			23		㉵		23		㉵	
매입자납부특례에따라납부한세액			24		㉶		24		㉶	
신용카드업자가 대리납부한 세액			25		㉷		25		㉷	
가산세액계			26		㉸		26		㉸	
차가감납부할세액 (환급받을세액) (㉰-㉱-㉲-㉳-㉴-㉵-㉶-㉷+㉸)			27			9,660,000				11,060,000
총괄납부사업자 납부할세액 (환급받을세액)										

3. [가산세명세]

 - 세금계산서 발급시기

공급시기	발급기한	지연발급(1%)	미발급(2%)
12/13	~익년도 01.10	익년도 1.11~익년도 1.25	익년도 1.25까지 미발급

구 분			공급가액	세액
매출	과세	세 금(전자)	16,000,000 (지연발급)	1,600,000
		기 타	1,000,000	100,000
	영세	세 금(전자)		
		기 타		
매입	세금계산서 등		3,000,000	300,000
미달신고(납부)←신고 · 납부지연 가산세				1,400,000

1. 전자세금계산서 지연발급	16,0000,000원×1% = 160,000원
2. 신고불성실	1,400,000원×10%×(1 - 90%) = 14,000원 * 1개월 이내 수정신고시 90% 감면
4. 납부지연	1,400,000원×16일×2.2(가정)/10,000 = 4,928원
계	178,928원

실무수행 3. 결산

① 수동결산 및 자동결산

1. 수동결산 [일반전표입력] 12월 31일

    (차) 장기대여금(TOP Inc.)   2,400,000원   (대) 외화환산이익   2,400,000원

    ☞ 외화환산손익(자산)＝US$20,000×[공정가액(1,320) － 장부(1,200)]＝2,400,000원

2. 수동결산 [일반전표입력] 12월 31일

    (차) 재고자산감모손실   3,400,000원   (대) 제품(8.타계정으로 대체액)   3,400,000원

    ☞ 재고자산감모손실＝감모수량(600개 － 580개)×취득단가(170,000)＝3,400,000원

3. 자동결산 [결산자료입력] 메뉴

    - 실제 재고액 제품 98,600,000원 입력 후 상단 툴바의 전표추가(F3) 를 클릭하여 결산분개 생성

    ※ 결산분개 후 합계잔액시산표에서 기말 재고자산금액이 정확하게 반영되어 있는지 확인한다.

4. [이익잉여금처분계산서]

    - 이익잉여금처분계산서에서 처분일을 입력한 후, 전표추가(F3) 를 클릭하여 손익대체 분개를 생성한다.

[실무수행평가] – 재무회계

번호	평가문제	배점	답
11	[일/월계표 조회]	3	(2,200,000)원
12	[손익계산서조회]	3	(7,386,270)원
13	[재무상태표 조회]	2	(347,545,162)원
14	[재무상태표 조회]	2	(80,900,000)원
15	[재무상태표 조회]	2	①
16	[거래처원장 조회]	2	(51,030,000)원
17	[전자세금계산서 발행 및 내역관리 조회]	2	(5)
18	[부가가치세신고서 조회]	3	(14,530,000)원
19	[부가가치세신고서 조회]	3	(300,000)원
20	[부가가치세신고서 조회]	3	(178,928)원
총 점		25	

실무수행 4. 원천징수 관리

① 주민등록표(등본) 사원등록

관계	요 건		기본 공제	추가 (자녀)	판 단
	연령	소득			
본인(세대주)	–	–	○		
배우자	–	○	○		퇴직소득금액 1백만원 이하자
부(89)	○	○	○	경로	사적연금액이 15백만원 이하일 경우 분리과세 선택
모(83)	○	×	부		양도소득금액 1백만원 초과자
자녀(32)	×	○	부		복권당첨소득은 분리과세소득

	연말정산관계	기본	세 대	부 녀	장 애	경로 70세	출산 입양	자녀	한부모	성명	주민(외국인)번호	가족관계
1	0.본인	본인	○							박상민	내 611111-1111119	
2	3.배우자	배우자								송미윤	내 650321-2222229	02.배우자
3	1.(소)직계존속	60세이상				○				박민곤	내 360211-1111110	03.부
4	1.(소)직계존속	부								윤숙자	내 420110-2919386	04.모
5	4.직계비속(자녀	부								박동수	내 930505-1111129	05.자녀

② 사업소득의 원천징수

1. [사업소득자입력] 00001.이소미, 940304.가수)

1.소득자등록				
1. 거 주 구 분	0 거주	2. 소 득 구 분	940304 ? 가수	
3. 주민(외국)등록번호	991225-2023104	4. 내/외국인	0 내국인	
5. 거 주 지 국	KR ? 대한민국			
6. 이 체 계 좌 / 예 금 주			7. 은행 ?	

2. [사업소득자료입력] 지급년월 7월, 지급년월일(영수일자) 7월 31일

● 기타 관리 항목

소득구분	상 호	사업장등록번호	전화번호	계정과목	영수일자	연말적용
940304 가수					20x1-07-31	부

● 소득 지급 내역

귀속년월	지급년월일	지급총액	세율(%)	소득세	지방소득세	세액계	차인지급액
20x1-06	20x1 07 31	5,000,000	3	150,000	15,000	165,000	4,835,000

[실무수행평가] – 원천징수관리

번호	평가문제	배점	답
21	**[박상민 연말정산 근로소득원천징수영수증 조회]** 기본공제대상인원(본인포함)	3	(3)명
22	**[박상민 연말정산 근로소득원천징수영수증 조회]** 27. 경로우대 공제 대상액	3	(1,000,000)원
23	**[이소미 사업소득자입력 조회]** 소득구분 코드	2	(940304)
24	**[이소미 사업소득자료입력(지급년월 7월) 조회]** 사업소득 차인 지급액	2	(4,835,000)원
원천징수 소계		10	

실무수행 5. 법인세관리

① 수입금액조정명세서

1. [1. 수입금액 조정계산]

- 상단부의 [매출조회]를 클릭하여 결산서상 수입금액을 반영한다.

	계정과목		③결산서상 수입금액	조 정		⑥조정후 수입금액 (③+④-⑤)
	①항 목	②과 목		④가산	⑤차감	
1	매 출	제품매출	1,165,826,010			1,165,826,010
2	매 출	상품매출	105,800,000			105,800,000
3	매 출	임대료수입	49,500,000			49,500,000

2. [2. 수입금액 조정명세]

다. 기타수입금액 반영

- 전기시용매출 수입금액 - 50,000,000원 대응원가 - 30,000,000원을 입력한다.
- 위탁매출 수입금액 - 10,000,000원 대응원가 - 6,000,000원을 입력한다.

	(23)구분	(24)근거법령	(25)수입금액	(26)대응원가	비고
1	전기시용매출		-50,000,000	-30,000,000	
2	위탁매출		-10,000,000	-6,000,000	

3. [1. 수입금액 조정계산]

- 제품매출 ⑤차감란에 10,000,000원을 입력한다.
- 상품매출 ⑤차감란에 50,000,000원을 입력한다.

	계정과목		③결산서상 수입금액	조 정		⑥조정후 수입금액 (③+④-⑤)
	①항 목	②과 목		④가산	⑤차감	
1	매 출	제품매출	1,165,826,010		10,000,000	1,155,826,010
2	매 출	상품매출	105,800,000		50,000,000	55,800,000
3	매 출	임대료수입	49,500,000			49,500,000

4. 소득금액조정합계표 작성

익금불산입	전기 상품매출(시용매출)	50,000,000원	유보감소
손금불산입	전기 상품매출원가(시용매출)	30,000,000원	유보감소
익금불산입	위탁매출	10,000,000원	유보발생
손금불산입	위탁매출원가	6,000,000원	유보발생

[실무수행평가] – 법인세관리 1

번호	평가문제 [수입금액 조정명세서 조회]	배점	답
25	⑥ 조정후 수입금액의 합계액	3	(1,261,126,010)원
26	손금불산입(유보감소)로 소득처분할 금액	2	(30,000,000)원
27	손금불산입(유보발생)으로 소득처분할 금액	2	(6,000,000)원

② 외화자산 등 평가차손익조정(갑,을)

※ 외화선수금은 비화폐성 부채이므로 외화평가를 하지 않는다.

계정과목	발생일 환율	장부상 평가환율	외화금액 ($)	장부상 평가손익(A)	세무상 평가환율	세무상 평가손익(B)	차이 (B-A)
외화외상매출금	1,120	1,165	27,000	+1,215,000	1,180	+1,620,000	+405,000
외화장기차입금	1,120		20,000	-900,000	(매매기준율)	-1,200,000	△300,000
회사손익금계상액				315,000	세무상손익금	420,000	+105,000

1. [외화자산등 평가차손익조정명세서(을)]

① 외화자산 입력

구분	1	1.외화자산	2.외화부채	3.통화선도	4.통화스왑	5.환변동보험		
번호	②외화종류	③외화금액	④장부가액		⑦평가금액		⑩평가손익 (⑨-⑥)	
			⑤적용환율	⑥원화금액	⑧적용환율	⑨원화금액		
1	US$	27,000	1,120	30,240,000	1,180	31,860,000	1,620,000	

② 외화부채 입력

구분	2	1.외화자산	2.외화부채	3.통화선도	4.통화스왑	5.환변동보험		
번호	②외화종류	③외화금액	④장부가액		⑦평가금액		⑩평가손익 (⑥-⑨)	
			⑤적용환율	⑥원화금액	⑧적용환율	⑨원화금액		
1	US$	20,000	1,120	22,400,000	1,180	23,600,000	-1,200,000	

2. [외화자산등 평가차손익조정명세서(갑)]

①구 분	②당기손익금해당액	③회사손익금계상액	조정		⑥손익조정금액 (②-③)
			④차익 조정 (③-②)	⑤차손 조정 (②-③)	
가. 화폐성 외화자산·부채평가손익	420,000	315,000			105,000
나. 통화선도·통화스왑·환변동보험 평가손익					

3. [소득금액조정합계표]

익금산입	외화평가이익(외화외상매출금)	405,000원	유보발생
손금산입	외화평가손실(외화장기차입금)	300,000원	유보발생

[실무수행평가] – 법인세관리 2

번호	평가문제 [외화자산 등 평가손익조정(갑,을) 조회]	배점	답
28	익금산입(유보발생) 금액	2	(405,000)원
29	손금산입(유보발생) 금액	2	(300,000)원
30	③회사손익금계상액	3	(315,000)원

③ 업무무관지급이자조정명세서(갑,을)

1. [업무무관 지급이자조정명세서(을)]

① 업무무관 부동산의 적수

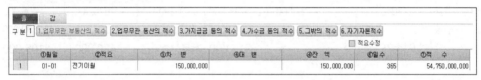

② 가지급금등의 적수

	①월일	②적요	③차 변	④대 변	④잔 액	⑤일수	⑦적 수
1	05-17	지급	60,000,000		60,000,000	44	2,640,000,000
2	06-30	회수		15,000,000	45,000,000	102	4,590,000,000
3	10-10	지급	5,000,000		50,000,000	83	4,150,000,000

2. [업무무관 지급이자조정명세서(갑)]

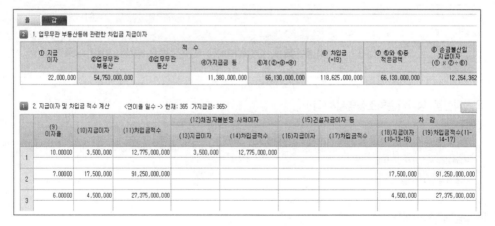

3. 소득금액조정합계표 작성

손금불산입	세금과공과금(재산세)	1,200,000원	기타사외유출
손금불산입	채권자 불분명 사채이자	3,500,000원	상여
손금불산입	업무무관 지급이자	12,264,362원	기타사외유출

[실무수행평가] – 법인세관리 3

번호	평가문제 [업무무관 지급이자조정명세서(갑) 조회]	배점	답
31	① 지급이자 금액	2	(22,000,000)원
32	상여로 소득처분할 금액	2	(3,500,000)원
33	기타사외유출로 처분할 금액	3	(13,464,362)원

④ 소득금액조정합계표

손금산입	전기 기부금	2,000,000원	유보감소
손금산입	전기 선급비용	660,000원	유보감소
손금불산입	단기매매증권평가손실	1,000,000원	유보발생
익금불산입	미수수익(미수이자)	2,400,000원	유보발생
손금산입	자기주식처분손실	2,200,000원	기타

[실무수행평가] – 법인세관리 4

번호	평가문제 [소득금액조정합계표 조회]	배점	답
34	손금산입(유보감소)	2	(2,660,000)원
35	손금불산입(유보발생)	3	(1,000,000)원
36	익금불산입(유보발생)	2	(2,400,000)원

⑤ 법인세과세표준 및 세액조정계산서

1. [소득금액조정합계표]의 소득금액 반영
   - 당기순이익 등을 입력하면 소득금액, 과세표준, 산출세액이 자동반영된다.
2. 일반기부금한도초과액 입력
   - 기부금한도초과액 9,800,000원을 입력한다.
3. 이월결손금 입력
   - 사업연도 개시일 전 15년 이내에 개시한 사업연도에서 발생한 이월결손금 15,000,000원을 [109. 이월결손금]란에 입력한다.(<u>2019년 12월 31일 이전 개시한 사업연도에서 발생한 이월결손금은</u>

10년 내에서만 공제 가능하다.)

4. 공제·감면 세액 입력

  - 최저한세 적용대상 세액공제 : 중소기업특별세액감면액 11,000,000원을 [121.최저한세 적용대상 공제감면세액]란에 입력한다.

  - 최저한세 적용배제 세액공제 : 연구·인력개발비세액공제액 7,500,000원을 [123.최저한세 적용제외 공제감면세액]란에 입력한다.

5. 가산세액

  - [124.가산세액]란에 60,000원 입력한다.

  - 3만원초과 지출증명서류 미수취 가산세 : 3,000,000원×2% = 60,000원

6. 중간예납세액 및 원천납부세액 입력

  - 선납세금(136) 계정별 원장에서 중간예납세액 및 원천납부세액을 조회하여 중간예납세액 9,000,000원, 원천징수세액 280,000원을 입력한다.

7. 분납할 세액 입력

  - 분납할 세액 4,296,032원을 입력한다.

① 각사업연도소득금액계산	101.결산서상당기순손익	01	294,862,598	④ 납부할세액계산	120.산 출 세 액(120=119)			42,076,032
	소득금액조정금액	102.익 금 산 입	02	104,613,362		121.최저한세 적용대상 공제 감면세액	17	11,000,000
		103.손 금 산 입	03	67,560,000		122.차 감 세 액	18	31,076,032
	104.차가감소득금액(101 + 102 - 103)	04	331,915,960		123.최저한세 적용제외 공제감면세액	19	7,500,000
	105.기 부 금 한 도 초 과 액	05	9,800,000		124.가 산 세 액	20	60,000
	106.기부금한도초과이월액 손 금 산 입	54			125.가 감 계(122-123+124)	21	23,636,032
	107.각사업연도소득금액 (104+105-106)	06	341,715,960	기한내납부세액	126.중 간 예 납 세 액	22	9,000,000
② 과세표준계산	108.각 사 업 연 도 소 득금액(108=107)		341,715,960		127.수 시 부 과 세 액	23	
	109.이 월 결 손 금	07	15,000,000		128.원 천 납 부 세 액	24	280,000
	110.비 과 세 소 득	08			129.간접회사등외국납부세액	25	
	111.소 득 공 제	09			130.소 계(126+127+128+129)	26	9,280,000
	112.과 세 표 준 (108-109-110-111)	10	326,715,960		131.신 고 납 부 전 가 산 세 액	27	
	159.선 박 표 준 이 익	55			132.합 계(130+131)	28	9,280,000
					133.감 면 분 추 가 납 부 세 액	29	
③ 산출세액계산	113.과 세 표 준 (113=112+159)	56	326,715,960		134.차가감납부할 세액(125-132+133)	30	14,356,032
	114.세 율	11	19%	토지등 양도소득에 대한 법인세 계산(TAB으로 이동)			
	115.산 출 세 액	12	42,076,032	미환류소득법인세 계산(F3으로 이동)/ 중소기업제외			
	116.지 점 유 보 소 득(법 제96조)	13		⑦ 세액계	151.차가감납부할세액계(134+150+166)	46	14,356,032
	117.세 율	14			152.사실과다른회계처리경정세액공제	57	
	118.산 출 세 액	15			153.분 납 세 액 계 산 범 위 액	47	14,296,032
	119.합 계(115+118)	16	42,076,032		154.분 납 할 세 액	48	4,296,032
					155.차 감 납 부 세 액	49	10,060,000

[실무수행평가] – 법인세관리 5

번호	평가문제 [법인세과세표준 및 세액조정계산서 조회]	배점	답
37	109.이월결손금	2	(15,000,000)원
38	130.소계(26)기한내 납부세액	2	(9,280,000)원
39	154.분납할 세액	3	②
	법인세관리 소계	35	

합격율	시험년월
30%	2023.8

실무이론평가

[1] 다음 대화 내용에서 선생님의 질문에 대해 올바른 답변을 한 사람은?

> 선생님 : 조직구성원이 이사회와 경영진이 제시한 경영방침이나 지침에 따라 정책 및 절차가 준수되
> 도록 하기 위한 제반 활동을 의미하는 내부통제의 구성요소는 무엇인가요?
> 종국 : 통제환경입니다.
> 지민 : 위험평가입니다.
> 성욱 : 통제활동입니다.
> 해리 : 모니터링입니다.

※ 1차 저작권자의 저작권 침해 소지가 있어 삽화 삽입은 어려우니 양해바랍니다.

① 종국 ② 지민 ③ 성욱 ④ 해리

[2] 다음은 (주)한공의 상품거래 내역이다. 10월 말 상품재고액과 10월 매출총이익을 계산하면 얼마인가?(단,
선입선출법을 적용한다.)

• (주)한공의 10월 상품거래 내역

				매입단가	판매단가	금 액
10월 1일	전월이월	100개		@5,000원		500,000원
10월 5일	매 입	80개		@6,000원		480,000원
10월 14일	매 출	120개			@8,000원	960,000원
10월 25일	매출할인					100,000원

	상품재고액	매출총이익		상품재고액	매출총이익
①	300,000원	240,000원	②	300,000원	340,000원
③	360,000원	240,000원	④	360,000원	340,000원

[3] 다음은 (주)한공이 구입한 차량운반구의 감가상각방법 변경에 대한 내용이다. 20x3년 기말에 인식할 감가상각비는 얼마인가?

> 20x1. 1. 1. 영업용 차량을 20,000,000원에 구입하다.
>   (내용연수 : 5년, 잔존가치 : 0원, 감가상각방법 : 정률법, 상각률 : 0.400 가정)
> 20x3. 1. 1. 위 차량에 대한 감가상각방법을 정액법으로 변경하다.

① 1,440,000원   ② 2,400,000원
③ 2,800,000원   ④ 4,000,000원

[4] 다음은 (주)한공의 재무상태표 일부와 비품 취득 관련 자료이다. 이에 대한 설명으로 옳은 것은?

재 무 상 태 표
제2(당)기 20x1.12.31. 현재
제1(전)기 20x0.12.31. 현재

㈜한공 (단위 : 원)

과 목	제2기	제1기
⋮	⋮	⋮
유 형 자 산		
비 품	**4,000,000**	**4,000,000**
감 가 상 각 누 계 액	(1,440,000)	(720,000)
⋮		

– 20x0년 1월 1일 비품을 4,000,000원에 취득하였다(내용연수 5년).

① 비품의 잔존가치는 400,000원이다.
② 비품의 당기말 장부금액은 4,000,000이다.
③ 감가상각방법은 정률법을 적용하고 있다.
④ 당기 손익계산서에 계상된 감가상각비는 1,440,000원이다.

[5] 다음 중 금융리스에 대한 설명으로 옳지 않은 것은?
① 리스기간 종료시 리스자산의 소유권이 리스이용자에게 이전되는 경우면 금융리스로 분류한다.
② 리스자산을 소유함으로써 발생하는 위험과 보상이 리스이용자에게 대부분 이전된다고 판단되면 금융리스로 분류한다.
③ 금융리스제공자가 리스자산에 대한 감가상각비를 인식한다.
④ 금융리스이용자는 유효이자율법을 적용하여 이자비용을 인식한다.

[6] 다음 자료를 토대로 (주)한공의 20x1년 제2기 예정신고기간 부가가치세 과세표준을 계산하면 얼마인가?(단, 모든 금액에는 부가가치세가 포함되어 있지 아니하다.)

• 내국신용장에 의한 재화의 공급액	2,000,000원
• 중고승용차의 매각액	900,000원
• 주택과 그 부수토지의 임대용역	400,000원
• 공급받은 자에게 도달하기 전에 파손된 재화의 가액	1,000,000원

① 400,000원　　　　　　　　　　　② 2,400,000원
③ 2,900,000원　　　　　　　　　　　④ 3,900,000원

[7] 다음 자료를 토대로 거주자 김한공 씨(남성, 52세)의 20x1년도 종합소득공제액을 계산하면 얼마인가?

(1) 가족현황

구 분	나 이	비 고
배우자	48세	소득 없음
부 친	75세	20x1년 7월 5일 사망
장 인	69세	주거형편상 별거하고 있으며, 소득 없음
장 남	25세	장애인, 사업소득금액 5,000,000원 있음
장 녀	17세	소득 없음

(2) 국민연금보험료 본인부담분 3,000,000원, 국민건강보험료 및 노인장기요양보험료 본인부담분 600,000원을 납부하였음.

① 8,500,000원　　　　　　　　　　　② 11,100,000원
③ 12,100,000원　　　　　　　　　　　④ 15,600,000원

[8] 다음 중 소득세법상 근로소득의 원천징수 및 연말정산에 관한 설명으로 옳은 것은?

① 원천징수의무자가 매월분의 근로소득을 지급할 때에는 6%의 세율로 소득세를 원천징수한다.
② 원천징수의무자는 해당 과세기간의 다음 연도 1월분의 급여 지급시 연말정산을 하여야 한다.
③ 원천징수의무자가 12월분의 근로소득을 다음 연도 2월 말일까지 지급하지 아니한 경우에는 그 근로소득을 다음 연도 2월 말일에 지급한 것으로 보아 소득세를 원천징수한다.
④ 일용직 근로자가 2인 이상으로부터 근로소득을 지급받는 경우 해당 근로소득을 지급받기 전에 주된 근무지의 원천징수 의무자에게 근무지신고서를 제출해야 한다.

[9] 다음 중 법인세법상 익금불산입 항목이 아닌 것은?

① 경정청구를 통해 환급받은 법인세와 법인지방소득세

② 자산수증이익과 채무면제이익 중 이월결손금의 보전에 충당한 금액

③ 국세 또는 지방세의 과오납금의 환급금에 대한 이자

④ 손금에 산입한 금액 중 환입된 금액

[10] 다음은 중소기업인 (주)한공의 제13기(20x1.1.1.~20x1.12.31.)에 대한 세무자료이다. 이 자료를 토대로 법인세 자진납부할 세액을 계산하면 얼마인가?(단, 분납은 신청하지 않는 것으로 가정한다)

(1) 각사업연도 소득금액 500,000,000원
(2) 제12기 사업연도에 발생한 이월결손금 100,000,000원
(3) (정규)지출증빙서류 미수취에 따른 가산세 2,000,000원
(4) 중소기업특별세액감면액 10,000,000원
(5) 이자소득에 대한 원천징수 납부액 3,000,000원
※ 법인세율은 아래와 같다.

과 세 표 준	세 율
2억원 이하	과세표준×9%
2억원 초과 ~ 200억 이하	1,800만원+(과세표준−2억원)×19%

① 45,000,000원　　② 49,000,000원　　③ 52,000,000원　　④ 54,000,000원

■■■■■ **실무수행평가**

(주)동양산업(1650)은 가구 등을 제조하여 판매하는 법인기업으로 회계기간은 제7기(20x1.1.1. ~ 20x1.12.31.)이다. 제시된 자료와 [자료설명]을 참고하여 [평가문제]의 물음에 답하시오.

실무수행1 | **거래자료 입력**

실무프로세스자료이다. [자료설명]을 참고하여 [수행과제]를 수행하시오.

① 기타일반거래

■ 보통예금(하나은행) 거래내역

번호	거래일	내용	찾으신금액	맡기신금액	잔액	거래점
		계좌번호 626-910004-9770　(주)동양산업				
1	20x1-01-15	주식처분		37,000,000	***	***

자료설명	1. 1월 15일 당사가 보유중인 매도가능증권(투자자산)을 다음과 같은 조건으로 처분하였다. 2. 20x0년 기말 평가는 일반기업회계기준에 따라 적절하게 처리하였다.			
	20x0년 7월 31일	20x0년 12월 31일	20x1년 1월 15일	비 고
	취득금액	기말공정가치	처분금액	
	34,000,000원	32,000,000원	37,000,000원	
수행과제	처분일의 거래자료를 입력하시오.			

② 사채

자료. 이사회의사록

이 사 회 의 사 록

회사는 장기자금을 조달할 목적으로 회사채 발행을 결정하고 다음과 같이 회사채 발행에 대한 사항을 결정함.

- 다   음 -

1. 사 채 의 액면금액 :   20,000,000원
2. 사 채 의 발행금액 :   17,969,720원
3. 사 채 의 만 기 :   2년
4. 표 시 이 자 율 :   연 8%
5. 사 채 발 행 일 :   20x1년 1월 1일
6. 이 자 지 급 시 기 :   매년 이자 연4회 지급(3개월)

이하생략

자료설명	1. 자료는 사채발행에 대한 이사회 결의 내용이며, 이사회 결의 내용대로 발행하고 회계처리하였다. 2. 3월 31일 사채의 이자를 하나은행 보통예금 계좌에서 이체하여 지급하였다. 3. 사채할인발행차금은 유효이자율법으로 상각하며, 사채이자에 대한 원천징수는 고려하지 않는다.(유효이자율은 연 10%이며, 월할상각하고, 원 미만 절사할 것.)
수행과제	3월 31일 사채이자 지급에 대한 거래자료를 입력하시오.

실무수행2	부가가치세관리

부가가치세 신고 관련 자료이다. [자료설명]을 참고하여 [수행과제]를 수행하시오.

① 수정전자세금계산서의 발행

전자세금계산서		(공급자 보관용)				승인번호			

공급자	등록번호	104-81-43125			공급받는자	등록번호	114-81-58741		
	상호	(주)동양산업	성명 (대표자)	최종호		상호	(주)장수산업	성명 (대표자)	이태훈
	사업장 주소	서울특별시 서초구 서초대로 53				사업장 주소	서울특별시 서대문구 충정로 30		
	업태	제조업외	종사업장번호			업태	제조업, 도매	종사업장번호	
	종목	가구외				종목	가구외		
	E-Mail	dongyang@bill36524.com				E-Mail	jangsoo@bill36524.com		

작성일자	20x1.4.28.	공급가액	16,000,000	세액	1,600,000
비고					

월	일	품목명	규격	수량	단가	공급가액	세액	비고
4	28	가죽소파		20	800,000	16,000,000	1,600,000	

합계금액	현금	수표	어음	외상미수금	이 금액을	○ 영수 ● 청구	함
17,600,000				17,600,000			

자료설명	1. 4월 28일에 (주)장수산업에 제품을 공급하고 거래일에 전자세금계산서 발급 및 전송 하였다. 2. 4월 30일 (주)장수산업에 납품된 제품 중 성능불량품이 발견되어 반품되었다. 　-반품내역 : 가죽소파 5개
수행과제	1. 수정사유를 선택하여 환입에 따른 수정전자세금계산서를 발급·전송하시오. 　(전자세금계산서 발급 시 결제내역 및 전송일자는 무시할 것.) 2. 매출환입에 대한 회계처리를 입력하시오.(외상대금 및 제품매출에서 음수(-)로 처리할 　것)

2 확정신고누락분의 수정신고서 반영

자료 1. 매출(제품) 종이세금계산서 누락분

매출세금계산서 목록						
번호	작성일자	발급일자	상 호	공급가액	세액	비 고
1	20x11008	20x11008	(주)와우가구	5,000,000원	500,000원	종이발급

자료 2. 매입전자세금계산서 수취 목록

매입전자세금계산서 목록						
번호	작성일자	발급일자	상 호	공급가액	세액	비 고
1	20x11031	20x11031	홈플러스	200,000원	20,000원	사무실 직원 간식대
2	20x11110	20x11110	홈플러스	500,000원	50,000원	매출 거래처 직원간식대

자료 3. 제품 소매매출 영수증 내역

영 수 증 (공급자용) NO. 김진수 귀하 공급자 사업자등록번호: 104 - 81 - 43125 상 호: (주)동양산업　성 명: 최종호 사업장소재지: 서울특별시 서초구 서초대로 53 업 태: 제조업외　종 목: 가구외 작성일자: 20x1.12.2.　공급대가총액: ₩ 330,000　비고: (부가세 포함) 공급내역 월/일 12/2　품명 가구　수량 1　단가 　금액 330,000 합 계 ₩ 330,000 위 금액을 영수(청구)함	**자료설명** 1. 자료 1 ~ 3은 20x1년 제2기 확정신고시 누락된 매출과 매입 관련 자료이다. 2. 매입매출전표에 자료를 입력하고 제2기 부가가치세 확정 수정신고서 (수정차수 1)를 작성하려고 한다. 3. 20x2년 2월 4일에 수정신고 및 추가 납부하며, 신고불성실가산세는 일반과소 신고에 의한 가산세율을 적용하고, 미납일수는 10일, 1일 2.2/10,000로 한다. **수행과제** 1. 자료 1 ~ 3의 거래자료를 작성일자로 매입매출전표에 입력하시오. (모든 거래는 외상으로 처리하며, 전자세금계산서 발급거래는 '전자입력'으로 처리할 것.) 2. 가산세를 적용하여 제2기 부가가치세 확정신고에 대한 수정신고서를 작성하시오.

실무수행3 | 결산

[결산자료]를 참고로 결산을 수행하시오.(단, 제시된 자료 이외의 자료는 없다고 가정함.)

① 수동결산 및 자동결산

결산자료	**1. 대여금현황** (주)삼호산업에 영업자금을 대여하고 이자는 6개월마다 받기로 하였다. - 대여기간 : 20x1. 10. 1. ~ 20x2. 9. 30. - 대 여 액 : 30,000,000원 (이자율 연 5%) - 대여일수는 월할 계산할 것 **2. [재고 실사내역]**

2. [재고 실사내역]

품목	장부가액	순실현가능가치	현행대체원가
원재료	35,000,000원	33,000,000원	36,000,000원
제 품	50,000,000원	48,000,000원	–
합계	85,000,000원	81,000,000원	–

3. 이익잉여금처분계산서 처분확정(예정)일
- 당기 : 20x2년 3월 15일
- 전기 : 20x1년 3월 15일

평가문제	결산을 완료하고 이익잉여금처분계산서에서 손익대체분개를 하시오. (단, 이익잉여금처분내역은 없는 것으로 하고 미처분이익잉여금 전액을 이월이익잉여금으로 이월하기로 할 것.)

평가문제 | 입력자료 및 회계정보를 조회하여 [평가문제]의 답안을 입력하시오 (70점)

번호	평가문제	배점
11	**[일/월계표 조회]** 1/4분기(1월~3월)에 발생한 영업외수익 금액은 얼마인가?	2
12	**[일/월계표 조회]** 1/4분기(1월~3월)에 발생한 영업외비용 금액은 얼마인가?	3
13	**[손익계산서 조회]** 당기 손익계산서에 반영되는 이자수익 금액은 얼마인가?	3
14	**[재무상태표 조회]** 기말 재고자산 잔액은 얼마인가?	2
15	**[재무상태표 조회]** 12월 31일 현재 이월이익잉여금(미처분이익잉여금) 잔액은 얼마인가? ① 482,103,699원　　　② 534,906,124원 ③ 669,159,870원　　　④ 742,506,124원	2
16	**[거래처원장 조회]** 4월 말 (주)장수산업의 외상매출금 잔액은 얼마인가?	2
17	**[전자세금계산서 발행 및 내역관리 조회]** 4월 30일자 수정세금계산서의 수정사유를 코드번호로 입력하시오.	2
18	**[부가가치세신고서 조회]** 제2기 확정 신고기간 부가가치세 수정신고서의 과세표준 합계(9란) 세액은 얼마인가?	3
19	**[부가가치세신고서 조회]** 제2기 확정 신고기간 부가가치세 수정신고서의 공제받지못할매입(16란) 세액은 얼마인가?	3
20	**[부가가치세신고서 조회]** 제2기 확정 신고기간 부가가치세 수정신고서의 가산세액(26란) 합계금액은 얼마인가?	3
	재무회계 소계	25

실무수행4 원천징수 관리

인사급여 관련 자료이다. [자료설명]을 참고하여 [수행과제]를 수행하시오.

1 주민등록표(등본) 및 급여명세서에 의한 사원등록 및 급여자료 입력

자료 1. 이상민의 주민등록표

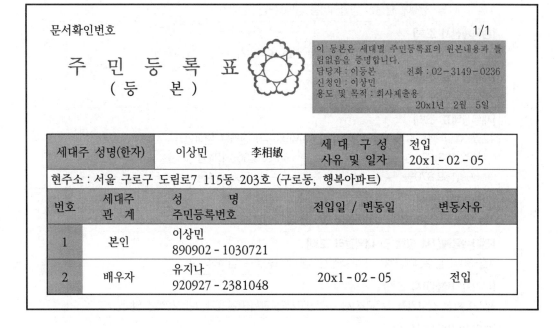

자료 2. 2월 급여명세서

급여내역	101.기본급	200.가족수당	201.식대	202.자가운전보조금	계
	3,000,000원	200,000원	150,000원	200,000원	3,550,000원
공제내역	501.국민연금	502.건강보험	503.고용보험	504.장기요양보험	600.기부금
	프로그램에서 자동 계산된 금액으로 공제한다.				30,000원

자료설명	1. 자료 1은 회계팀 부장 이상민(1200)의 변경된 주민등록표이다. 　-20x1년 2월 결혼으로 주민등록표에 변경사항이 발생하였다. 　-배우자 유지나는 소득이 없다. 2. 자료 2는 2월의 급여명세서이다. 　-급여지급일은 매월 25일이다. 　-회사는 기혼자에게 매월 일정액을 가족수당으로 일괄 지급하고 있다. 　-식대는 매월 지급하고 있으며 음식물은 별도로 제공되지 않는다.

자료설명	–자가운전보조금은 종업원 소유의 차량을 회사업무에 사용하는 직원에게 지급하고, 실제여비는 지급하지 않는다. –기부금은 급여 지급시에만 공제하고 있으며, 연말정산시 기부금명세서에 자동반영되도록 설정한다.
수행과제	1. 사원등록 메뉴에 변경사항을 입력하시오. 2. 수당 및 공제등록을 하고 2월분 급여자료를 입력하시오.(구분 : 1.급여로 할 것.)

② 이자/배당소득의 원천징수

자료. 이자소득자 관련정보

코드	2201	소득자성명	황영환
주민등록번호	820612 – 1273656	소득의 종류	112.내국법인 회사채이자
이자지급일	20x1.11.20.	지급이자	2,500,000원
주　　소	부산광역시 연제구 중앙대로 1028(연산동)		

자료설명	1. 당사는 기명 회사채를 발행하고 이자를 지급하고 있다. 2. 20x1년 11월 20일(약정일자 동일)에 지급한 이자의 지급대상 기간은 20x1년 7월 1일부터 20x1년 10월 31일까지이다. 3. 원천징수세율은 14%이다. 4. 과세구분 : T.일반과세 5. 금융상품 : A29.[채권,증권 – 원화] 일반회사채 6. 조세특례등 : NN.조세특례 등을 적용받지 않고 원천징수한 경우 7. 유가증권표준코드 : 1048143125 8. 채권이자 구분코드 : 00.채권등의 이자지급기간 중 매입 · 매도시 또는 채권 등의 이자 지급 시 원천징수한 보유기간 이자상당액 9. 회사채에 대한 약정이자는 연 5% 이다.
수행과제	1. [기타소득자등록]에 소득자는 등록되어 있다. 2. [이자배당소득자료입력]에서 이자소득을 입력하고 소득세를 산출하시오.

[실무수행평가] – 원천징수관리

번호	평가문제	배점
21	**[이상민 2월 귀속 급여자료 조회]** 지급항목 중 비과세 금액은 얼마인가?	2

번호	평가문제	배점
22	**[이상민 2월 귀속 급여자료 조회]** 2월 급여에 대한 공제총액은 얼마인가?	3
23	**[11월 귀속 이자배당소득자료입력 조회]** 황영환의 이자소득원천징수 소득세는 얼마인가?	2
24	**[11월 지급 이자배당소득자료입력 조회]** 황영환에게 지급될 이자의 차인지급액을 계산하면 얼마인가?	3
	원천징수 소계	10

실무수행5 법인세관리

(주)한빛산업(1651)은 중소기업으로 사업연도는 제20기(20x1.1.1. ~ 20x1.12.31.)이다. 입력된 자료와 세무조정 참고자료에 의하여 법인세무조정을 수행하시오.

① 수입금액조정명세서

세무조정 참고자료	1. 결산서상 수입금액은 손익계산서의 매출계정과 잡이익계정을 조회한다. 2. 시용매출과 관련하여 20x1년 12월 27일 제품 인도시 제품매출(판매가 17,000,000원, 원가 11,050,000원)로 회계처리 하였으나, 제품을 인도받은 (주)새벽물산으로부터 20x1년 12월 31일까지 구입의사 표시를 받지 못하였다. 3. 회사는 20x1년 9월 9일에 상품권 24,000,000원을 발행하고 상품매출로 회계처리하였으나, 20x1년 12월 31일까지 회수한 상품권은 13,000,000원이다. 4. 제품제조 과정에서 발생한 부산물 매각수입이 잡이익에 포함되어 있다.
수행과제	**수입금액조정명세서를 작성하시오.** 1. [1.수입금액 조정계산]에 결산서상 수입금액을 조회하여 반영하시오. 2. [2.수입금액 조정명세]에 기타수입금액을 반영하시오. 3. [1.수입금액 조정계산]에 조정사항을 반영하시오. 4. 소득금액조정합계표에 각 건별로 세무조정사항을 반영하시오.

[실무수행평가] – 법인세관리 1

번호	평가문제 [수입금액 조정명세서 조회]	배점
25	'⑥조정후 수입금액'의 합계금액은 얼마인가?	2
26	문제 [1]과 관련된 세무조정 대상 중 익금불산입(유보발생)으로 소득금액조정합계표에 반영할 금액은 얼마인가?	2
27	문제 [1]과 관련된 세무조정 대상 중 손금불산입(유보발생)으로 소득금액조정합계표에 반영할 금액은 얼마인가?	3

② 대손충당금 및 대손금조정명세서

자료 1. 전기 자본금과 적립금 조정명세서(을) 내역

[별지 제50호 서식(을)]					(앞 쪽)
사업연도	20x0.01.01. ~ 20x0.12.31.	자본금과 적립금 조정명세서(을)		법인명	(주)한빛산업
세무조정유보소득계산					
① 과목 또는 사항	② 기초잔액	당 기 중 증감		⑤ 기말잔액 (익기초현재)	비고
		③ 감 소	④ 증 가		
대손충당금 한도초과액	5,000,000	5,000,000	2,400,000	2,400,000	
받을어음(대손금)			3,900,000	3,900,000	
중 략					

자료 2. 대손에 관한 사항

일자	계정과목	금액	대손사유
20x1.11.16.	외상매출금	4,500,000원	자본잠식 상태에 있으며 회수가능성이 매우 낮음
20x1.12.11.	받을어음	6,000,000원	법원의 회생인가결정으로 회수불능으로 확정됨

세무조정 참고자료	1. 자료 1의 전기 받을어음(대손금) 부인액은 20x2년 2월 3일에 소멸시효가 완성된다. 2. 자료 2는 당기에 발생한 대손내역이며, 그 외의 대손발생은 없다. 3. 회사는 매출채권에 대해서만 대손충당금을 설정하며, 대손충당금 설정대상 제외 채권은 없다. 4. 회사의 대손실적률은 1/100이다.

수행과제	대손충당금 및 대손금조정명세서를 작성하시오.
	1. [2.대손금조정]에 대한 대손처리내역을 원장조회하여 반영하시오.
	2. [1.대손충당금조정(채권잔액)]에 채권잔액을 반영하시오.
	3. [1.대손충당금조정(손금 및 익금산입조정)]에 손금산입액 및 익금산입액 조정사항을 반영하시오.
	4. 소득금액조정합계표에 세무조정사항을 반영하시오.

[실무수행평가] – 법인세관리 2

번호	평가문제 [대손충당금 및 대손금조정명세서 조회]	배점
28	대손충당금 '7.한도초과액'은 얼마인가?	3
29	'18.기말현재 대손금 부인 누계액' 합계금액은 얼마인가?	2
30	세무조정 대상 중 손금산입 유보(감소)로 소득처분할 총금액은 얼마인가?	2

③ 가지급금등의 인정이자조정(갑,을)

자료 1. 가지급금 내역

월 일	직책	성명	발생액	회수액	잔 액	비 고
20x1.02.22.	대표이사	장호섭	98,000,000원		98,000,000원	업무무관 가지급금 대여액
20x1.10.15.	대표이사	장호섭		23,000,000원	75,000,000원	업무무관 가지급금 회수액

자료 2. 가수금 내역

월 일	직책	성명	발생액	지급액	잔 액	비 고
20x1.04.07.	대표이사	장호섭	5,000,000원		5,000,000원	일시가수금

자료 3. 차입금 내역

일자	차입금액	상환금액	거래은행	이자율
전기이월	50,000,000원		국민은행(차입금)	연 6%
20x1.01.19.	160,000,000원		신한은행(차입금)	연 4.5%
20x1.08.31.		10,000,000원	국민은행(차입금)	연 6%

세무조정 참고자료	1. 가지급금 및 가수금에 대한 약정된 이자는 없는 것으로 한다. 2. 인정이자 계산 시 가중평균차입이자율을 적용한다.
수행과제	**가지급금등의 인정이자조정명세서(갑, 을)을 작성하시오.** 1. [2.이자율별 차입금 잔액계산]에서 차입금 잔액 적수계산을 하시오. 2. [3.가지급금, 가수금적수계산]에서 인명별 가지급금 적수계산을 하시오. 3. [4.인정이자계산]에서 조정대상금액을 계산하시오. 4. 소득금액조정합계표에 각 건별로 세무조정사항을 반영하시오.

[실무수행평가] – 법인세관리 3

번호	평가문제 [가지급금 등의 인정이자 조정명세서 조회]	배점
31	'2.가지급금적수' 합계금액은 얼마인가?	2
32	'3.가수금적수' 합계금액은 얼마인가?	2
33	문제 [3]과 관련된 세무조정 대상 중 익금산입(상여)로 소득처분할 금액은 얼마인가?	3

4 선급비용명세서

자료 1. 전기 자본금과 적립금 조정명세서(을) 내역

[별지 제50호 서식(을)]					(앞 쪽)
사업 연도	20x0.01.01. ~ 20x0.12.31.	**자본금과 적립금조정명세서(을)**		법인명	(주)한빛산업

세무조정유보소득계산					
① 과목 또는 사항	② 기초잔액	당 기 중 증감		⑤ 기말잔액 (익기초현재)	비고
		③ 감 소	④ 증 가		
선급비용(보험료)	3,500,000	3,500,000	1,800,000	1,800,000	

자료 2. 당기말 기간미경과분(선급분) 내역

지급일	내용	금액	거래처	기간
20x1. 9. 1.	공장건물보험료 (생산2부)	1,800,000원	한화손해보험(주)	20x1. 9. 1. ~ 20x2. 8.31.
20x1. 5. 1.	영업부 복합기 임차료	1,200,000원	스마트사무기기	20x1. 5. 1. ~ 20x2. 4.30.

세무조정 참고자료	1. 전기분 자본금과 적립금조정명세서(을) 내역을 참고하여 조정한다. 　(선급기간 : 20x1. 1. 1. ~ 20x2. 12. 31. 월할계산할 것.) 2. 선급비용을 계상할 계정은 보험료(제), 임차료(판)이다.
수행과제	선급비용명세서를 작성하시오. 1. 계정과목의 원장내역을 조회하여 해당금액을 반영하시오. 2. 각 건별로 소득금액조정합계표에 세무조정사항을 반영하시오.

[실무수행평가] – 법인세관리 4

번호	평가문제 [선급비용명세서 조회]	배점
34	공장건물 보험료의 세무조정 대상금액은 얼마인가?	3
35	영업부 복합기 임차료의 세무조정 대상금액은 얼마인가?	2
36	전기분 보험료의 세무조정 대상금액은 얼마인가?	2

5 기부금조정명세서

자료1. 기부금명세

3.과 목	일자		5. 적 요	6. 법인명등	비고
기부금	1	7	(특례)사립대학 연구비	보람대학교	
기부금	6	15	(특례)불우이웃 돕기성금	사회복지공동모금회	
기부금	8	12	(일반)난민어린이 돕기성금	유니세프	약속어음으로 지급한 금액으로 어음만기일은 20x2.1.29.이다.
기부금	10	6	대표이사 향우회 회비	충정 향우회	
기부금	12	22	(일반)장학재단기부금 지급	한국장학회	

세무조정 참고자료	1. 기부금명세서는 [계정별 원장 데이터불러오기]를 이용하여 조회하기로 한다. 2. **기부금 세무조정을 반영하기전** 법인세과세표준 및 세액조정계산서상 차가감 소득금액 내역은 다음과 같다.

구 분		금액
결산서상 당기순손익		339,321,576원
소득조정금액	익금산입	68,182,385원
	손금산입	31,300,000원
차가감소득금액		376,203,961원

3. 이월결손금은 없으며, 기부금의 한도초과 이월명세는 다음과 같다.

사업연도	기부금의 종류	한도초과액	기공제액
2021	「법인세법」 제24조 제3항 제1호에 따른 일반기부금	50,000,000원	10,000,000원

수행과제	**기부금조정명세서를 작성하시오.** 1. [기부금명세서]를 작성하고 소득금액조정합계표에 세무조정사항을 반영하시오. 2. 기 입력된 자료는 무시하고 제시된 소득금액을 반영하여 [기부금조정명세서]를 작성하 시오.

[실무수행평가] – 법인세관리 5

번호	평가문제 [기부금 조정명세서 조회]	배점
37	'1.소득금액계'는 얼마인가?	2
38	문제 [5]와 관련된 세무조정 대상 중 손금불산입(상여)으로 소득금액조정합계표에 반영할 금액은 얼마인가?	2
39	'20.한도초과액합계'는 얼마인가?	3
법인세관리 소계		35

실무이론평가

1	2	3	4	5	6	7	8	9	10
③	③	②	①	③	③	③	③	④	①

01 내부통제의 구성요소 중 통제활동에 대한 설명이다.

02 순매출액 = 총매출액(960,000) − 매출할인(100,000) = 860,000원

상　품(선입선출법)

기초	100	@5,000	500,000	매출원가	100		620,000
					20		
순매입액	80	@6,000	480,000	*기말*	*60*	*@6,000*	*360,000*
계	180		980,000	계			980,000

매출총이익 = 순매출액(860,000) − 매출원가(620,000) = 240,000원

03 20x1년 감가상각비 = 장부가액(20,000,000) × 상각률(0.4) = 8,000,000원

20x2년 감가상각비 = 장부가액(20,000,000 − 8,000,000) × 0.4 = 4,800,000원

미경과 내용연수 = 내용연수(5) − 경과연수(2) = 3년

20x3년초 장부가액 = 취득가액(20,000,000) − 감가상각누계액(12,800,000) = 7,200,000원

감가상각비(정액법) = 장부가액(7,200,000) ÷ 미경과 내용연수(3년) = 2,400,000원

04 감가상각비 = [취득원가(20,000,000) − 잔존가치(??)]/내용연수(5)

∴ 잔존가치 = 400,000원

당기말 순장부금액 = 취득가액(4,000,000) − 감가상각누계액(1,440,000) = 2,560,000원

당기와 전기의 감가상각비가 720,000원으로 동일하므로 적용된 감가상각방법은 정액법이다.

05 금융리스에서 **감가상각비는 리스이용자가 인식**한다.

06 과세표준 = 내국신용장 공브(2,000,000) + 승용차 매각(900,000) = 2,900,000원

주택과 이에 부수되는 토지의 임대용역은 부가가치세가 면세된다.

공급받은 자에게 **도달하기 전에 파손된 재화의 가액은 공급가액에 포함되지 않는다.**

07

관계	요 건		기본 공제	추가 공제	판 단
	연령	소득			
본인	–	–	○		
배우자	–	○	○		
부(75)	○	○	○	경로	사망일 전일로 판단
장인(69)	○	○	○		별거도 인정
장남(25)	×	×	부		사업소득금액 1백만원 초과자
장녀(17)	○	○	○		장애인은 연령요건을 따지지 않는다.

1. 기본공제(5명) = 1,500,000 × 5 = 7,500,000원   2. 경로우대공제(1명) = 1,000,000원
3. 국민연금보험료 = 3,000,000원   4. 건강보험료 = 600,000원

소득공제 합계 = 1+2+3+4 = 12,100,000원

08 ① 원천징수의무자가 매월분의 근로소득을 지급할 때에는 **근로소득 간이세액표**에 따라 소득세를 원천징수한다.

② 원천징수의무자는 해당 과세기간의 **다음 연도 2월분의 급여 지급 시 연말정산**을 한다.

④ 일용직 근로자를 제외하고, 2인 이상으로부터 근로소득을 지급받는 경우 해당 근로소득을 지급받기 전에 **주된 근무지의 원천징수 의무자에게 근무지신고서를 제출**해야 한다.

09 이미 손금으로 인정받은 금액이 환입되는 경우에 그 금액은 익금에 해당한다.

10 과세표준 = 각사업연도소득금액(500,000,000) − 이월결손금(100,000,000) = 400,000,000원
산출세액 = 18,000,000원 + (400,000,000원 − 200,000,000원) × 19% = 56,000,000원
총부담세액 = 산출세액(56,000,000) − 세액감면(10,000,000) + 가산세(2,000,000) = 48,000,000원
자진납부할 세액 = 총부담세액(48,000,000) − 기납부세액(3,000,000) = 45,000,000원

▨▨▨ 실무수행평가

실무수행 1. 거래자료 입력

① 기타일반거래 [일반전표입력] 1월 15일

(차) 보통예금	37,000,000원	(대) 매도가능증권(178)	32,000,000원
(하나은행)		매도가능증권평가손	2,000,000원
		매도가능증권처분익	3,000,000원

☞ 처분손익 = 처분가액(37,000,000) − 취득가액(34,000,000) = 3,000,000원(처분이익)
제거되는 평가손익 = 전기 기말공정가치(32,000,000) − 취득가액(34,000,000) = △2,000,000(평가손실)

② 사채 [일반전표입력] 3월 31일

(차) 이자비용   449,243원   (대) 보통예금(하나은행)   400,000원
                                                사채할인발행차금   49,243원

- 액면이자 = 액면가액(20,000,000) × 액면이자율(8%) × 3/12(월할상각) = 400,000원
- 유효이자 = 발행가액(17,969,720) × 유효이자율(10%) × 3/12(월할상각) = 449,243원
- 사채할인발행차금상각액 = 유효이자(449,243) - 액면이자(400,000) = 49,243원

실무수행 2. 부가가치세관리

① 수정전자세금계산서의 발행

1. [매입매출전표입력]

① [매입매출전표입력] → [4월 28일] 전표 선택 → 수정세금계산서 클릭 → [수정사유] 화면에서
[3.환입]을 입력 → 확인(Tab) 클릭
비고 : 당초세금계산서작성일 20x1년 4월 28일 자동반영

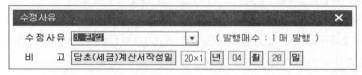

② 수정분 [작성일 4월 30일]입력, 수량, 단가를 입력하여 [공급가액 - 4,000,000원],
[세액 - 400,000원] 자동반영 → 확인(Tab) 클릭

③ [매입매출전표입력] 4월 30일

거래유형	품명	공급가액	부가세	거래처	전자세금
11.과세	가죽소파	-4,000,000	-400,000	(주)장수산업	전자발행
분개유형	(차) 외상매출금	-4,400,000원	(대)	제품매출	-4,000,000원
2.외상				부가세예수금	-400,000원

2. [전자세금계산서 발행 및 내역관리] 기출문제 78회 참고.

② 확정신고누락분의 수정신고서 반영

1. [매입매출전표 입력]

- 10월 8일

거래유형	품명	공급가액	부가세	거래처	전자세금
11.과세	제품	5,000,000	500,000	(주)와우가구	
분개유형	(차) 외상매출금		5,500,000원	(대) 제품매출	5,000,000원
2.외상				부가세예수금	500,000원

- 10월 31일

거래유형	품명	공급가액	부가세	거래처	전자세금
51.과세	사무실 직원 간식대	200,000	20,000	홈플러스	전자입력
분개유형	(차) 복리후생비(판)		200,000원	(대) 미지급금	220,000원
3.혼합	부가세대급금		20,000원		

- 11월 10일

거래유형	품명	공급가액	부가세	거래처	전자세금
54.불공	매출처 직원 간식대	500,000	50,000	홈플러스	전자입력
불공사유		9.기업업무추진비(접대비) 관련 매입세액			
분개유형	(차) 접대비(판)		550,000원	(대) 미지급금	550,000원
3.혼합					

- 12월 2일

거래유형	품명	공급가액	부가세	거래처	전자세금
14.건별	가구	300,000	30,000	김진수	
분개유형	(차) 외상매출금		330,000원	(대) 제품매출	300,000원
2.외상				부가세예수금	30,000원

2. [부가가치세신고서] 10월 1일 ~ 12월 31일, 수정신고(수정차수 1)

	구 분			금액	세율	세액	No	금액	세율	세액
과세표준및매출세액	과세	세금계산서발급분	1	336,000,000	10/100	33,600,000	1	341,000,000	10/100	34,100,000
		매입자발행세금계산서	2		10/100		2		10/100	
		신용카드·현금영수증	3		10/100		3		10/100	
		기타	4		10/100		4	300,000	10/100	30,000
	영세	세금계산서발급분	5		0/100		5		0/100	
		기타	6		0/100		6		0/100	
	예정신고누락분		7				7			
	대손세액가감		8				8			
	합계		9	336,000,000	㉮	33,600,000	9	341,300,000	㉮	34,130,000
매입세액	세금계산서수취부분	일반매입	10	104,025,000		10,402,500	10	104,725,000		10,472,500
		수출기업수입분납부유예	10-1				10-1			
		고정자산매입	11	40,000,000		4,000,000	11	40,000,000		4,000,000
	예정신고누락분		12				12			
	매입자발행세금계산서		13				13			
	그밖의공제매입세액		14				14			
	합계 (10-(10-1)+11+12+13+14)		15	144,025,000		14,402,500	15	144,725,000		14,472,500
	공제받지못할매입세액		16				16	500,000		50,000
	차감계 (15-16)		17	144,025,000	㉯	14,402,500	17	144,225,000	㉯	14,422,500
납부(환급)세액 (㉮매출세액-㉯매입세액)					㉰	19,197,500			㉰	19,707,500

3. [가산세명세]

구 분			공급가액	세액
매출	과세	세 금(전자)	5,000,000(종이발급)	500,000
		기 타	300,000	30,000
	영세	세 금(전자)		
		기 타		
매입	세금계산서 등		200,000	20,000
미달신고(납부)←신고 · 납부지연 가산세				510,000

1. 전자세금계산서 미발급(종이발급)	5,0000,000원×1%=50,000원
2. 신고불성실	510,000원×10%×(1-90%)=5,100원
	* 1개월 이내 수정신고시 90% 감면
3. 납부지연	510,000원×10일×2.2(가정)/10,000=1,122원
계	56,222원

4. 차가감납부할 세액 : 19,763,722원

실무수행 3. 결산

① 수동결산 및 자동결산

1. [일반전표입력] 12월 31일

　　(차) 116.미수수익　　　　　　　　375,000원　　(대) 901.이자수익　　　　　　　　375,000원

　　☞ 미수수익=30,000,000원×5%×3/12=375,000원

2. [결산자료입력]

　　(방법1)

　　- 기말 재고액 원재료 35,000,000원, 제품평가손실 2,000,000원, 제품 50,000,000원 입력 후 상
　　　단 툴바의 전표추가(F3) 를 클릭하여 결산분개 생성한다. → 합계잔액시산표 재고자산금액과 일치

　　(방법2)

　　- [일반전표입력] 12월 31일

　　　(차) 제품평가손실　　　　　　2,000,000원　　(대) 제품평가충당금(166)　　2,000,000원

　　- [결산자료입력]

　　　기말 재고액 원재료 35,000,000원, 제품 50,000,000원 입력 후 상단 툴바의 전표추가(F3) 를
　　　클릭하여 결산분개 생성한다.

3. [이익잉여금처분계산서] 메뉴

　　- 이익잉여금처분계산서에서 처분일을 입력한 후, 전표추가(F3) 를 클릭하여 손익대체 분개를 생성한다.

[실무수행평가] – 재무회계

번호	평가문제	배점	답
11	평가문제 [일/월계표 조회]	2	(5,020,000)원
12	평가문제 [일/월계표 조회]	3	(1,649,243)원
13	평가문제 [손익계산서 조회]	3	(2,395,000)원
14	평가문제 [재무상태표 조회]	2	(83,000,000)원
15	평가문제 [재무상태표 조회]	2	①
16	평가문제 [거래처원장 조회]	2	(13,200,000)원
17	평가문제 [전자세금계산서 발행 및 내역관리 조회]	2	(3)
18	평가문제 [부가가치세신고서 조회]	3	(34,130,000)원
19	평가문제 [부가가치세신고서 조회]	3	(50,000)원
20	평가문제 [부가가치세신고서 조회]	3	(56,222)원
재무회계 소계		25	

실무수행 4. 원천징수관리

① 주민등록표(등본) 및 급여명세서에 의한 사원등록 및 급여자료 입력

1. 사원등록(이상민)

	연말정산관계	기본	세대	부녀	장애	경로70세	출산입양	자녀	한부모	성명	주민(외국인)번호	가족관계
1	0.본인	본인	○							이상민	내 890902-1030721	
2	3.배우자	배우자								유지나	내 920927-2381048	02.배우자

2. 급여자료입력

- 수당등록

	코드	수당명	과세구분	근로소득유형	
1	101	기본급	과세	1.급여	
2	102	상여	과세	2.상여	
3	200	가족수당	과세	1.급여	
4	201	식대	비과세	2.식대	P01
5	202	자가운전보조금	비과세	3.자가운전	H03

- 공제등록

	코드	공제항목명	공제소득유형	급여
1	501	국민연금	0.무구분	○
2	502	건강보험	0.무구분	○
3	503	고용보험	0.무구분	○
4	504	장기요양보험료	0.무구분	○
5	505	학자금상환액	0.무구분	○
6	903	농특세	0.사용	○
7	600	기부금	3.기부금	○

- 급여자료입력(지급일 20x1년 2월 25일)

급여항목	지급액	공제항목	공제액
기본급	3,000,000	국민연금	135,000
가족수당	200,000	건강보험	106,350
식대	150,000	고용보험	28,800
자가운전보조금	200,000	장기요양보험료	13,620
		기부금	30,000
		소득세	73,960
		지방소득세	7,390
		농특세	

지급	등록	대출

지급/공제 조회구분 : 2.전체사원_현재 ▼

항 목	TX	금 액
기본급	과세	3,000,000
가족수당	과세	200,000
식대	비과	150,000
자가운전보조금	비과	200,000
과 세		3,200,000
비 과 세		350,000
감 면 소 득		0
지 급 액 계		3,550,000

☞ 소득세 등은 자동계산되어집니다.

② 이자/배당소득의 원천징수

[이자배당소득자료입력](지급년월 11월, 02201.황영환, 112.내국법인회사채 이자, 지급일자 11월 20)

● 기타 관리 항목

소득구분	계좌번호	과세구분	금융상품	조세특례등	유가증권표준코드	영수일자
112 내국법인 회사채의 이자와 할인액(소§16①2) [12]		T 일반과세	A29 [채권,증권-원화] 일반회사채	NN 조세특례 등을 적용받지 않고 원천징수한 경우	1048143125	20x1-11-20

● 소득 지급 내역

귀속월	지급일자	채권이자구분	이자지급대상기간	금액	세율	소득세	지방소득세	세액합계	이자율등
20x1-11	20x1-11	20 00 채권등의 이자지급기간 중 매입.매도 또는 채권등의	20x1-07-01 20x1-10-31	2,500,000	14.000%	350,000	35,000	385,000	5.00000

[실무수행평가] – 원천징수관리

번호	평가문제	배점	답
21	**[이상민 2월 귀속 급여자료 조회]** 비과세금액 = 식대(150,000) + 자가운전보조금(200,000)	2	(350,000)원
22	**[이상민 2월 귀속 급여자료 조회]** 공제총액	3	(395,120)원
23	**[11월 귀속 이자배당소득자료입력 조회]** 이자소득원천징수소득세	2	(350,000)원
24	**[11월 지급 이자배당소득자료입력 조회]** 이자의 차인지급액	3	(2,115,000)원
	원천징수 소계	10	

※ 22는 프로그램이 자동계산되어지므로 시점(세법변경, 프로그램 업데이트 등)마다 달라질 수가 있습니다.

실무수행 5. 법인세관리

① 수입금액조정명세서

1. [1.수입금액 조정계산]

1.수입금액 조정계산					
계정과목		③결산서상 수입금액	조 정		⑥조정후 수입금액 (③+④-⑤)
①항 목	②과 목		④가산	⑤차감	
1 매 출	제품매출	1,129,467,170			1,129,467,170
2 매 출	상품매출	360,900,000			360,900,000
3 영 업 외 수 익	잡이익	96,000,000			96,000,000

2. [2.수입금액 조정명세]

다. 기타 수입금액				
(23)구분	(24)근거법령	(25)수입금액	(26)대응원가	비고
1 시용매출		-17,000,000	-11,050,000	
2 상품권매출		-11,000,000		

3. [1.수입금액 조정계산]에 조정사항 반영

1.수입금액 조정계산					
계정과목		③결산서상 수입금액	조 정		⑥조정후 수입금액 (③+④-⑤)
①항 목	②과 목		④가산	⑤차감	
1 매 출	제품매출	1,129,467,170		17,000,000	1,112,467,170
2 매 출	상품매출	360,900,000		11,000,000	349,900,000
3 영 업 외 수 익	잡이익	96,000,000			96,000,000

4. [소득금액조정합계표 작성]

익금불산입	시용판매(구입의사 미표시분)	17,000,000원	유보발생
손금불산입	시용판매 매출원가(구입의사 미표시분)	11,050,000원	유보발생
익금불산입	상품권매출	11,000,000원	유보발생

[실무수행평가] - 법인세관리 1

번호	평가문제 [수입금액 조정명세서 조회]	배점	답
25	⑥조정후 수입금액 합계액	2	(1,558,367,170)원
26	익금불산입(유보발생) 금액	2	(28,000,000)원
27	손금불산입(유보발생) 금액	3	(11,050,000)원

② 대손충당금 및 대손금조정명세서

1. 전기 세무조정

　　(손금산입) 전기대손충당금한도초과액 2,400,000원 (유보감소)

2. [2.대손금조정]의 대손처리내역

						대손충당금			당기손금 계상액		
	22.일자	23.계정과목	24.채권내역	25.대손사유	26.금액	27.계	28.시인액	29.부인액	30.계	31.시인액	32.부인액
1	11-16	외상매출금	제품매출대금	자본잠식	4,500,000	4,500,000		4,500,000			
2	12-11	받을어음	제품매출대금	회생인가결정	6,000,000	5,500,000	5,500,000		500,000	500,000	

① 11월 16일 대손처리내역

(차) 대손충당금　　　　　　　　　4,500,000원　　(대) 외상매출금　　　　　　　　　4,500,000원

→ 자본잠식 상태로 인한 회수가능성이 낮은 것은 대손요건이 아니므로 부인액으로 처리한다.

② 12월 11일 대손처리내역

(차) 대손충당금　　　　　　　　　5,500,000원　　(대) 받을어음　　　　　　　　　6,000,000원
　　대손상각비　　　　　　　　　　500,000원

→ 법원의 **회생인가결정으로 인한 대손요건을 갖추었으므로 시인액**으로 처리한다.

3. [1.대손충당금조정(채권잔액)]에 설정채권 입력

	16.계정과목	17.채권잔액의 장부가액	18.기말현재 대손금 부인 누계액	19.합계 (17+18)	20.충당금 설정제외 채권	21.채권잔액 (19 - 20)
1	외상매출금	893,664,214	4,500,000	898,164,214		898,164,214
2	받을어음	66,284,010	3,900,000	70,184,010		70,184,010
	계	959,948,224	8,400,000	968,348,224		968,348,224

① 당기 대손처리한 **외상매출금 4,500,000원은 대손 요건을 충족하지 않았**으므로 대손금 부인 누계액에 가산한다.

② 전기 받을어음 3,900,000원은 **내년도 소멸시효가 완성되지 않았**으므로 대손금 부인 누계액에 가산한다.

4. [1.대손충당금조정(손금및익금산입조정)]에 대손충당금 조정입력

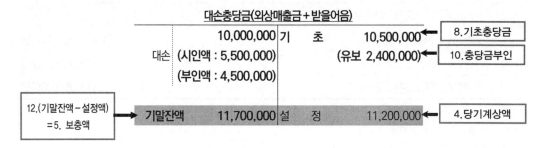

1. 대손충당금 조정 (손금 및 익금산입 조정) 　　　　　　　　설정률 수정

손금 산입액 조정	1. 채권잔액 (21의 금액)	2.설정률	3.한도액 (1 × 2)	4.당기계상액	5.보충액	6.계	7.한도초과액 (6-3)
	968,348,224	1 / 100	9,683,482	11,200,000	500,000	11,700,000	2,016,518

익금 산입액 조정	8.장부상 충당금 기초잔액	9.기중 충당금 환입액	10.충당금 부인 누계액	11.당기대손 상계액 (27의 금액)	12.당기설정 충당금 보충액	13.환입할금액 (8-9-10-11-12)	14.회사 환입액	15.과소환입 과다환입 (△)(13-14)
	10,500,000		2,400,000	10,000,000	500,000	-2,400,000		-2,400,000

5. [소득금액조정합계표]

손금산입	전기 대손충당금 손금추인	2,400,000원	유보감소
손금불산입	대손금 부인액(외상매출금)	4,500,000원	유보발생
손금불산입	대손충당금 한도초과	2,016,518원	유보발생

[실무수행평가] – 법인세관리 2

번호	평가문제 [대손충당금 및 대손금조정명세서 조회]	배점	답
28	7.한도초과액	3	(2,016,518)원
29	18.기말현재 대손금 부인 누계액 합계액	2	(8,400,000)원
30	손금산입 유보(감소) 금액	2	(2,400,000)원

③ 가지급금등의 인정이자조정(갑,을)

1. [2.이자율별 차입금 잔액계산]

① 국민은행(차입금)

No		일자	차입금	상환액	누적잔액	이자율(%)	잔액적수
1		20x1 01-01	50,000,000		50,000,000	6	3,000,000
2		20x1 08-31		10,000,000	40,000,000	6	2,400,000

② 신한은행(차입금)

No		일자	차입금	상환액	누적잔액	이자율(%)	잔액적수
1		20x1 01-19	160,000,000		160,000,000	4.5	7,200,000

2. [3.가지급금, 가수금적수계산] 대표이사 장호섭

(1) [가지급금(전체)] 대표이사 장호섭

No	월일	적 요	차변	대변	잔액	일수	적수	발생일자
1	02-22	대여	98,000,000		98,000,000	235	23,030,000,000	20x1-02-22
2	10-15	회수		23,000,000	75,000,000	78	5,850,000,000	20x1-10-15

(2) [가수금]

No	월일	적 요	차변	대변	잔액	일수	가수금적수
1	04-07	일시가수		5,000,000	5,000,000	269	1,345,000,000

(3) [4.가중평균차입이자]

　　① [4.가중평균차입이자] TAB에서 [전체인명 불러오기]를 클릭하여 [1.가지급금(전체)] 자료를 반영한다.

　　② 이자율에 커서를 두고 [F2]를 눌러 [적용(TAB)]을 하면 가중평균차입이자율이 자동 반영된다.

No	대여기간 발생년월일	대여기간 회수년월일	월일	적요	차변	대변	잔액	일수	가지급금적수	가수금적수	차감적수	이자율(%)	인정이자
1	20x1-02-22		02-22	대여	98,000,000		98,000,000	235	23,030,000,000	1,345,000,000	21,685,000,000	4.85714	2,885,673
2	20x1-02-22		10-15	회수		23,000,000	75,000,000	78	5,850,000,000		5,850,000,000	4.85714	778,473

3. [4.인정이자계산] 가중평균차입이자율

	당좌대출이자율에 의한 가지급금 등 인정이자 조정	가중평균차입이자율에 의한 가지급금등 인정이자 조정				시가인정범위		9.조정액(9=7) 7>=3억이거나 8>=5%인경우
1.성명	2.가지급금적수	3.가수금적수	4.차감적수(2-3)	5.인정이자	6.회사계상액	7.차액 (5-6)	8.비율(%) (7/5)+100	
장호섭	28,880,000,000	1,345,000,000	27,535,000,000	3,664,146		3,664,146	100.00000	3,664,146

4. [소득금액조정합계표]

익금산입	가지급금인정이자(대표이사)	3,664,146원	상여

[실무수행평가] - 법인세관리 3

번호	평가문제 [가지급금 등의 인정이자 조정명세서 조회]	배점	답
31	2.가지급금 적수 합계금액	2	(28,978,000,000)원
32	3.가수금 적수 합계금액	2	(1,345,000,000)원
33	익금산입(상여) 금액	3	(3,664,146)원

④ 선급비용명세서

1. 선급비용명세서

구분	거래내용	거래처	대상기간 시작일	대상기간 종료일	지급액	선급비용	회사 계상액	세무조정 대상금액
선급보험료	공장건물부험료	한화손해보험(주)	20x1.09.01	20x2.08.31	1,800,000	1,198.356	150,000	1,048,356
선급임차료	영업부 복합기 임차료	스마트사무기기	20x1.05.01	20x2.04.30	1,200,000	394,520	200,000	194,520

2. 소득금액조정합계표

손금불산입	공장건물 보험료 선급비용	1,048,356원	유보발생
손금불산입	영업부 복합기 임차료 선급비용	194,520원	유보발생
손금산입(주1)	전기분 보험료 선급비용	900,000원	유보감소

(주1) 선급기간이 **20x1.1.1.~20x2.12.31.**이므로 **1,800,000원×12개월/24개월**만큼 유보를 추인한다.

[실무수행평가] – 법인세관리 4

번호	평가문제 [선급비용명세서 조회]	배점	답
34	보험료의 세무조정 대상금액	3	(1,048,356)원
35	임차료의 세무조정 대상금액	2	(194,520)원
36	전기분 보험료의 세무조정대상금액	2	(900,000)원

5 기부금조정명세서

1. [기부금명세서]

	1.유형	코드	3.과 목	일자	5.적 요	6.법인명등	7.사업자번호	8.금액
1	특례	10	기부금	1 7	(특례)사립대학 연구비	보람대학교	215-83-12377	7,500,000
2	특례	10	기부금	6 15	(특례)불우이웃돕기성금	사회복지공동모금회	134-83-45467	5,780,000
3	기타	50	기부금	8 12	(일반)난민어린이 돕기성금	유니세프	102-83-98991	9,000,000
4	기타	50	기부금	10 6	대표이사 향우회 회비	충청 향우회	530215-181051	1,200,000
5	일반	40	기부금	12 22	(일반)장학재단기부금 지급	한국장학회	215-83-12358	3,000,000

※ 어음기부금의 귀속시기는 지출한 날(어음이 실제로 결제된 날)이므로 유형을 '기타'로 설정
※ 향우회 회비는 비지정기부금이므로 유형을 '기타'로 설정

2. [소득금액조정합계표]

손금불산입	어음기부금	9,000,000원	유보발생
손금불산입	향우회기부금	1,200,000원	상여

3. [기부금조정명세서]

① 소득금액 계산내역

소득금액 계산내역		
결산서상 당기순이익		339,321,576
세무조정 익금산입 +		78,382,385
손금산입 –		31,300,000
합병분할 등에 따른 자산양도차익 +		
합병분할 등에 따른 자산양도차손 +		
기부금 합계 금액 +		16,280,000
소 득 금 액 =		402,683,961

※ 익금산입 : **68,182,385원＋**기부금 손금불산입 **10,200,000원＝78,382,385원**

② 기부금조정명세서

1 기부금 명세서 **?**

3 1. 「법인세법」제24조제2항제1호 특례기부금 손금산입액 한도액 계산(코드 10)　　　　소득금액 계산 내역 조회 및 수정

1.소득금액계	2.이월결손금 합계액	3.법인세법 제24조제2항 제1호 기부금	4.한도액 {[(1-2)>0]+50%}	5.이월잔액 중 손금산입액 MIN[4,23]	6.당해연도지출액 손금산입액 MIN[(4-5)>0,3]	7.한도초과액 [(3-6)>0]	8.소득금액 차감잔액 [(1-2-5-6)>0]
402,683,961		13,280,000	201,341,980		13,280,000		389,403,961

4 2. 「조세특례제한법」제88조의4 우리사주조합에 지출하는 기부금 손금산입액 한도액 계산 (코드 42)

9.「조세특례제한법」제88조의4제13항에 따른 우리사주 기부금 해당금	10.한도액 (8)*30%	11.손금산입액 MIN(9,10)	12.한도초과액 [(9-10)>0]
	116,821,188		

5 3. 「법인세법」제24조제3항제1호에 따른 일반기부금 손금산입 한도액 계산(코드 40)

13.「법인세법」제24조제3항제1호 기부금	14.한도액 ((8-11)+10%)	15.이월잔액 중 손금산입액 MIN(14,23)	16.당해연도지출액 손금산입액 MIN[(14-15)>0, 13]	17.한도초과액 [(13-16)>0]
3,000,000	38,940,396	38,940,396		3,000,000

6 4. 기부금 한도초과액 총액

18.기부금 합계액(3+9+13)	19.손금산입합계(6+11+16)	20.한도초과액합계 (18-19) = (7+12+17)
16,280,000	13,280,000	3,000,000

2 7 5. 기부금 이월액 명세서

사업 연도	기부금종류	21.한도초과 손금불산입액	22.기공제액	23.공제가능 잔액 (21-22)	24.해당사업 연도 손금추인액	25.차기이월액 (23-24)
2021	「법인세법」제24조제3항제1호에 따른 일반기부금	50,000,000	10,000,000	40,000,000	38,940,396	1,059,604

4. 기부금한도초과액의 [법인세과세표준 및 세액조정계산서] 반영

① 각사업연도소득계산	101.결산서상당기순손익	01	339,321,576
	소득금액조정금액 102.익금산입	02	78,382,385
	103.손금산입	03	31,300,000
	104.차가감소득금액(101 + 102 - 103)	04	386,403,961
	105.기부금한도초과액	05	3,000,000
	106.기부금한도초과이월액 손금산입	54	38,940,396
	107.각사업연도소득금액 (104+105-106)	06	350,463,565

※ [기부금조정명세서] 상단의 저장 메뉴를 클릭하면 기부금한도초과액이 법인세과세표준 및 세액조정계산서의 [105.기부금한도초과액] 및 [106.기부금한도초과이월액손금산입]란에 자동반영된다.

[실무수행평가] – 법인세관리 5

번호	평가문제 [기부금 조정명세서 조회]	배점	답
37	1. 소득금액계	2	(402,683,961)원
38	손금불산입(상여)	2	(1,200,000)원
39	20.한도초과액 합계액	3	(3,000,000)원
	법인세관리 소계	35	

합격율	시험년월
31%	2023.6

실무이론평가

01. 다음 중 회계정보의 질적특성에 대한 설명으로 옳지 <u>않은</u> 것은?

① 표현의 충실성을 확보하기 위해서는 회계처리대상이 되는 거래나 사건의 형식보다는 그 경제적 실질에 따라 회계처리하고 보고하여야 한다.

② 회계정보가 신뢰성을 갖기 위해서는 객관적으로 검증가능하여야 한다.

③ 회계정보의 질적 특성은 일관성이 요구되므로 서로 상충될 수 없다.

④ 목적적합성이 있는 회계정보는 예측가치 또는 피드백가치를 가져야 한다.

02. 다음 자료를 토대로 현금및현금성자산을 계산하면 얼마인가?

• 현금	300,000원
• 단기대여금	600,000원
• 외상매출금	2,000,000원
• 양도성예금증서(취득당시 만기 3개월)	800,000원
• 자기앞수표	400,000원
• 우표	200,000원
• 당좌예금	600,000원

① 1,900,000원　　② 2,100,000원　　③ 2,300,000원　　④ 2,700,000원

03. 다음은 (주)한공의 20x1년 말 보유중인 상품에 대한 자료이다. 다음 자료를 토대로 매출원가에 포함될 재고자산감모손실과 재고자산평가손실의 합계액을 계산하면 얼마인가? (단, 재고자산감모손실은 정상적으로 발생하였다.)

• 장부수량	1,000개	• 실사수량	940개
• 단위당 취득원가	1,000원	• 단위당 순실현가능가치	850원

① 60,000원　　　　　　　　　　② 141,000원
③ 201,000원　　　　　　　　　　④ 220,000원

04. 다음은 (주)한공의 매출채권 관련 자료이다. 9월 10일자 회계처리로 옳은 것은?

- 대손충당금 기초잔액은 45,000원이다.
- 6월 30일 전기에 상각처리한 20,000원이 현금으로 회수되었다.
- 9월 10일 매출채권 150,000원이 회수불능으로 밝혀졌다.

가.	(차) 대손상각비	150,000원	(대) 매출채권	150,000원
나.	(차) 대손충당금	150,000원	(대) 매출채권	150,000원
다.	(차) 대손충당금	65,000원	(대) 매출채권	150,000원
	대손상각비	85,000원		
라.	(차) 대손충당금	45,000원	(대) 매출채권	150,000원
	대손상각비	105,000원		

① 가　　　　　　② 나　　　　　　③ 다　　　　　　④ 라

05. (주)한공의 회계담당자는 20x1년도 결산 과정에서 다음 사항과 관련한 회계처리(결산정리사항)가 누락되었음을 발견하였다. 이러한 회계처리 누락이 20x1년도 재무제표에 미치는 영향으로 옳은 것은?

- 5월 1일 소모품 100,000원을 구입하고 전액 비용 처리하였으나, 기말 현재 20,000원의 소모품이 남아 있다.
- 8월 1일 2년분 보험료 240,000원을 지급하면서 전액 선급보험료로 처리하였다.(월할계산)
- 12월 31일 당기 12월분 급여 300,000원을 지급하지 못함에 따라 회계처리를 하지 않았다.

① 비용 330,000원 과소계상,　자산　30,000원 과대계상
② 자본 330,000원 과소계상,　부채 300,000원 과소계상
③ 수익 330,000원 과대계상,　자산　30,000원 과소계상
④ 자산　30,000원 과대계상,　부채 300,000원 과대계상

06. 다음 자료를 토대로 (주)한공의 20x1년 제1기 확정신고기간의 부가가치세 과세표준을 계산하면 얼마인가?

거래일자	거래내용	공급가액(원)
4.24.	상품 외상 판매액	32,000,000
5.16.	대가의 일부로 받은 운송비와 운송보험료	5,000,000
6.11.	거래처에 무상으로 제공한 견본품(시가)	4,000,000
6.19.	대가의 지급지연으로 인해 받은 연체이자	4,500,000
6.29.	업무용 중고 승용차(2,000cc) 매각액	7,500,000

① 37,000,000원　　　　　　　　　② 39,000,000원

③ 44,500,000원　　　　　　　　　④ 48,500,000원

07. 다음의 자료를 토대로 대표자인 김한공씨의 20x1년도 사업소득금액을 계산하면 얼마인가?(단, 20x1년 중 부채의 합계가 자산의 합계액을 초과하지 않았고, 소득세비용은 고려하지 않는다.)

〈손익계산서 일부 항목〉
- 급여(김한공 씨의 급여 80,000,000원 포함)　　150,000,000원
- 사업용 자산 수선비　　25,000,000원
- 배당금 수익　　10,000,000원
- 이자비용(은행으로부터 사업용자금을 대출받음)　　5,000,000원
- 당기순이익　　30,000,000원

① 20,000,000원　　　　　　　　　② 25,000,000원

③ 100,000,000원　　　　　　　　　④ 110,000,000원

08. 다음 중 소득세법상 인적공제에 대한 설명으로 옳지 않은 것은?

① 한부모공제와 부녀자공제에 모두 해당되는 경우 한부모공제만 적용한다.

② 경로우대자공제를 받기 위한 최소한의 나이는 70세이다.

③ 기본공제대상 직계비속과 그 직계비속의 배우자가 모두 장애인인 경우, 그 직계비속의 배우자에 대하여 기본공제는 적용받지만 장애인공제는 적용받을 수 없다.

④ 기본공제대상 부양가족 중 거주자(그 배우자 포함)의 직계존속이 주거 형편에 따라 별거하고 있는 경우에는 생계를 같이 하는 것으로 본다.

09. 법인세법상 세무조정에 관한 설명 중 옳은 것은?

① 임원에게 지출한 복리후생비 해당액을 비용계상한 경우 별도의 세무조정이 필요없다.

② 업무와 관련하여 발생한 교통사고벌과금을 잡손실로 회계처리한 경우 별도의 세무조정이 필요없다.

③ 직원에게 급여지급기준을 초과하여 지급한 상여금을 비용계상한 경우 손금불산입의 세무조정이 필요하다.

④ 기업업무추진비(접대비)를 법인세법상의 한도액보다 과소계상하고 전년도에 기업업무추진 한도 초과액이 있는 경우 손금산입의 세무조정이 필요하다.

10. 다음은 (주)한공의 제10기(20x1.1.1.~20x1.12.31.) 사업연도의 당기순이익과 세무조정 자료이다. 이를 토대로 각 사업연도 소득금액을 계산하면 얼마인가?

가. 손익계산서상의 당기순이익	100,000,000원
나. 손익계산서에 반영된 내역	
– 법인세비용	10,000,000원
– 상각범위액을 초과하는 감가상각비	4,000,000원
– 단기매매증권 평가이익	8,000,000원
– 화폐성외화부채의 외환차익	2,000,000원
다. 특수관계있는 법인으로부터 시가 7,000,000원인 기계장치를 5,000,000원에 매입하고 실제 매입가액을 기계장치의 취득원가로 계상하였다.	

① 104,000,000원   ② 106,000,000원

③ 108,000,000원   ④ 112,000,000원

■■■■■ **실무수행평가**

(주)아모스산업(1630)은 기능성샴푸를 제조하여 판매하는 법인기업으로 회계기간은 제7기(20x1.1.1. ~ 20x1.12.31.)이다. 제시된 자료와 [자료설명]을 참고하여 [수행과제]를 완료하고 [평가문제]의 물음에 답하시오.

실무수행1 　거래자료 입력

실무프로세스자료이다. [자료설명]을 참고하여 [수행과제]를 수행하시오.

1 잉여금처분

이익잉여금처분계산서

20x0년 1월 1일부터 20x0년 12월 31일까지
처분확정일 : 20x1년 2월 28일

(단위 : 원)

과　　목	금　　　액	
Ⅰ. 미처분이익잉여금		460,000,000
1. 전기이월미처분이익잉여금	260,000,000	
2. 당기순이익	200,000,000	
Ⅱ. 임의적립금 등의 이입액		10,000,000
1. 감채적립금	10,000,000	
합　　　　계		470,000,000
Ⅲ. 이익잉여금처분액		(　　　　)
1. 이익준비금	(　　　)	
2. 배당금		
가. 현금배당	30,000,000	
나. 주식배당	15,000,000	
Ⅳ. 차기이월 미처분이익잉여금		(　　　)

자료설명	이익준비금의 적립액은 상법규정에 의한 최소금액을 적립한다. (단, 기초 이익준비금은 고려하지 않는다.)
수행과제	1. 처분확정일에 대한 회계처리를 입력하시오. 2. 전기분 이익잉여금처분계산서를 작성하시오.

② 리스회계

자료 1. 금융리스 계약서

(주)현대캐피탈리스와 (주)아모스산업은 다음과 같은 조건으로 금융리스 계약을 체결함.
1. 리스자산명 : 기계장치(화합물혼합기계), 취득원가 : 36,047,762원
2. 리스료총액 : 50,000,000원
3. 리스료지급조건 : 10,000,000원(년), 5회 분할 후불지급조건
4. 리스기간 : 5년
5. 이자율 : 12%
6. 계약체결일 : 20x1. 1. 1.

자료 2. 리스원리금 상환표

회차	일자	리스료	리스이자	원금상환액	금융리스미지급금
리스계약일	20x1. 1. 1.				36,047,762
1	20x1.12.31.	10,000,000	4,325,732	5,674,268	30,373,494
2	20x2.12.31.	10,000,000	3,644,819	6,355,181	24,018,313
3	2025.12.31.	10,000,000	2,882,198	7,117,802	16,900,511
4	2026.12.31.	10,000,000	2,028,061	7,971,939	8,928,572
5	2027.12.31.	10,000,000	1,071,428	8,928,572	–
합계		50,000,000			

자료 3. 전자세금계산서

전자세금계산서		(공급받는자 보관용)			승인번호		

공급자	등록번호	220-85-43992			공급받는자	등록번호	104-81-43125	
	상호	건율법무법인	성명(대표자)	공병기		상호	(주)아모스산업	성명(대표자)	이덕화
	사업장주소	서울특별시 강남구 테헤란로8길 33				사업장주소	서울특별시 서초구 서초대로 53	
	업태	서비스	종사업장번호			업태	제조업 외	종사업장번호
	종목	변호사				종목	기능성 샴푸외	
	E-Mail	kw24@bill36524.com				E-Mail	amos@bill36524.com	

작성일자	20x1.1.1.	공급가액	2,000,000	세 액	200,000
비고					

월	일	품목명	규격	수량	단가	공급가액	세액	비고
1	1	법률검토용역				2,000,000	200,000	

합계금액	현금	수표	어음	외상미수금	이 금액을	◉ 영수	함
2,200,000						○ 청구	

자료 4. 보통예금(국민은행) 거래내역

번호	거래일	내용	찾으신금액	맡기신금액	잔액	거래점
		계좌번호 888-02-147555 (주)아모스산업				
1	20x1-01-01	법률검토용역비	2,200,000		***	***

자료설명	1. 자료 1은 금융리스 계약내용이며, 자료 2는 리스원리금 상환표이다. 2. 자료 3은 기계장치 취득의 리스계약체결을 위하여 법률용역을 공급받고 수취한 매입세금계산서이며, 자료 4는 해당 금액을 국민은행 보통예금에서 이체한 내역이다.
수행과제	1. 자료 1과 2를 참고하여 1월 1일 기계장치 취득내역을 일반전표에 입력하시오. (회사는 금융리스부채에 대하여 '금융리스차입금'계정을 사용하고 있다.) 2. 자료 3과 4를 참고하여 전자세금계산서 수취내역을 매입매출전표에 입력하시오. (전자세금계산서 거래는 '전자입력'으로 입력할 것.)

실무수행2 부가가치세관리

부가가치세 신고 관련 자료이다. [자료설명]을 참고하여 [수행과제]를 수행하시오.

① 수정전자세금계산서의 발행

전자세금계산서				(공급자 보관용)		승인번호		
공급자	등록번호	104-81-43125			공급받는자	등록번호	203-82-30206	
	상호	(주)아모스산업	성명(대표자)	이덕화		상호	(주)애경산업	성명(대표자) 김상민
	사업장주소	서울특별시 서초구 서초대로 53				사업장주소	서울특별시 마포구 양화로 188	
	업태	제조업외	종사업장번호			업태	제조업외	종사업장번호
	종목	기능성 샴푸외				종목	생활용품	
	E-Mail	amos@bill36524.com				E-Mail	aekyung@bill36524.com	
작성일자	20x1.2.3.		공급가액	10,000,000		세액	1,000,000	
비고								

월	일	품목명	규격	수량	단가	공급가액	세액	비고
2	3	계약금				10,000,000	1,000,000	

합계금액	현금	수표	어음	외상미수금	이 금액을	⦿ 영수 ○ 청구	함
11,000,000	11,000,000						

자료설명	1. 위 전자세금계산서는 계약금 10%를 수령하면서 발급한 전자세금계산서이며, 거래자료는 입력되어 있다. 2. 2월 20일 (주)애경산업이 구매취소 의사를 통보하여 계약을 해제하기로 합의하고 관련된 수정전자세금계산서를 발급하기로 하였다. 3. 수령한 계약금은 계약해제일에 현금으로 지급하였다.
수행과제	수정사유를 선택하여 전자세금계산서 발행 및 내역관리 메뉴에서 발급 및 전송하시오. (전자세금계산서 발급 시 결제내역 입력 및 전송일자는 무시할 것.)

② 기한후 신고

자료 1. 매출(제품)전자세금계산서 발급 목록

					매출전자세금계산서 목록				
번호	작성일자	승인 번호	발급일자	전송일자	상호	공급가액	세액	전자세금 계산서종류	이하 생략
1	20x11212	생략	20x20115	20x20116	(주)모아모아	20,000,000	2,000,000	일반	
2	20x11215	생략	20x20115	20x20116	(주)강남미인	15,000,000	0	영세율	

자료 2. 매입(승용차)전자세금계산서 수취 목록

					매입전자세금계산서 목록				
번호	작성일자	승인 번호	발급일자	전송일자	상호	공급가액	세액	전자세금 계산서종류	이하 생략
1	20x11216	생략	20x20110	20x20111	(주)현대자동차	21,000,000	2,100,000	일반	

자료설명	1. 자료 1 ~ 2는 20x1년 제2기 과세기간 최종 3개월(20x1.10.1.~20x1.12.31.)의 매출과 매입자료이다. 2. 제2기 부가가치세 확정신고를 기한내에 하지 못하여 20x2년 2월 9일에 기한 후 신고 납부하려고 한다. 3. 20x1년 제2기 예정신고는 적법하게 신고하였다. 4. 자료 2의 승용차(1,600cc)는 관리부에서 사용할 목적으로 취득하였다. 5. 신고불성실가산세는 일반무신고에 의한 가산세율을 적용하며, 미납일수는 15일, 1일 2.2/10,000로 한다.
수행과제	1. 자료 1 ~ 2까지 작성일자로 거래자료를 입력하시오.(제시된 거래는 모두 외상이며, 전자세금계산서 거래분은 '전자입력'으로 처리할 것.) 2. 가산세를 적용하여 제2기 부가가치세 확정신고서를 작성하시오. (과세표준명세의 '신고구분'과 '신고년월일'을 기재할 것.)

실무수행3 결산

[결산자료]를 참고로 결산을 수행하시오.(단, 제시된 자료 이외의 자료는 없다고 가정함.)

① 수동결산 및 자동결산

자료설명	1. 결산일 현재 손상징후가 있다고 판단되는 건물의 장부금액은 237,000,000원이다. 해당 건물의 손상여부를 검토한 결과 건물의 사용가치는 200,000,000원이고 처분가치는 120,000,000원으로 판단되어 손상차손을 인식하기로 하였다. (943.유형자산손상차손 계정으로 회계처리하며, 당기 감가상각비는 고려하지 말 것.) 2. 재고자산 실사내역 재고자산 표 ※ 당사는 저가법으로 재고자산을 평가하고 있다. 3. 이익잉여금처분계산서 처분확정(예정)일 　–당기 : 20x2년 2월 28일 　–전기 : 20x1년 2월 28일
수행과제	결산을 완료하고 이익잉여금처분계산서에서 손익대체분개를 하시오. (단, 이익잉여금처분내역은 없는 것으로 하고 미처분이익잉여금 전액을 이월이익잉여금으로 이월하기로 한다.)

재고자산 실사내역

구 분	내역		
	단위당 취득원가	단위당 현행대체원가	수량
원재료	400,000원	420,000원	40개

	평가문제	입력자료 및 회계정보를 조회하여 [평가문제]의 답안을 입력하시오.(70점)

[실무수행평가] - 재무회계

번호	평가문제	배점
11	**평가문제 [손익계산서 조회]** 당기에 발생한 영업외비용은 얼마인가?	2
12	**평가문제 [재무상태표 조회]** 기말 재고자산 잔액은 얼마인가?	3
13	**평가문제 [재무상태표 조회]** 12월말 기계장치 장부금액은 얼마인가?	3
14	**평가문제 [재무상태표 조회]** 12월말 선수금 잔액은 얼마인가?	2
15	**평가문제 [재무상태표 조회]** 12월 말 이익준비금 잔액은 얼마인가?	2
16	**평가문제 [재무상태표 조회]** 12월 31일 현재 이월이익잉여금(미처분이익잉여금) 잔액은 얼마인가? ① 425,181,950원 ② 528,762,580원 ③ 624,158,190원 ④ 685,195,364원	2
17	**평가문제 [전자세금계산서 발행 및 내역관리 조회]** 2월 20일자 수정세금계산서의 수정사유를 코드번호로 입력하시오.	2
18	**평가문제 [부가가치세신고서 조회]** 제2기 확정 신고기간 부가가치세 기한후신고서의 과세표준 합계(9란) 금액은 얼마인가?	3
19	**평가문제 [부가가치세신고서 조회]** 제2기 확정 신고기간 부가가치세 기한후신고서의 고정자산매입(11란) 세액은 얼마인가?	3
20	**평가문제 [부가가치세신고서 조회]** 제2기 확정 신고기간 부가가치세 기한후신고서의 가산세액(26란) 합계금액은 얼마인가?	3
	재무회계 소계	25

실무수행4 원천징수관리

인사급여 관련 자료이다. [자료설명]을 참고하여 [수행과제]를 수행하시오.

① 중도퇴사자의 원천징수

자료 1. 11월 급여자료

수당항목		
기본급	직책수당	근속수당
4,000,000원	250,000원	40,000원

공제항목						
국민연금	건강보험	고용보험	장기요양보험	건강보험료 정산	장기요양 보험료 정산	고용보험료 정산
180,000원	141,800원	38,610원	18,160원	47,080원	20,240원	32,000원

자료 2. IRP(개인퇴직연금) 계좌자료

연금계좌 입금내역				
연금계좌 취급자	사업자등록번호	계좌번호	입금일	계좌입금금액
(주)국민은행	218-81-45679	080-45-779	20x1.11.30.	16,000,000원

자료설명	관리부 김민재 과장의 급여자료이다. 1. 급여지급일은 매월 25일이다. 2. 김민재 과장은 20x1년 11월 30일에 퇴직하였다. 3. 퇴직금 16,000,000원은 김민재 과장의 IRP(개인퇴직연금) 계좌로 이체하였다. (퇴직급여 지급일자 : 11월 30일)

수행과제	1. [사원등록] 메뉴를 수정 입력하시오.
	2. [급여자료입력]에서 김민재 과장의 11월 급여자료를 추가 입력하고 [중도퇴사자정산] 기능키를 이용하여 퇴사자의 중도정산을 완료하시오.
	  (구분 : '1.급여'로 할 것.)
	3. [퇴직소득자료입력]에서 퇴직급여 및 IRP계좌를 입력하고 퇴직소득세를 산출하시오.
	  (본인 의사에 의한 자발적 퇴직에 해당함.)
	4. 급여자료 및 퇴직소득 자료를 이용하여 20x1년 11월 귀속분 [원천징수이행상황신고서]를 작성하시오.(전월 미환급세액 81,400원 있음.)

② 기타소득의 원천징수

자료. 기타소득자 관련정보

코드	00001	지급총액	3,000,000원
소득자성명	신지영		
주민등록번호	930812 - 2222225	귀속년월 / 지급년월일	20x1년 10월 / 20x1년 10월 20일
소득의 종류	상금 및 부상	주소	경기도 수원시 팔달구 매산로 1 - 8 (매산로1가)

자료설명	당사 신제품 개발과 관련된 브랜드 공모전 수상자에게 상금을 지급하였다.
수행과제	1. [기타소득자입력]에서 소득자를 등록하시오. 2. [기타소득자료입력]에서 소득지급내역을 입력하고 소득세를 산출하시오.

[실무수행평가] - 원천징수관리

번호	평가문제	배점
21	**평가문제 [김민재 11월 급여자료 조회]** 11월 급여에 대한 차인지급액은 얼마인가?	3
22	**평가문제 [11월(귀속, 지급) 원천징수이행상황신고서 조회]** '10.소득세 등' 총 합계 금액은 얼마인가?	4
23	**평가문제 [10월 기타소득자료입력 조회]** 신지영의 상금 지급 시 당사가 원천징수해야 할 총액은 얼마인가?	3
	원천징수 소계	10

실무수행5 | 법인세관리 🖐️ 회사변경 확인할 것

(주)타임산업(1631)은 중소기업으로 사업연도는 제24기(20x1.1.1. ~ 20x1.12.31.)이다. 입력된 자료와 세무조정 참고자료에 의하여 법인세무조정을 수행하시오.

① 조정후 수입금액명세서

세무조정 참고자료	1. 수입금액에 대한 업종 상세내역이다.					

1. 수입금액에 대한 업종 상세내역이다.

구분	업태	종 목	기준경비율코드	비 고
제품매출	제조업	기타 운동 및 경기용구 제조업	369302	
상품매출	도매 및 소매업	운동 및 경기용품 도매업	513941	

2. 제품매출 963,844,249원 중 74,500,000원은 해외수출분이고 나머지는 내수(국내생산품)분이며, 상품매출은 전액 내수(국내생산품)분이다.

3. 수입금액과의 차액내역

코드	구분(내용)	금액	비 고
23	개인적공급	6,900,000원	
25	유형자산매각	9,000,000원	
30	거래시기차이감액	10,000,000원	공급시기 전에 선수금 수령 시 전자세금계산서 발급분

수행과제	조정후 수입금액명세서를 작성하시오. 1. [업종별 수입금액 명세서]에 업종별 수입금액을 반영하시오. 2. [수입금액과의 차액내역]에 차액내역을 반영하시오.

[실무수행평가] – 법인세관리 1

번호	평가문제 [조정후 수입금액명세서 조회]	배점
24	제품매출(369302) ⑤국내생산품 수입금액은 얼마인가?	2
25	상품매출(513941) ⑤국내생산품 수입금액은 얼마인가?	2
26	[수입금액과의 차액내역]에서 차액계(50) 금액은 얼마인가?	3

② 기업업무추진비(접대비)등조정명세서(갑,을)

세무조정 참고자료	1. 수입금액에는 특수관계인과의 거래금액 38,000,000원이 포함되어 있다. 2. 접대비 계정금액 및 기업업무추진비 중 신용카드 등 사용금액은 기장된 자료에 의해 자동반영한다. 3. 접대비(판) 중 문화기업업무추진비는 적요번호 8번 문화 기업업무추진비(신용카드사용)로 기장되어 있다. 4. 접대비(판) 계상액 중에는 증빙불비 사용분 880,000원이 포함되어 있다. 5. 타계정 기업업무추진비 해당액 　－광고선전비(판) 13,900,000원 중 기업업무추진비 해당금액 7,600,000원(법인 신용카드사용분)이 포함되어 있다. 6. 기업업무추진비(광고선전비 포함)는 모두 건당 3만원(경조사비 20만원)을 초과한다.
수행과제	기업업무추진비(접대비)등조정명세서(갑, 을)을 작성하시오. 1. [기업업무추진비조정명세서(을)] [경조사비등 설정]에서 적요번호를 입력하여 문화기업업무추진비가 자동반영되도록 하시오. 2. [기업업무추진비조정명세서(을)]를 작성하시오. 3. [기업업무추진비조정명세서(갑)]을 작성하시오. 4. [소득금액조정합계표]에 세무조정사항을 반영하시오.

[실무수행평가] – 법인세관리 2

번호	평가문제 [기업업무추진비조정명세서 조회]	배점
27	기업업무추진비조정명세서(을)의 '15.신용카드 등 미사용' 금액은 얼마인가?	2
28	기업업무추진비조정명세서(갑)의 '9.문화기업업무추진비(접대비) 지출액'은 얼마인가?	2
29	기업업무추진비조정명세서(갑)의 '12.한도초과액'은 얼마인가?	3

③ 퇴직급여충당금조정명세서

자료 1. 전기 자본금과 적립금 조정명세서(을) 내역

[별지 제50호 서식(을)]					(앞 쪽)
사업 연도	20x0.01.01. ~ 20x0.12.31.	자본금과 적립금조정명세서(을)		법인명	(주)타임산업
세무조정유보소득계산					
① 과목 또는 사항	② 기초잔액	당 기 중 증감		⑤ 기말잔액 (익기초현재)	비고
		③ 감 소	④ 증 가		
퇴직급여충당부채	27,000,000	5,000,000	30,000,000	52,000,000	

자료 2. 급여지급 내역

계정과목	총 인원수	1년 미만 근속 인원수	1년 미만 근속자 총급여액
801.급여	3명	1명	7,000,000원
504.임금	6명	1명	27,000,000원

세무조정 참고자료	1. 총급여액은 관련된 계정과목을 참고한다. 2. 1년 미만 근속자에 대한 급여액 자료는 자료 2와 같으며, 퇴직급여 지급규정에 따라 1년미만 근속자는 퇴직급여 지급대상에 포함되지 않는다. 3. 일시퇴직시 퇴직급여추계액은 70,080,000원, 「근로자퇴직급여 보장법」에 따른 퇴직 급여추계액은 69,300,000원이다. 4. 퇴직급여충당부채계정 및 전기분 자본금과 적립금 조정명세서(을)를 참고한다.
수행과제	퇴직급여충당금조정명세서를 작성하시오. 1. [2.총급여액 및 퇴직급여추계액 명세]에 해당 금액을 반영하시오. 2. 전기분 자본금과 적립금 조정명세서(을)와 기장 자료를 조회하여 [1.퇴직급여충당금조 정]에 해당 금액을 반영하시오. 3. 소득금액조정합계표에 세무조정사항을 반영하시오.

[실무수행평가] – 법인세관리 3

번호	평가문제 [퇴직급여충당금조정명세서 조회]	배점
30	'8.기중 퇴직금 지급액'은 얼마인가?	2
31	문제 [3]과 관련된 세무조정 대상 중 손금산입할 총금액은 얼마인가?	2
32	문제 [3]과 관련된 세무조정 대상 중 손금불산입할 금액은 얼마인가?	3

4 외화자산 등 평가차손익조정(갑,을)

자료 1. 전기 자본금과 적립금 조정명세서(을) 내역

[별지 제50호 서식(을)]   (앞 쪽)

사업 연도	20x0.01.01. ~ 20x0.12.31.	자본금과 적립금조정명세서(을)		법인명	(주)타임산업	
세무조정유보소득계산						
① 과목 또는 사항	② 기초잔액	당 기 중 증감		⑤ 기말잔액 (익기초현재)	비고	
		③ 감 소	④ 증 가			
외화환산이익 (외상매입금)			−3,900,000	−3,900,000		
중략						

자료 2. 외화자산 및 부채 내역

분류	계정과목	외화금액	발생시 환율	회사적용 환율	당기말 장부금액	당기말현재 매매기준율
자산	외상매출금	US$12,000	1,250원/US$	1,150원/US$	13,800,000원	1,100원/US$
부채	외상매입금	US$13,000	1,200원/US$	1,150원/US$	14,950,000원	1,100원/US$

세무조정 참고자료	1. 회사는 외화자산과 부채를 기말 매매기준율로 평가하는 것으로 관할 세무서에 신고하였다. 2. 전기말 현재 자본금과 적립금조정명세서(을)에 기재된 외환환산손익 유보는 전기말 현재 외화 외상매입금에서 발생한 것으로 해당 외화 외상매입금은 20x1년 중 모두 지급되었다. 3. 회사는 결산시 사업연도 평균환율을 적용하여 화폐성외화자산·부채를 평가하였고, 이에 따라 외화평가차손익을 인식하였다.
수행과제	외화자산 등 평가차손익조정(갑,을)을 작성하시오. 1. 외화자산 및 부채에 대한 자료를 외화자산 등 평가차손익조정(갑,을)에 반영하시오. 2. 소득금액조정합계표에 해당 과목별로 세무조정사항을 반영하시오.

[실무수행평가] – 법인세관리 4

번호	평가문제 [외화자산 등 평가손익조정(갑,을) 조회]	배점
33	문제 [4]와 관련된 세무조정 대상 중 익금산입(유보감소)으로 소득금액조정합계표에 반영할 총 금액은 얼마인가?	3
34	문제 [4]와 관련된 세무조정 대상 중 손금산입(유보발생)으로 소득금액조정합계표에 반영할 총 금액은 얼마인가?	2
35	문제 [4]와 관련된 세무조정 대상 중 익금산입(유보발생)으로 소득금액조정합계표에 반영할 총 금액은 얼마인가?	2

⑤ 연구 및 인력개발비 발생명세서

자료 1. 일반연구개발비 지출내역

계정과목	인건비(1인)	재료비(13건)	위탁연구개발비(1건)
경상연구개발비 (판매비와관리비)	36,000,000원	49,000,000원	23,000,000원

자료 2. 직전연도 지출한 일반연구 및 인력개발비 내역

사업연도	연구 및 인력개발비
4년전	48,000,000원
3년전	87,000,000원
2년전	30,000,000원
전기	69,000,000원

세무조정 참고자료	회사의 일반연구 및 인력개발비 자료이다. 제시된 자료를 이용하여 연구 및 인력개발비 세액공제를 신청하려고 한다. 1. 연구 및 인력개발비 세액은 당기에 전액공제 받는다. 2. 세부담 최소화를 가정한다. 3. 공제신청일은 20x2년 3월 31일이다. 4. 전기 이월된 연구 및 인력개발비 세액공제 금액은 없다.
수행과제	연구 및 인력개발비 발생명세서를 작성하시오. 1. [연구 및 인력개발비 발생명세서]를 작성하시오. 2. [세액공제조정명세서(3)] 메뉴의 [1.공제세액계산] 및 [2.당기공제세액 및 이월액 계산]에 당기공제세액을 반영하시오. 3. [공제감면세액합계표(갑,을)]에 공제세액을 반영하시오.

[실무수행평가] – 법인세관리 5

번호	평가문제	배점
36	**[연구 및 인력개발비 발생명세서 조회]** 해당연도의 연구 및 인력개발비 발생명세서에서 '11.총계'는 얼마인가?	2
37	**[연구 및 인력개발비 발생명세서 조회]** 연구 및 인력개발비의 증가발생액의 계산에서 '21.증가발생액'은 얼마인가?	2
38	**[공제감면세액 합계표(갑,을)]** (143)일반 연구·인력개발비 세액공제(최저한세 적용제외)는 얼마인가?	3
	법인세관리 소계	35

실무이론평가

1	2	3	4	5	6	7	8	9	10
③	②	③	③	①	③	③	③	①	②

01 <u>회계정보의 질적 특성은 서로 상충</u>될 수 있다.

02 현금성자산 = 현금(300,000) + 자기앞수표(400,000) + 당좌예금(600,000)
  + 양도성예금증서(취득당시 만기 3개월)(800,000) = 2,100,000원

03 재고자산감모손실 = 감모수량(1,000개 − 940개) × 취득원가(1,000) = 60,000원
재고자산평가손실 = 실사수량(940) × 단가하락(1,000 − 850) = 141,000원
매출원가에 포함될 재고자산감모손실과 정상재고자산평가손실의 합계액은 201,000원이다

04

대손충당금

대손(9.10)	65,000	기초	45,000
		회수(6.30)	20,000
기말		대손상각비(설정)	
계		계	

〈9월 10일〉 대손충당금을 우선 상계(65,000)하고, 미상계분은 대손상각비(85,000)로 처리한다.

05 수정분개 (차) 소모품   20,000원   (대) 소모품비   20,000원
    (차) 보험료   50,000원   (대) 선급보험료   50,000원
    (차) 급 여   300,000원   (대) 미지급급여   300,000원

비용 330,000원 과소계상, 자산 30,000원 과대계상, 부채 300,000원 과소계상, 자본 330,000원 과대계상, <u>수익과는 무관하다.</u>

06 과세표준 = 상품판매(32,000,000) + 대가일부(5,000,000) + 승용차매각(7,500,000) = 44,500,000원
거래처에 무상으로 제공한 견본품과 대가의 지급지연으로 인해 받은 연체이자는 과세표준에 포함하지 아니한다.

07 사업소득금액 = 당기순이익(30,000,000) + 대표자급여(80,000,000) − 배당금수익(10,000,000)
    = 100,000,000원

08 <u>직계비속 및 직계비속의 배우자가 모두 장애인</u>인 경우 그 <u>배우자에 대하여 기본공제 및 추가공제가 모두 적용</u>된다.

09 ② 교통사고벌과금은 손금불산입항목이므로 손금불산입의 세무조정이 필요하다.

③ 직원에게 급여지급기준을 초과하여 지급한 상여금은 손금 인정되므로 세무조정이 필요없다.

④ 기업업무추진비(접대비)를 세법상의 한도액보다 **과소계상한 경우 세무조정이 필요없다.**

10 화폐성외화부채의 외환차익을 수익으로 계상한 경우 별도의 세무조정은 필요없다.

특수관계있는 법인으로부터 기계장치를 저가매입하고 실제 매입가액으로 취득원가를 계상한 경우 별도의 세무조정은 필요없다.

각 사업연도 소득금액 = 당기순이익(100,000,000) + 법인세비용(10,000,000) + 상각범위초과액

(4,000,000) - 단기매매증권평가익(8,000,000) = 106,000,000원

■■■■■ 실무수행평가

실무수행 1. 거래자료 입력

① 잉여금처분

1. [일반전표입력] 2월 28일

(차) 이월이익잉여금	38,000,000원	(대) 미지급배당금	30,000,000원
감채적립금	10,000,000원	미교부주식배당금	15,000,000원
		이익준비금	3,000,000원

2. [전기분 이익잉여금처분계산서](처분확정일자 20x1 - 02 - 28)

과목	계정코드 및 과목명		금액	
Ⅰ. 미처분이익잉여금				460,000,000
1. 전기이월미처분이익잉여금			260,000,000	
2. 회계변경의 누적효과	369	회 계 변 경 의 누 적 효 과		
3. 전기오류수정이익	370	전 기 오 류 수 정 이 익		
4. 전기오류수정손실	371	전 기 오 류 수 정 손 실		
5. 중간배당금	372	중 간 배 당 금		
6. 당기순이익			200,000,000	
Ⅱ. 임의적립금 등의 이입액				10,000,000
1. 감채적립금	357	감 채 적 립 금	10,000,000	
2.				
합 계				470,000,000
Ⅲ. 이익잉여금처분액				48,000,000
1. 이익준비금	351	이 익 준 비 금	3,000,000	
2. 기업합리화적립금	352	기 업 합 리 화 적 립 금		
3. 배당금			45,000,000	
가. 현금배당	265	미 지 급 배 당 금	30,000,000	
나. 주식배당	387	미 교 부 주 식 배 당 금	15,000,000	
4. 사업확장적립금	356	사 업 확 장 적 립 금		
5. 감채 적립금	357	감 채 적 립 금		
6. 배당평균적립금	358	배 당 평 균 적 립 금		
Ⅳ. 차기이월 미처분이익잉여금				422,000,000

② 리스회계

1. [일반전표입력] 1월 1일

| (차) 기계장치 | 36,047,762원 | (대) 금융리스차입금 | 36,047,762원 |
| | | ((주)현대캐피탈리스) | |

2. [매입매출전표입력] 1월 1일

거래유형	품명	공급가액	부가세	거래처	전자세금
51.과세	법률검토용역	2,000,000	200,000	건율법무법인	전자입력
분개유형	(차) 기계장치	2,000,000원	(대) 보통예금		2,200,000원
3.혼합	부가세대급금	200,000원		(국민은행)	

실무수행 2. 부가가치세관리

① 수정전자세금계산서의 발행

1. [수정세금계산서 발급]

① [매입매출전표 입력] 2월 3일 전표 선택 → [수정세금계산서] 클릭 → [수정사유] 화면에서 [4. 계약의 해제, 당초(세금)계산서 작성일 : 20x1년 2월 3일] 선택 후 [확인(Tab)]을 클릭

② [수정세금계산서(매출)] 화면에서 수정분 [작성일 2월 20일], [공급가액 - 10,000,000원], [세액 - 1,000,000원] 자동반영 후 [확인(Tab)] 클릭

구분	년	월	일	유형	품명	수량	단가	공급가액	부가세	합계	코드	거래처명	사업.주민번호
당초분	20×1	02	03	과세	계약금			10,000,000	1,000,000	11,000,000	04900	(주)애경산업	203-82-30206
수정분	20×1	02	20	과세	계약금			-10,000,000	-1,000,000	-11,000,000	04900	(주)애경산업	203-82-30206

수정입력사유 4 계약의 해제 당초(세금)계산서작성 20×1-02-03

③ [매입매출전표입력] 2월 20일

거래유형	품명	공급가액	부가세	거래처	전자세금
11. 과세	계약금	- 10,000,000	- 1,000,000	(주)애경산업	전자발행
분개유형	(차) 101.현금	- 11,000,000원	(대) 선수금		- 10,000,000원
1.현금(혼합)			부가세예수금		- 1,000,000원

2. [전자세금계산서 발행 및 내역관리] 기출문제 78회 참고

② 기한후 신고

1. [매입매출전표입력]

 - 12월 12일

거래유형	품명		공급가액	부가세	거래처	전자세금
11.과세	제품		20,000,000	2,000,000	(주)모아모아	전자입력
분개유형	(차)	외상매출금	22,000,000원	(대)	제품매출	20,000,000원
2.외상					부가세예수금	2,000,000원

 - 12월 15일

거래유형	품명		공급가액	부가세	거래처	전자세금
12.영세	제품		15,000,000	–	(주)강남미인	전자입력
분개유형	(차)	외상매출금	15,000,000원	(대)	제품매출	15,000,000원
2.외상						

 - 12월 16일

거래유형	품명		공급가액	부가세	거래처	전자세금
54.불공	승용차		21,000,000	2,100,000	(주)현대자동차	전자입력
불공제사유	3. 비영업용 소형승용차 구입 및 유지					
분개유형	(차)	차량운반구	23,100,000원	(대)	미지급금	23,100,000원
3.혼합						

2. [부가가치세신고서] 10월 1일 ~ 12월 31일

 (1) 20x1년 제2기 기한후 부가가치세신고서

	구 분		금액	세율	세액
과세표준및매출세액	과세	세금계산서발급분	1	20,000,000	10/100	2,000,000
		매입자발행세금계산서	2		10/100	
		신용카드·현금영수증	3		10/100	
		기타	4		10/100	
	영세	세금계산서발급분	5	15,000,000	0/100	
		기타	6		0/100	
	예정신고누락분		7			
	대손세액가감		8			
	합계		9	35,000,000	㉮	2,000,000
매입세액	세금계산서 수취부분	일반매입	10			
		수출기업수입분납부유예	10-1			
		고정자산매입	11	21,000,000		2,100,000
	예정신고누락분		12			
	매입자발행세금계산서		13			
	그밖의공제매입세액		14			
	합계 (10-(10-1)+11+12+13+14)		15	21,000,000		2,100,000
	공제받지못할매입세액		16	21,000,000		2,100,000
	차감계 (15-16)		17		㉯	
납부(환급)세액 (㉮매출세액-㉯매입세액)					㉰	2,000,000

 (2) 과세표준명세

화면상단의 과표(F7) 를 클릭하여 '신고구분'에서 '4.기한후과세표준'을 선택하고, '신고년월일'에 '20x2 -02-09'을 기입 후 확인 을 클릭하면 부가가치세신고서에 '기한후신고'가 표시된다.

259

3. 가산세명세

- 세금계산서 발급시기

공급시기	발급기한	지연발급(1%)	미발급(2%)
12/12, 12/15	~익년도 01.10	익년도 1.11~익년도 1.25	익년도 1.25까지 미발급

구 분			공급가액	세액
매출	과세	세 금(전자)	20,000,000(지연발급)	2,000,000
		기 타		
	영세	세 금(전자)	15,000,000(지연발급)	
		기 타		
매입	세금계산서 등			
미달신고(납부)←신고 · 납부지연 가산세				2,000,000

1. 전자세금계산서 지연발급	35,0000,000원×1%=350,000원
2. 신고불성실	**2,000,000원×20%×(1−50%)=200,000원** *** 1개월 이내 기한후신고시 50% 감면**
3. 영세율과세표준 신고불성실	15,000,000원×0.5%×(1−50%)=37,500원 *** 1개월 이내 기한후신고시 50% 감면**
4. 납부지연	**2,000,000원×15일×2.2(가정)/10,000=6,600원**
계	594,100원

실무수행 3. 결산

① 수동결산 및 자동결산

1. [일반전표입력] 12월 31일

   (차) 유형자산손상차손   37,000,000원   (대) 손상차손누계액(222)   37,000,000원

   ☞ 회수가능액=Max(사용가치 200,000,000원, 처분가치 120,000,000원)=200,000,000원
   손상차손=장부가액(237,000,000) − 회수가능액(200,000,000)=37,000,000원

2. [결산자료입력]

   - 결산자료입력 메뉴에 원재료는 취득원가 16,000,000원 입력 후 상단 툴바의 [전표추가(F3)]를 클릭하여 결산분개 생성한다.

3. [이익잉여금처분계산서] 메뉴

   - 이익잉여금처분계산서에서 처분일을 입력한 후, [전표추가(F3)]를 클릭하여 손익대체 분개를 생성한다.

[실무수행평가] – 재무회계

번호	평가문제	배점	답
11	**평가문제 [손익계산서 조회]**	2	(40,986,270)원
12	**평가문제 [재무상태표 조회]**	3	(16,000,000)원
13	**평가문제 [재무상태표 조회]**	3	(83,047,762)원
14	**평가문제 [재무상태표 조회]**	2	(3,300,000)원
15	**평가문제 [재무상태표 조회]**	2	(5,000,000)원
16	**평가문제 [재무상태표 조회]**	2	②
17	**평가문제 [전자세금계산서 발행 및 내역관리 조회]**	2	(4)
18	**평가문제 [부가가치세신고서 조회]**	3	(35,000,000)원
19	**평가문제 [부가가치세신고서 조회]**	3	(2,100,000)원
20	**평가문제 [부가가치세신고서 조회]**	3	(594,100)원
	재무회계 소계	25	

실무수행 4. 원천징수관리

① 중도퇴사자의 원천징수(김민재)

1. [사원등록] 퇴사년월일 20x1.11.30 입력

2. [급여자료입력] 귀속년월 11월, 지급일 11월 25일

- 급여 등을 입력하고 '중도퇴사자정산' 메뉴를 실행 → [반영Tab] 클릭

	코드	사원명	직급	감면율	급여항목	지급액	공제항목	공제액
☐	1001	박주현			기본급	4,000,000	국민연금	180,000
■	1002	김민재(중도연말)			직책수당	250,000	건강보험	141,800
☐	1003	송민기			근속수당	40,000	고용보험	38,610
☐	1004	전상수					장기요양보험료	18,160
☐							건강보험료정산	47,080
							장기요양보험료정산	20,240
							고용보험료정산	32,000
							소득세	-17,590
							지방소득세	-1,700

☞ 소득세 등은 자동 계산되어집니다.

3. [퇴직소득자료입력] 지급년월 11월

① 퇴직사유 '3.자발' 선택

② [최종]란 - [15.퇴직급여]란에 16,000,000원 입력하고, 이연퇴직소득세액계산 입력

〈퇴직급여현황〉

	근무처구분	중간지급 등	최종	정산
퇴직급여현황	(13)근무처명		(주)아모스산업-로그인	
	(14)사업자등록번호		104-81-43125	
	(15)퇴직급여		16,000,000	16,000,000
	(16)비과세 퇴직급여			
	(17)과세대상퇴직급여((15)-(16))		16,000,000	16,000,000

〈근속연수〉 자동계산

	구분	(18)입사일	(19)기산일	(20)퇴사일	(21)지급일	(22)근속월수	(23)제외월수	(24)가산월수	(25)중복월수	(26)근속연수
근속연수	중간지급 근속연수									
	최종 근속연수	2019-02-01	2019-02-01	2025-11-30		82				7
	정산 근속연수	2019-02-01	2019-02-01	2025-11-30		82				7

〈납부명세〉

납부명세 | 퇴직세액계산 | 중간정산내역 | [주의] 40번 금액은 계산 산식과 다르면 전자신고시 오류로 검증됩니다.

이연퇴직소득세액계산	(37)신고대상세액((36))	연금계좌 입금내역			연금계좌 복수입력		(39)퇴직급여((17))	(40)이연퇴직소득세(37)×(38)/(39)
		연금계좌취급자	사업자등록번호	계좌번호	입금일	(38)계좌입금금액		
	56,000	(주)국민은행	218-81-45679	080-45-779	2025-11-30	16,000,000	16,000,000	56,000

납부명세	구 분	소득세	지방소득세	농어촌특별세	계
	(42)신고대상세액((36))	56,000	5,600		61,600
	(43)이연퇴직소득세((40))	56,000	5,600		61,600
	(44)차감 원천징수세액((42)-(43))				

(10)확정급여형 퇴직연금제도가입일	(11)2011.12.31 퇴직금	영수일자	2025-11-30	신고서 귀속년월	2025-11

4. [원천징수이행상황신고서 작성] 귀속기간 11월, 지급기간11월, 0.정기신고

원천징수내역 | 부표-거주자 | 부표-비거주자 | 부표-법인원천

	구분	코드	소득지급(과세미달,비과세포함)		징수세액			9.당월 조정환급세액	10.소득세 등(가산세 포함)	11.농어촌특별세
			4.인원	5.총지급액	6.소득세 등	7.농어촌특별세	8.가산세			
근로소득	간이세액	A01	4	14,190,000	159,440					
	중도퇴사	A02	1	44,290,000	-17,590					
	일용근로	A03								
	연말정산합계	A04								
	연말분납금액	A05								
	연말납부금액	A06								
	가 감 계	A10	5	58,480,000	141,850			81,400	60,450	
퇴직소득	연금계좌	A21								
	그 외	A22	1	16,000,000						
	가 감 계	A20	1	16,000,000						

전월 미환급 세액의 계산			당월 발생 환급세액				18.조정대상환급(14+15+16+17)	19.당월조정환급액계	20.차월이월환급액(18-19)	21.환급신청액
12.전월미환급	13.기환급신청	14.잔액12-13	15.일반환급	16.신탁재산	17.금융등	17.합병등				
81,400		81,400						81,400	81,400	

② 기타소득의 원천징수

1. [기타소득자등록] 00001.신지영, 71.상금 및 부상

기본사항등록

소득구분/연말구분	71 ? 상금 및 부상(필요경 연 말 1 1.부
내 외 국 인 / 국 적	0 0.내국인 거주지국 KR ? 대한민국
소득자구분/실명구분	111 ? 내국인주민등록번호 0 0.실명
개 인 / 법 인	1 1.개인 필요경비율 80 %

2. [기타소득자료입력] 지급년월 10월

소득지급내역 소득자정보

● 기타 관리 항목

소득구분	법인/개인	필요경비율	영수일자	연말정산적용여부	사업자등록번호	세액감면 및 제한세율근거	계정과목
71 상금 및 부상(필요경비	개인	80.000	20x1.10-20	부			

● 소득 지급 내역

귀속년월	지급년월일	지급총액	필요경비	소득금액	세율(%)	소득세	법인세	지방소득세	농특세	세액계	차인지급액
20x1-10	20x1-10 023-10 20	3,000,000	2,400,000	600,000	20.000	120,000		12,000		132,000	2,868,000

[실무수행평가] - 원천징수관리

번호	평가문제	배점	답
21	평가문제 [김민재 11월 급여자료 조회] 차인지급액	3	(3,831,400)원
22	평가문제 [11월(귀속, 지급) 원천징수이행상황신고서 조회] 10. 소득세 등 총합계금액	4	(60,450)원
23	평가문제 [10월 기타소득자료입력 조회] 원천징수해야 할 총액	3	(132,000)원
	원천징수 소계	10	

※ 21,22는 프로그램이 자동계산하므로 시점(세법개정, 프로그램 업데이트)마다 달라질 수가 있습니다.

실무수행 5. 법인세관리

① 조정후 수입금액명세서

1. [업종별 수입금액 명세서]

① 업종별 수입금액 명세서

	①업태	②종목	코드	③기준(단순)경비율번호	수입금액			
					④계(⑤+⑥+⑦)	내 수		⑦수 출
						⑤국내생산품	⑥수입상품	
1	제조업	기타 운동 및 경	01	369302	963,844,249	889,344,249		74,500,000
2	도매 및 소매업	운동 및 경기용	02	513941	226,332,555	226,332,555		
	합 계		99		1,190,176,804	1,115,676,804		74,500,000

수입금액 조정명세서 상 수입금액계 : 1,190,176,804

2. [수입금액과의 차액내역]

	일 반	1,141,576,804		코드	구분(내용)	금액	비고
부가가치세 과세 표준	영 세 율	74,500,000		23	개인적공급	6,900,000	
	계	1,216,076,804		25	유형자산 및 무형자산매각액	9,000,000	
면 세 수 입 금 액				30	거래시기차이감액	10,000,000	
합 계		1,216,076,804					
수 입 금 액		1,190,176,804		50	차액계	25,900,000	
차 액		25,900,000					

(2 부가가치세 과세표준 수입금액 차액검토 [상세보기]) (3 수입금액과의 차액내역 [일괄작성])

[실무수행평가] – 법인세관리 1

번호	평가문제 [조정후 수입금액명세서 조회]	배점	답
24	제품매출 ⑤국내생산품 수입금액	2	(889,344,249)원
25	상품매출 ⑤국내생산품 수입금액	2	(226,332,555)원
26	50. 차액계 금액	3	(25,900,000)원

② 기업업무추진비(접대비)등조정명세서(갑,을)

1. [경조사비 등 설정]

[2.문화기업업무추진비 설정]란에 적요번호를 입력한다.

		문화기업업무추진비(신용카드미사용)			문화기업업무추진비(신용카드사용)		
코드	계정과목명						
813	접대비 (기업업무추진비) (판)	현금적요 12 ?	공연등 문화예술접대비 (조정)	현금적요 8 ?	문화접대비 (신용카드 사용분)		
		대체적요 12 ?	공연등 문화예술접대비 (조정)	대체적요 8 ?	문화접대비 (신용카드 사용분)		

(2 문화기업업무추진비 설정)

2. [기업업무추진비 조정명세서(을)]

① 수입금액 명세 합계란에 1,190,176,804원, 특수관계인간 거래금액란에 38,000,000원 입력

구 분	1. 일반 수입 금액	2. 특수관계인간 거래금액	3. 합 계 (1+2)
금 액	1,152,176,804	38,000,000	1,190,176,804

(1 1. 수입금액 명세)

② [6.기업업무추진비 계상액 중 사적사용 경비]란에 880,000원 입력

③ [15.신용카드 등 미사용금액]란에 3,375,000원 입력 4,255,000원 – 880,000원 = 3,375,000원

④ [16.총 초과금액] 란에 52,525,080원 입력 53,405,080원 – 880,000원 = 52,525,080원

2	2. 기업업무추진비등 해당금액		경조사비등 설정	금융기관의 수입금액	
4. 계 정 과 목		합계	접대비(판)	광고선전비	
5. 계 정 금 액		72,805,080	58,905,080	13,900,000	
6. 기업업무추진비계상액중 사적사용 경비		880,000	880,000		
7. 기업업무추진비 해당금액 (5-6)		65,625,080	58,025,080	7,600,000	
8. 신용카드등미사용금액	경조사비 중 기준 금액 초과액	9.신용카드 등 미사용금액	5,500,000	5,500,000	
		10.총 초과금액	5,500,000	5,500,000	
	국외지역 지출액	11.신용카드 등 미사용금액			
		12.총 지출액			
	농어민 지출액	13.송금명세서 미제출금액			
		14.총 지출액			
	기업업무추진비 중 기준금액 초과액	15.신용카드 등 미사용금액	3,375,000	3,375,000	
		16.총 초과금액	60,125,080	52,525,080	7,600,000
17.신용카드 등 미사용 부인액 (9+11+13+15)		8,875,000	8,875,000		
18.기업업무추진비 부 인 액 (6+17)		9,755,000	9,755,000		
문화 사업 기업업무추진비		2,080,000	2,080,000		

3. [기업업무추진비조정명세서(갑)]

3	2. 기업업무추진비 한도초과액 조정		중소기업		정부출자법인 여부선택 ◉ 일반 ○ 정부출자법인

구 분		금 액	구분	구분	금 액
1.기업업무추진비 해당 금액		65,625,080	8.일반기업업무추진비 한도액(4+6+7)		39,467,930
2.기준금액 초과 기업업무추진비 중 신용카드 미사용으로 인한 손금불산입액		8,875,000	문화 기업업무 추진비 한도	9.문화기업업무추진비 지출액	2,080,000
3.차감 기업업무추진비 해당 금액(1-2)		56,750,080		(소액 미술품 구입비용)	
일반 기업업무 추진비 한도	4. 12,000,000(36,000,000)x월수(12)/12	36,000,000		10.문화기업업무추진비 한도액 (9과(8x(20/100))중 작은 금액)	2,080,000
	총수입금액 기준	100억원 이하의 금액 x 30/10,000	3,570,530	11.기업업무추진비 한도액 합계(8+10)		41,547,930
		100억원 초과 500억원 이하의 금액 x 20/10,000		12.한도초과액(3-11)		15,202,150
		500억원 초과 금액 x 3/10,000		13.손금산입한도 내 기업업무추진비지출액 (3과 11중 작은 금액)		41,547,930
		5.소계	3,570,530	■부동산임대 특정법인 기업업무추진비 한도액 (법법 §25)		
	일반 수입금액 기준	100억원 이하의 금액 x 30/10,000	3,456,530	○ 부동산임대 특정법인 기업업무추진비 해당 여부		◉부○여
		100억원 초과 500억원 이하의 금액 x 20/10,000		다음 내용을 모두 충족하는 법인은 기업업무추진비한도액이 일반 법인의 50% 입니다.		
		500억원 초과 금액 x 3/10,000				
		6.소계	3,456,530			
	7.수입 금액기준	(5-6)x10/100	11,400			

4. [소득금액조정합계표]

손금불산입	기업업무추진비 중 증빙불비분	880,000원	상여
손금불산입	기업업무추진비 중 신용카드 미사용액	8,875,000원	기타사외유출
손금불산입	기업업무추진비 한도초과	15,202,150원	기타사외유출

[실무수행평가] - 법인세관리 2

번호	평가문제 [기업업무추진비조정명세서 조회]	배점	답
27	(을) 15. 신용카드 등 미사용금액	2	(3,375,000)원
28	(갑) 9.문화기업업무추진비 지출액	2	(2,080,000)원
29	(갑) 12.한도초과액	3	(15,202,150)원

③ 퇴직급여충당금조정명세서

1. [퇴직급여충당부채 계정별 잔액조회]

날짜	코드	적요	코드	거래처명	차변	대변	잔액
		전기이월				76,000,000	76,000,000
07/31		퇴직금지급			45,000,000		31,000,000
		[월 계]			45,000,000		
		[누 계]			45,000,000	76,000,000	
12/31	04	퇴직충당부채의당기설정액				26,580,000	57,580,000
12/31	04	퇴직충당부채의당기설정액				12,500,000	70,080,000
		[월 계]				39,080,000	
		[누 계]			45,000,000	115,080,000	

2. [퇴직급여충당금조정명세서]

(1) 총급여액 및 퇴직급여추계액 명세

1	2. 총급여액 및 퇴직급여추계액 명세							2	퇴직급여추계액 명세서

구 분	17.총급여액		18.퇴직급여 지급대상이 아닌 임원 또는 직원에…		19.퇴직급여 지급대상인 임원 또는 직원에 대한…	
계정명	인원	금액	인원	금액	인원	금액
급여(판)	3	124,800,000	1	7,000,000	2	117,800,000
임금(제)	6	284,360,000	1	27,000,000	5	257,360,000
계	9	409,160,000	2	34,000,000	7	375,160,000

20.기말현재 임원 또는 직원 전원의 퇴…

인원	금액
7	70,080,000

21. 「근로자퇴직급여보장법」에 따른…

인원	금액
7	69,300,000

22.세법상 추계액 MAX(20, 21)

금액
70,080,000

(2) 퇴직급여충당금 조정

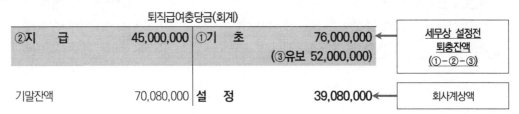

퇴직급여충당금(회계)

②지 급	45,000,000	①기 초	76,000,000
		(③유보 52,000,000)	
기말잔액	70,080,000	설 정	39,080,000

세무상 설정전 퇴충잔액 (①-②-③)

회사계상액

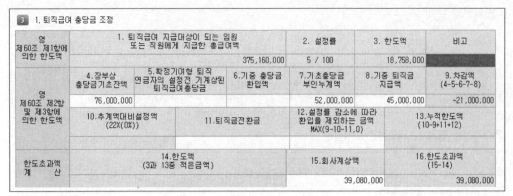

3 1. 퇴직급여 충당금 조정

영 제60조 제1항에 의한 한도액	1. 퇴직급여 지급대상이 되는 임원 또는 직원에게 지급한 총급여액				2. 설정률	3. 한도액	비고
				375,160,000	5 / 100	18,758,000	
영 제60조 제2항 및 제3항에 의한 한도액	4.장부상 충당금기초잔액	5.확정기여형 퇴직 연금자의 설정전 기계상된 퇴직급여충당금	6.기중 충당금 환입액	7.기초충당금 부인누계액	8.기중 퇴직금 지급액		9. 차감액 (4-5-6-7-8)
	76,000,000			52,000,000	45,000,000		-21,000,000
	10.추계액대비설정액 (22X(0%))	11.퇴직금전환금		12.설정률 감소에 따라 환입을 제외하는 금액 MAX(9-10-11,0)		13.누적한도액 (10-9+11+12)	
한도초과액 계 산	14.한도액 (3과 13중 적은금액)			15.회사계상액		16.한도 초과액 (15-14)	
				39,080,000		39,080,000	

☞세무상 설정전 잔액이 (-)21,000,000이므로 손금산입 유보추인한다.

3. [소득금액조정합계표]

손금불산입	퇴직급여충당금한도초과액	39,080,000원	유보발생
손금산입	전기퇴직급여충당부채	21,000,000원	유보감소

[실무수행평가] – 법인세관리 3

번호	평가문제 [퇴직급여충당금조정명세서 조회]	배점	답
30	8. 기중퇴직금 지급액	2	(45,000,000)원
31	손금산입할 총금액	2	(21,000,000)원
32	손금불산입할 금액	3	(39,080,000)원

4 외화자산 등 평가차손익조정(갑,을)

1. [외화자산등 평가차손익조정명세서(을)]

계정과목	발생일 기준 환율	장부상 평가 환율	외화금액 ($)	장부상 평가손익 (A)	세무상 평가환율	세무상 평가손익 (B)	차이 (B-A)
외상매출금	1,250	1,150	12,000	-1,200,000	1,100	-1,800,000	-600,000
외상매입금	1,200		13,000	+650,000		+1,300,000	+650,000
회사손익금계상액				-550,000	세무상손익금	-500,000	+50,000

① 외화자산 입력

구분	1	1.외화자산	2.외화부채	3.통화선도	4.통화스왑	5.환변동보험

번호	②외화종류	③외화금액	④장부가액		⑦평가금액		⑩평가손익 (⑨-⑥)
			⑤적용환율	⑥원화금액	⑧적용환율	⑨원화금액	
1	US$	12,000	1,250	15,000,000	1,100	13,200,000	-1,800,000

② 외화부채 입력

구 분	2	1.외화자산		2.외화부채		3.통화선도		4.통화스왑		5.환변동보험

번호	②외화종류	③외화금액	④장부가액		⑦평가금액		⑩평가손익 (⑥-⑨)
			⑤적용환율	⑥원화금액	⑧적용환율	⑨원화금액	
1	US$	13,000	1,200	15,600,000	1,100	14,300,000	1,300,000

2. [외화자산등 평가차손익조정명세서(갑)]

①구 분		②당기손익금해당액	③회사손익금계상액	조 정		⑥손익조정금액 (②-③)
				④차익 조정 (③-②)	⑤차손 조정 (②-③)	
가. 화폐성 외화자산·부채평가손익		-500,000	-550,000			50,000
나. 통화선도·통화스왑·환변동보험 평가손익						
다. 환율조정계정손익	차익					
	차손					
계		-500,000	-550,000			50,000

3. [소득금액조정합계표]

익금산입	전기 외화환산이익(외상매입금)	3,900,000원	유보감소
손금산입	외화환산손실(외상매출금)	600,000원	유보발생
익금산입	외화환산이익(외상매입금)	650,000원	유보발생

[실무수행평가] – 법인세관리 4

번호	평가문제 [외화자산 등 평가손익조정(갑,을) 조회]	배점	답
33	익금산입(유보감소) 금액	3	(3,900,000)원
34	손금산입(유보발생) 금액	2	(600,000)원
35	익금산입(유보발생) 금액	2	(650,000)원

⑤ 연구 및 인력개발비 발생명세서

1. 발생명세

1 해당연도의 연구 및 인력개발비 발생명세

계정과목	자체연구개발비						위탁및공동연구개발비		인력개발비		11.총계
	인건비		재료비 등		기 타		건수	금액	건수	금액	
	인원	금액	건수	금액	건수	금액					
1 경상연구개발	1	36,000,000	13	49,000,000			1	23,000,000			108,000,000

- 증가발생액의 계산

연구 및 인력개발비의 증가발생액의 계산					✕
직전 4년간 발생합계액	해 당 기 간 ▶		.01 .01 부터	.01 .01 부터	.01 .01 부터	.01 .01 부터
	내 용	금 액(14~16) ▼	.12 .31 까지	.12 .31 까지	.12 .31 까지	.12 .31 까지
	13. 계	234,000,000	69,000,000	30,000,000	87,000,000	48,000,000
직전 1년간 발생액	14. 계	69,000,000	조세특례제한법 제 10조 및 조세특례제한법 시행령 제9조 참조 ※ 전년도 계속사업자가 당해 사업연도 중간예납기간의 증가발생액을 계산 하는 경우는 당해년도 6개월 금액을 기준으로 전년도 증가발생액을 환산하여 계산합니다. 사업연도기간 변경의 경우에는 증가발생액을 직접 입력하셔야 합니다.			
증가발생액	21. (11 - 14)	39,000,000	(금액/비용발생연도수(1)) X (해당사업연도월수/12)			
직전 4년간 연평균 발생액	18. 계	58,500,000	조세특례제한법 제 10조 및 조세특례제한법 시행령 제9조 참조			

※[직전1년의계]금액이 [직전4년간연평균발생액]보다 작을 경우 [증가발생금액]은 반드시 0으로 기입해야 합니다.(전자신고 검증사항)
 -> 메뉴에서 새로 입력하면 자동계산됨

2 연구 및 인력개발비의 증가발생액의 계산 **?**

| 직 전 4 년 간 발 생 합 계 액 | | 직 전 1 년 간 발 생 액 | | 증 가 발 생 액 | |
| 13. 계 | 234,000,000 | 계 | 69,000,000 | 21. (11 - 14) | 39,000,000 |

- 공제세액

3 공제 세액

해당연도 총발생 금액공제	중소기업	22. 대상금액(=11)		23. 공제율			24. 공제세액	
		108,000,000		25%			27,000,000	
	중소기업유예기간 종료이후5년내기업	25. 대상금액(=11)		26.유예기간 종료연도	25.유예기간 종료이후연차	28. 공제율(%)	29. 공제세액	
	중견 기업	30. 대상금액(=11)		31. 공제율			32. 공제세액	
				8%				
	일반 기업	33. 대상 금액(=11)		공제율			37. 공제세액	
				34. 기본율	35. 추가	36. 계		
				0%				
증 가 발 생 금 액 공 제		38. 대상 금액(=21)		39.공제율		40.공제세액	* 공제율 (중소기업:50%, 중견기업:40%, 대기업:25,40%)	
		39,000,000		50%		19,500,000		
해당연도에 공제받을세액		중소기업 (24와 40 중 선택) 중소기업 유예기간종료이후 5년 내 기업(29과40중 선택) 중견기업(32와 40중 선택) 일반기업(37와 40중 선택)					27,000,000	

2-1. [세액공제조정명세서(3)] 메뉴의 [1.공제세액계산]

- 화면 상단의 [새로불러오기] 버튼을 클릭하면 연구및인력개발비 발생명세서에서 계산된 공제대상금액이 일반연구·인력개발비 세액공제(최저한세 적용제외) 란에 반영된다.

코드	(101)구　　　　　분	투자금액	(104)공제대상세액
131	중소기업등투자세액공제		
14M	대·중소기업 상생협력을 위한 기금출연 세액공제		
16A	신성장·원천기술 연구개발비세액공제(최저한세 적용제외)	툴바의 [계산내역-F4]를 선택	
10D	국가전략기술 연구개발비세액공제(최저한세 적용제외)	툴바의 [계산내역-F4]를 선택	
16B	일반연구·인력개발비 세액공제(최저한세 적용제외)	툴바의 [계산내역-F4]를 선택	27,000,000
13L	신성장·원천기술 연구개발비세액공제(최저한세 적용대상)	툴바의 [계산내역-F4]를 선택	

2-2. [세액공제조정명세서(3)] 메뉴의 [2.당기공제세액 및 이월액 계산]

- 당기공제세액

NO	코드	(105)구분	(106)사업년도	요 공제세액 (107)당기분	(108)이월분	(109)당기분	당기 공제대상세액 (110)1차년도	(111)2차년도
	16B	일반연구·인력개발비 세액공제(최	2023-12	27,000,000		27,000,000		

3. [공제감면세액합계표(갑,을)]

세액공제	항목	조문	코드	금액	금액
	(143)일반 연구·인력 개발비 세액공제 (최저한세 적용제외)	조특제법 제10조 제1항제3호	16B	27,000,000	27,000,000
	(144)동업기업 세액공제 배분액(최저한세 적용제외)	조특제법 제100조의18제4항	12D		
	(145)성실신고 확인비용에 대한 세액공제	조특제법 제126조의6	10A		
	(146)상가임대료를 인하한 임대사업자에 대한 세액공	조특법 제96조의3	10B		
	(147)용역제공자에 관한 과세자료의 제출에 대한 세액공제	조특법 제104조의32	10C		
			199		
	(149)　　소　　　계		180	27,000,000	27,000,000

[실무수행평가] - 법인세관리 5

번호	평가문제 [연구 및 인력개발비 발생명세서 조회]	배점	답
36	11. 총계	2	(108,000,000)원
37	21. 증가발생액	2	(39,000,000)원
38	평가문제 [공제감면세액 합계표(갑,을)] (143) 일반연구·인력개발비 세액공제(최저한세 적용제외)	3	(27,000,000)원
	법인세관리 소계	35	

합격율	시험년월
35%	2023.4

실무이론평가

01. 다음 중 수익인식에 대한 설명으로 옳지 <u>않은</u> 것은?

① 위탁판매의 경우 수탁자에 의한 판매가 이루어진 때에 수익을 인식한다.
② 할부판매의 경우 재화가 인도되는 시점에 수익을 인식한다.
③ 시용판매의 경우 반품예상액을 합리적으로 추정할 수 없다면 재화가 인도되는 때에 수익을 인식한다.
④ 수강료는 강의기간에 걸쳐 수익으로 인식한다.

02. 다음은 (주)한공의 퇴직급여충당부채 관련 자료이다. (가)의 금액으로 옳은 것은?

퇴직급여충당부채					
4/5	보통예금	(가)	1/1	전기이월	10,000,000

〈결산정리사항〉
12월 31일 결산시 임직원 전체에 대한 퇴직금 추계액은 12,000,000원이다.
12월 31일 (차) 퇴직급여 3,000,000원 (대) 퇴직급여충당부채 3,000,000원

① 1,000,000원
② 4,000,000원
③ 7,000,000원
④ 9,000,000원

03. 다음 중 내부적으로 창출한 무형자산의 취득원가에 포함될 수 있는 항목은?

① 무형자산이 계획된 성과를 달성하기 전에 발생한 비효율로 인한 손실

② 무형자산 창출에 직접 관련되지 아니한 판매관리비 및 기타 일반경비 지출

③ 무형자산 창출 후 이를 운용하는 직원의 교육훈련과 관련된 지출

④ 무형자산 창출에 직접 종사한 직원에 대한 급여

04. 다음은 (주)한공의 20x1년 10월 1일 신규 취득한 기계장치 관련 자료이다. 20x1년 12월 31일 현재 장부금액을 계산하면 얼마인가?

잔액시산표		
(주)한공	20x1.10.1. 현재	(단위 : 원)
:	:	:
기계장치	2,000,000	
정부보조금	(200,000)	

• 감가상각 방법 : 정액법, 잔존가치 : 없음, 내용연수 : 5년, 월할 상각

① 1,600,000원　　　　　　　　② 1,710,000원

③ 1,890,000원　　　　　　　　④ 1,900,000원

05. (주)한공의 결산정리사항 반영전 법인세차감전순이익은 3,000,000원이다. (주)한공은 기중 현금을 수령하거나 지급할 경우 전액 수익 또는 비용으로 처리한다. 다음 결산정리사항을 반영한 후 법인세차감전순이익은 얼마인가?

• 미수이자	200,000원	• 선급비용	100,000원
• 미지급이자	300,000원	• 선수수익	400,000원

① 2,600,000원　　　　　　　　② 2,900,000원

③ 3,200,000원　　　　　　　　④ 3,500,000원

06. 다음은 (주)한공의 20x1년 제1기 부가가치세 확정신고와 관련된 내역이다. 대손세액공제 후 매출세액을 구하면 얼마인가?

가. 제품매출액(공급가액)	170,000,000원
나. 사업용으로 사용하던 토지의 매각	50,000,000원
다. 매출채권 회수지연에 따른 연체이자	1,000,000원
라. 거래처 파산으로 인해 대손확정된 매출채권(부가가치세 포함)	77,000,000원

① 10,000,000원　　② 17,000,000원　　③ 15,000,000원　　④ 14,000,000원

07. 다음 중 소득세법상 근로소득의 원천징수 및 연말정산에 관한 설명으로 옳은 것은?

① 원천징수의무자가 매월분의 근로소득을 지급할 때에는 6%의 세율로 소득세를 원천징수한다.

② 원천징수의무자는 해당 과세기간의 다음 연도 1월분의 급여 지급시 연말정산을 해야 한다.

③ 원천징수의무자가 12월분의 근로소득을 다음 연도 2월 말일까지 지급하지 아니한 경우에는 그 근로소득을 다음 연도 2월 말일에 지급한 것으로 보아 소득세를 원천징수한다.

④ 일용근로자의 근로소득은 소득 지급 시 원천징수된 후 다음 연도에 연말정산을 통하여 확정된다.

08. 다음은 거주자 한공회 씨의 20x1년도 소득자료이다. 이 자료를 이용하여 종합소득세 확정신고시 신고해야하는 종합소득금액은?

가. 근로소득금액	14,000,000원
나. 퇴직소득금액	15,000,000원
다. 양도소득금액	30,000,000원
라. 사업소득금액	20,000,000원
마. 기타소득금액*	3,500,000원
바. 이자소득금액(정기예금이자)	18,500,000원

  * 기타소득금액은 강사료 수입으로, 필요경비를 공제한 후의 금액임.

① 34,000,000원   ② 37,500,000원   ③ 52,500,000원   ④ 56,000,000원

09. 다음 자료는 (주)한공의 손익계산서상 비용으로 계상된 내역이다. 이 자료를 토대로 손금불산입으로 세무조정할 금액을 계산하면 얼마인가?

가. 업무 무관 건물의 재산세	300,000원
나. 간주임대료에 대한 부가가치세	500,000원
다. 전기분 법인세추징액	4,000,000원
라. 조달청 납품 지연 지체상금	200,000원

① 800,000원   ② 1,000,000원   ③ 4,300,000원   ④ 4,800,000원

10. 다음 중 법인세법상 세액공제에 대한 설명으로 옳은 것은?

① 외국납부세액공제는 국가별 한도방식과 일괄한도방식 중 납세자가 선택하여 적용할 수 있다.

② 외국납부세액공제 한도를 초과하는 외국납부세액은 다음 사업연도 개시일부터 10년간 이월공제 가능하다.

③ 재해손실세액공제는 천재지변 기타 재해로 인하여 사업용 자산가액의 10% 이상을 상실하는 경우에 적용받을 수 있다.

④ 사실과 다른 회계처리로 인한 경정에 따른 세액공제와 재해손실세액공제는 이월공제가 허용되지 않는다.

■■■■ 실무수행평가

(주)프라다산업(1610)은 가방을 제조하여 판매하는 법인기업으로 회계기간은 제7기(20x1.1.1. ~ 20x1.12.31.)이다. 제시된 자료와 [자료설명]을 참고하여 [수행과제]를 완료하고 [평가문제]의 물음에 답하시오.

실무수행1 | 거래자료 입력

실무프로세스자료이다. [자료설명]을 참고하여 [수행과제]를 수행하시오.

1. 정부보조금

■ 보통예금(국민은행) 거래내역

번호	거래일	내용	찾으신금액	맡기신금액	잔액	거래점
		계좌번호 112-523678-300 (주)프라다산업				
1	20x1-01-05	중소벤처기업부		120,000,000	***	***
2	20x1-01-30	연구소 직원급여	18,500,000		***	***

자료설명	1. 1월 5일 신제품관련 기술 개발을 위하여 중소벤처기업부에 신청한 정부지원금(상환 의무 없음) 120,000,000원을 보통예금계좌에 입금받고 회계처리하였다. 2. 1월 30일 연구소 직원의 급여를 지급하고 '개발비'로 회계처리하고자 한다. <table><tr><th>급여</th><th>예수금</th><th>차인지급액</th></tr><tr><td>20,000,000</td><td>1,500,000</td><td>18,500,000</td></tr></table>
수행과제	1. 개발비와 관련된 '정부보조금'계정을 계정과목코드 241번으로 등록하시오. (계정구분 : 차감, 관련계정 : 239.개발비) 2. 1월 30일 개발비 지출에 따른 거래자료를 입력하시오.(정부보조금 대체분개 포함하여 입력할 것.)

2. 사채

자료 1. 사채의 발행내역

• 사채발행일 : 20x1년 1월 1일	• 사채의 액면금액 : 10,000,000원
• 사채의 발행금액 : 9,502,630원	• 사채의 만기 : 3년
• 표시이자율 : 8%	• 시장이자율 : 10%
• 이자지급시기 : 매년 말일에 연1회 지급	

자료 2. 보통예금(국민은행) 거래내역

번호	거래일	내용	찾으신금액	맡기신금액	잔액	거래점
		계좌번호 112-523678-300 (주)프라다산업				
1	20x1-12-31	사채이자 지급	800,000		***	***
	20x1-12-31	사채상환	9,800,000		***	***

자료설명	1. 사채의 발행에 대한 내용은 자료 1과 같다. 2. 사채할인발행차금은 유효이자율법으로 상각한다. 3. 12월 31일 사채에 대한 이자를 국민은행 보통예금계좌에서 이체하여 지급하였으며, 입력되어 있다. 4. 사채이자에 대한 원천징수는 고려하지 아니한다. 5. 12월 31일 사채 발행총액을 전액 상환하고 보통예금계좌에서 이체하여 지급하였다.
수행과제	사채상환에 대한 거래자료를 입력하시오.

실무수행2 ｜ 부가가치세관리

부가가치세 신고 관련 자료이다. [자료설명]을 참고하여 [수행과제]를 수행하시오.

1. 수정전자세금계산서의 발행

전자세금계산서 (공급자 보관용)					승인번호			

공급자	등록번호	104-81-43125			공급받는자	등록번호	514-81-35782		
	상호	(주)프라다산업	성명(대표자)	유광열		상호	(주)강남가방	성명(대표자)	강재인
	사업장주소	서울특별시 서초구 서초대로 53				사업장주소	서울특별시 서대문구 충정로7길 30		
	업태	제조업외	종사업장번호			업태	도소매업	종사업장번호	
	종목	가방외				종목	가방		
	E-Mail	prada@bill36524.com				E-Mail	isu@bill36524.com		

작성일자	20x1.3.10.	공급가액	20,000,000	세 액	2,000,000
비고					

월	일	품목명	규격	수량	단가	공급가액	세액	비고
3	10	남성용 가방		200	100,000	20,000,000	2,000,000	

합계금액	현금	수표	어음	외상미수금	이 금액을	○ 영수 함 ● 청구
22,000,000				22,000,000		

자료설명	1. 제품을 공급하고 3월 10일에 발급한 전자세금계산서이다. 2. 담당자의 착오로 이중발급한 사실이 확인되었다.
수행과제	수정사유를 선택하여 수정전자세금계산서를 발급 및 전송하시오. (외상대금 및 제품매출에서 음수(-)로 처리하고 전자세금계산서 발급 시 결제내역 입력 및 전송일자는 무시할 것.)

2. 예정신고누락분의 확정신고 반영

자료 1. 매출(제품)전자세금계산서 발급 목록

매출전자세금계산서 목록								
번호	작성일자	승인번호	발급일자	전송일자	상 호	공급가액	세액	전자세금계산서종류
1	20x1-09-28	생략	20x1-10-12	20x1-10-12	(주)민성가방	15,000,000	1,500,000	일반

자료 2. 매입(원재료)전자세금계산서 수취 목록

					매입전자세금계산서 목록			
번호	작성일자	승인 번호	발급일자	전송일자	상 호	공급가액	세액	전자세금 계산서종류
1	20x1-09-29	생략	20x1-09-29	20x1-09-29	(주)다산패션	8,000,000	800,000	일반

자료 3. 신용카드매입내역(국민카드 : 3214-8822-1111-2333)

번호	일자	거래처	구분	품명	공급가액	세액	비고
1	20x1-09-25	(주)제주호텔	법인카드	숙박	150,000	15,000	영업부직원 지방출장

자료설명	제2기 부가가치세 예정신고 시 누락한 자료이다. 1. 자료 1은 제품을 외상으로 매출하고 발급한 전자세금계산서내역이다. 2. 자료 2는 원재료를 외상으로 매입하고 수취한 전자세금계산서내역이다. 3. 자료 3은 영업부 직원 지방 출장 시 숙박비로 발급받은 카드매출전표이다. 4. 위의 거래내용을 반영하여 제2기 부가가치세 확정신고서를 작성하려고 한다. 5. 20x2년 1월 25일 신고 및 납부하며, 신고불성실가산세는 일반과소 신고에 의한 가산세 율을 적용하고 미납일수는 92일, 1일 2,2/10,000로 한다.(단, 원 단위 미만 버림.)
수행과제	1. 누락된 자료를 입력하시오. (전자세금계산서 관련 거래는 '전자입력'으로 입력할 것.) 2. 가산세를 적용하여 제2기 부가가치세 확정신고서를 작성하시오. (예정신고누락분 신고대상월은 10월로 입력할 것.)

실무수행3 | 결산

[결산자료]를 참고로 결산을 수행하시오.(단, 제시된 자료 이외의 자료는 없다고 가정함.)

1. 수동결산 및 자동결산

자료설명	1. 유동성장기부채 현황

1. 유동성장기부채 현황

차입금 종류	차입처	금액	연이자율	만기
운전자금(신용)	기업은행	300,000,000원	3.5%	20x1년 12월 31일

전기에 유동성장기부채로 대체한 기업은행의 차입금 300,000,000원은 상환기간을 2년 연장하기로 하였다.

2. 재고자산 실사내역

구분	장부상내역		실사내역	
	단위당원가	수량	단위당원가	수량
원재료	20,000원	300개	20,000원	300개
제 품	50,000원	500개	50,000원	450개

재고자산감모내역은 모두 정상적으로 발생한 감모손실이다.

3. 이익잉여금처분계산서 처분확정(예정)일
  - 당기 : 20x2년 2월 28일
  - 전기 : 20x1년 2월 28일

수행과제

결산을 완료하고 이익잉여금처분계산서에서 손익대체분개를 하시오.
(단, 이익잉여금처분내역은 없는 것으로 하고 미처분이익잉여금 전액을 이월이익잉여금으로 이월하기로 한다.)

평가문제	입력자료 및 회계정보를 조회하여 [평가문제]의 답안을 입력하시오.(70점)

[실무수행평가] – 재무회계

번호	평가문제	배점
11	**평가문제 [일/월계표 조회]** 4/4분기(10~12월)에 발생한 영업외비용은 얼마인가?	2
12	**평가문제 [재무상태표 조회]** 12월 말 개발비 장부금액은 얼마인가?	3
13	**평가문제 [재무상태표 조회]** 12월 말 장기차입금 잔액은 얼마인가?	3
14	**평가문제 [재무상태표 조회]** 기말 재고자산 잔액은 얼마인가?	2
15	**평가문제 [재무상태표 조회]** 12월 31일 현재 이월이익잉여금(미처분이익잉여금) 잔액은 얼마인가? ① 556,920,158원　　② 652,182,154원 ③ 791,913,492원　　④ 842,506,124원	2
16	**평가문제 [거래처원장 조회]** 3월 말 (주)강남가방의 외상매출금 잔액은 얼마인가?	2
17	**평가문제 [전자세금계산서 발행 및 내역관리 조회]** 3월 10일자 수정세금계산서의 수정입력사유를 코드번호로 입력하시오.	2
18	**평가문제 [부가가치세신고서 조회]** 제2기 확정 신고기간 부가가치세신고서의 과세표준 합계(9란) 세액은 얼마인가?	3
19	**평가문제 [부가가치세신고서 조회]** 제2기 확정 신고기간 부가가치세신고서의 매입세액 차감계(17란) 세액은 얼마인가?	3
20	**평가문제 [부가가치세신고서 조회]** 제2기 확정 신고기간 부가가치세신고서의 가산세액(26란) 합계금액은 얼마인가?	3
	재무회계 소계	25

실무수행4 │ 원천징수관리

인사급여 관련 자료이다. [자료설명]을 참고하여 [수행과제]를 수행하시오.

1. 사업소득의 원천징수
자료. 사업소득자 관련정보

코 드	00500
성 명	이미니
거주구분(내국인 / 외국인)	거주자 / 내국인
주민등록번호	890311 – 2854027
주 소	서울특별시 서대문구 충정로7길 12(충정로2가)
귀속년월 / 지급년월일	20x1년 2월 / 20x1년 2월 11일
지급금액	600,000원

자료설명	1. 과장이상 간부를 대상으로 '4차산업에 대응하는 글로벌 리더십 함양'을 주제로 외부 강의를 진행하고 강사료를 지급하였다. 2. 강사 이미니는 고용관계가 없으며, 강의를 주업으로 하고 있다.
수행과제	1. 사업소득자 입력을 하시오.(우편번호 입력은 생략할 것.) 2. [사업소득자료입력] 메뉴를 통하여 사업소득세를 산출하시오.

2. 국세청연말정산간소화 및 이외의 자료를 기준으로 연말정산

자료설명	사무직 안기요(1003)의 연말정산을 위한 자료이다. 1. 사원등록의 부양가족현황은 사전에 입력되어 있다. 2. 부양가족은 안기요와 생계를 같이 하고 있다.
수행과제	[사원등록]메뉴의 부양가족명세를 수정하고, [연말정산 근로소득원천징수영수증] 메뉴에서 연말정산을 완료하시오. 1. 신용카드는 [신용카드] 탭에서 입력한다. 　(안기요의 신용카드 금액(일반사용분)에는 회사에서 경비로 처리한 1,200,000원이 포함되어 있다.) 2. 의료비는 [의료비] 탭에서 입력하며, 국세청자료는 공제대상 합계금액을 1건으로 집계하여 입력한다. 　(단, 실손의료보험금 500,000원을 수령하였으며, 성형외과 진료비는 사고로 인한 치료목적의 성형수술이다.) 3. 보험료는 [소득공제] 탭에서 입력한다. 4. 연금계좌는 [정산명세] 탭에서 입력한다.

자료 1. 안기요 사원의 부양가족등록 현황

연말정산관계	성명	주민번호	기타사항
0.본인	안기요	850527 - 2899734	
3.배우자(세대주)	이배민	800902 - 1754110	총급여액 4,000,000원
6.형제자매	이리뷰	901212 - 2345670	장애인복지법에 의한 청각장애인 이었으나, 10월 1일 완치판정을 받았다.
4.직계비속	이하나	110101 - 4231454	소득 없음.
4.직계비속	이두나	120122 - 3122220	소득 없음.

자료 2. 국세청간소화서비스 및 기타증빙자료

20x1년 귀속 소득 · 세액공제증명서류 : 기본(사용처별)내역 [신용카드]

■ 사용자 인적사항

성 명	주 민 등 록 번 호
안기요	850527 - 2899***

■ 신용카드 등 사용금액 집계

일반	전통시장	대중교통	도서공연등	합계금액
10,500,000	2,500,000	0	500,000	13,500,000

 국 세 청
National Tax Service

• 본 증명서류는 『소득세법』 제165조 제1항에 따라 영수증 발급기관으로부터 수집한 서류로 소득·세액공제 충족 여부는 근로자가 직접 확인하여야 합니다.
• 본 증명서류에서 조회되지 않는 내역은 영수증 발급기관에서 직접 발급받으시기 바랍니다.

20x1년 귀속 소득 · 세액공제증명서류 : 기본(사용처별)내역 [현금영수증]

■ 사용자 인적사항

성　명	주 민 등 록 번 호
이배민	800902 - 1754***

■ 신용카드 등 사용금액 집계

일반	전통시장	대중교통	도서공연등	합계금액
4,200,000	600,000	0	800,000	5,600,000

국 세 청
National Tax Service

• 본 증명서류는 「소득세법」 제165조 제1항에 따라 영수증 발급기관으로부터 수집한 서류로 소득·세액공제 충족 여부는 근로자가 직접 확인하여야 합니다.
• 본 증명서류에서 조회되지 않는 내역은 영수증 발급기관에서 직접 발급받으시기 바랍니다.

20x1년 귀속 소득 · 세액공제증명서류 : 기본(사용처별)내역 [신용카드]

■ 사용자 인적사항

성　명	주 민 등 록 번 호
이리뷰	901212 - 2345***

■ 신용카드 등 사용금액 집계

일반	전통시장	대중교통	도서공연등	합계금액
900,000	0	1,100,000	0	2,000,000

국 세 청
National Tax Service

• 본 증명서류는 「소득세법」 제165조 제1항에 따라 영수증 발급기관으로부터 수집한 서류로 소득·세액공제 충족 여부는 근로자가 직접 확인하여야 합니다.
• 본 증명서류에서 조회되지 않는 내역은 영수증 발급기관에서 직접 발급받으시기 바랍니다.

20x1년 귀속 소득 · 세액공제증명서류 : 기본(지출처별)내역 [의료비]

■ 환자 인적사항

성 명	주 민 등 록 번 호
이하나	110101 - 4******

■ 의료비 지출내역 (단위 : 원)

사업자번호	상 호	종류	납입금액 계
109 - 04 - 16***	서울**병원	일반	1,600,000
106 - 05 - 81***	**성형외과	일반	900,000
205 - 01 - 44***	**안경원	일반	600,000
의료비 인별합계금액			2,500,000
안경구입비 인별합계금액			600,000
산후조리원 인별합계금액			0
인별합계금액			3,100,000

 국세청 National Tax Service

- 본 증명서류는 『소득세법』 제165조 제1항에 따라 영수증 발급기관으로부터 수집한 서류로 소득·세액공제 충족 여부는 근로자가 직접 확인하여야 합니다.
- 본 증명서류에서 조회되지 않는 내역은 영수증 발급기관에서 직접 발급받으시기 바랍니다.

20x1년 귀속 소득 · 세액공제증명서류 : 기본(지출처별)내역 [보장성 보험, 장애인전용보장성보험]

■ 계약자 인적사항

성 명	주 민 등 록 번 호
이배민	800902 - 1******

■ 보장성보험(장애인전용보장성보험) 납입내역 (단위 : 원)

종류	상 호	보험종류	주피보험자		납입금액 계
	사업자번호	증권번호			
	종피보험자1	종피보험자2	종피보험자3		
보장성	한화생명보험(주)	실손의료보험	110101 - 4231***	이하나	1,200,000
	108 - 81 - 15***				
인별합계금액					1,200,000

 국세청 National Tax Service

- 본 증명서류는 『소득세법』 제165조 제1항에 따라 영수증 발급기관으로부터 수집한 서류로 소득·세액공제 충족 여부는 근로자가 직접 확인하여야 합니다.
- 본 증명서류에서 조회되지 않는 내역은 영수증 발급기관에서 직접 발급받으시기 바랍니다.

20x1년 귀속 세액공제증명서류 : 기본내역[퇴직연금]

■ 가입자 인적사항

성 명	주 민 등 록 번 호
안기요	850527 – 2899***

■ 퇴직연금 납입내역

(단위 : 원)

상호	사업자번호	당해연도 납입금액	당해연도 납입액 중 인출금액	순납입금액
계좌번호				
신한생명보험(주)	108 – 81 – 26***	2,400,000		2,400,000
12345204578				
순납입금액 합계				2,400,000

 국 세 청
National Tax Service

- 본 증명서류는 『소득세법』 제165조 제1항에 따라 영수증 발급기관으로부터 수집한 서류로 소득·세액공제 충족 여부는 근로자가 직접 확인하여야 합니다.
- 본 증명서류에서 조회되지 않는 내역은 영수증 발급기관에서 직접 발급받으시기 바랍니다.

[실무수행평가] – 원천징수관리

번호	평가문제	배점
21	**평가문제 [이미니 사업소득자료입력(지급년월 2월) 조회]** 사업소득에 대한 차인지급액은 얼마인가?	2
22	**평가문제 [안기요 연말정산 근로소득원천징수영수증 조회]** 연말정산명세서상의 인적공제(기본+추가) 금액은 얼마인가?	3
23	**평가문제 [안기요 연말정산 근로소득원천징수영수증 조회]** 연말정산명세서상의 연금계좌의 공제대상액은 얼마인가?	2
24	**평가문제 [안기요 연말정산 근로소득원천징수영수증 조회]** 연말정산명세서상의 특별세액공제 금액은 얼마인가?	3
	원천징수 소계	10

실무수행5 | 법인세관리 | 회사변경 확인할 것

(주)동행화장품(1611)은 중소기업으로 사업연도는 제20기(20x1.1.1. ~ 20x1.12.31.)이다. 입력된 자료와 세무조정 참고자료에 의하여 [수행과제]를 완료하고 [평가문제]의 물음에 답하시오.

1. 임대보증금 간주익금 조정

자료 1. 건물 및 부속토지 관련 자료

계정과목	적요	취득원가	당기말 감가상각누계액	취득일	면적
토지	상가 부속토지	250,000,000원	–	2015.10.1.	
건물	상가	800,000,000원	82,500,000원	2015.10.1.	연면적 7,500㎡

자료 2. 임대현황

임대기간	임대보증금	월임대료	임대건물면적	비고
20x0.1.1.~20x2.12.31.	400,000,000원	3,000,000원	1,000㎡	2층 203호
20x1.4.1.~20x2.12.31.	200,000,000원	1,500,000원	500㎡	2층 204호(주1)

(주1) 임차인과 20x1년 4월 1일에 추가사용에 대한 임대차계약을 추가 체결하였다.

자료 3. 임대보증금 등 운용현황

계정과목	보증금운용수입금액	기타수입금액	합계
이자수익	560,000원	2,900,000원	3,460,000원
배당금수익	940,000원	2,700,000원	3,640,000원

자료설명	1. 자료 1은 임대건물과 부속토지 관련 내역이다. 2. 자료 2는 임대현황이다. 3. 자료 3은 임대보증금 등 운용현황이다. 4. 본 예제에 한하여 간주익금 계산 대상 법인으로 가정하며, 정기예금이자율은 3.5%이다.
수행과제	임대보증금 간주익금 조정명세서를 작성하시오. 1. [2.임대보증금등의 적수계산]에 임대보증금 적수계산을 하시오. 2. [3.건설비 상당액 적수계산]에 건설비 적수계산을 하시오. 3. [4.임대보증등의 운용수입금액 명세서]에 운용수입금액을 반영하시오. 4. [1.임대보증금등의 간주익금 조정]에 간주익금 대상금액을 계산하여 소득금액조정합계표에 세무조정사항을 반영하시오.

[실무수행평가] – 법인세관리 1

번호	평가문제 [임대보증금 간주익금 조정명세서 조회]	배점
25	'①임대보증금등 적수'는 얼마인가?	2
26	'②건설비상당액 적수'는 얼마인가?	2
27	'⑦익금산입금액'은 얼마인가?	3

2. 세금과공과금 명세서

세무조정 참고자료	기장된 자료를 조회하시오. (단, 517.세금과공과금, 817.세금과공과금 계정만 반영하도록 할 것.)
수행과제	세금과공과금 명세서를 작성하시오. 1. [계정별원장 불러오기]를 이용하여 손금불산입할 항목을 표기하시오. 2. 소득금액조정합계표에 세무조정사항을 각 건별로 반영하시오.

[실무수행평가] – 법인세관리 2

번호	평가문제 [세금과공과금 명세서 조회]	배점
28	세무조정 대상 중 손금불산입(배당)으로 소득처분할 금액은 얼마인가?	2
29	세무조정 대상 중 손금불산입(상여)으로 소득처분할 금액은 얼마인가?	2
30	세무조정 대상 중 손금불산입(기타사외유출)으로 소득처분할 금액은 얼마인가?	3

3. 업무무관 지급이자조정명세서(갑,을)

자료 1. 업무무관 자산현황

계정과목	금액	참 고 사 항
투자부동산	100,000,000원	2020년 7월 1일에 비업무용으로 취득하였다.
비품	65,000,000원	2019년 4월 5일에 업무관련 자산인 미술작품을 취득하였다.

자료 2. 이자비용 현황

이자율	이자비용	참 고 사 항
10%	8,000,000원	3,000,000원은 채권자 불분명사채이자이며, 원천징수를 하지 않았다.
6%	10,500,000원	기숙사 증축 목적으로 차입된 이자비용 1,200,000원이 포함되어 있으며, 동 금액은 기숙사 증축기간에 발생된 것이다. (준공예정일 : 20x2년 9월 3일)
5%	6,000,000원	

세무조정 참고자료	1. 자료 1은 해당연도 재무상태표에 반영이 되어 있다. 2. 자료 2는 해당연도 손익계산서에 반영이 되어 있다. 3. 가지급금은 [가지급금등의인정이자조정(갑,을)]의 데이터를 이용하기로 한다.
수행과제	업무무관 지급이자조정명세서(갑,을)를 작성하시오. 1. 업무무관 지급이자조정명세서(을)를 작성하시오. 2. 업무무관 지급이자조정명세서(갑)를 작성하시오. 3. 소득금액조정합계표에 세무조정사항을 각 건별로 반영하시오.

[실무수행평가] - 법인세관리 3

번호	평가문제 [업무무관 지급이자조정명세서(갑) 조회]	배점
31	세무조정 대상 중 상여로 소득처분할 금액은 얼마인가?	2
32	세무조정 대상 중 유보발생으로 소득처분할 금액은 얼마인가?	2
33	세무조정 대상 중 기타사외유출로 소득처분할 금액은 얼마인가?	3

4. 소득금액조정합계표

자료. 전기 자본금과 적립금 조정명세서(을)내역

[별지 제50호 서식(을)]					(앞 쪽)

사업 연도	20x0.01.01 ~ 20x0.12.31	자본금과 적립금조정명세서(을)		법인명	(주)동행화장품

세무조정유보소득계산					
① 과목 또는 사항	② 기초잔액	당 기 중 증감		⑤ 기말잔액 (익기초현재)	비고
		③ 감 소	④ 증 가		
외상매출금	3,000,000	3,000,000	2,000,000	2,000,000	
기계장치(밀링머신) 감가상각비			5,000,000	5,000,000	

세무조정 참고자료	1. 전기에 부도가 발생(부도확정일 : 20x0.10.20)하여 대손처리하였던 외상매출금 2,000,000원은 대손요건이 충족되었다.(비망계정 인식할 것.) 2. 임원에 대한 상여금을 16,000,000원 지급하였으나, 임원상여금 지급규정상 한도액은 10,000,000원이다. 3. 잡이익에는 전기에 손금불산입 되었던 법인세납부액 중 당기환급액 5,989,000원이 포함되어 있다. 4. 당기 기계장치(밀링머신)에 대한 감가상각비 계상액은 다음과 같다. | 회사 계상액	13,000,000원	세법상 한도액	15,500,000원 | 5. 정기예금에 대한 기간경과분 미수이자 900,000원을 장부에 계상하였으며, 원천징수대상 소득으로 법인세법상 손익귀속시기가 도래하지 않았다.
수행과제	소득금액조정합계표에 세무조정사항을 반영하시오.

[실무수행평가] – 법인세관리 4

번호	평가문제 [소득금액조정합계표 조회]	배점
34	문제 [4]와 관련된 세무조정 대상 중 손금산입(유보감소)으로 소득금액조정합계표에 반영할 총금액은 얼마인가?	2
35	문제 [4]와 관련된 세무조정 대상 중 손금불산입(상여)으로 소득금액조정합계표에 반영할 총금액은 얼마인가?	2
36	문제 [4]와 관련된 세무조정 대상 중 익금불산입(기타)으로 소득금액조정합계표에 반영할 총금액은 얼마인가?	3

5. 법인세과세표준 및 세액조정계산서

세무조정 참고자료	1. 소득금액조정금액은 다음과 같이 가정한다. 　－당기순이익 340,907,471원　　　　　－가산조정 : 115,569,007원 　－차감조정　　11,388,000원 2. 세액공제감면내역 　－중소기업에 대한 특별세액 감면액은 12,000,000원이다. 　－연구 · 인력개발비공제액은 5,000,000원이다. 3. 영수증수취명세서에 지출증명서류 미수취분이 입력되어 있다. 4. 결산 시 법인세계정으로 대체한 선납세금계정에는 중간예납액과 원천납부세액이 포함되어 　있다. 5. 최저한세는 고려하지 않는다.
수행과제	법인세과세표준 및 세액조정계산서를 작성하시오. 1. 소득금액조정합계표의 소득금액 조정내역을 반영하시오. 2. 공제감면세액을 반영하시오. 3. 영수증수취명세서를 참고하여 가산세를 반영하시오. 4. 중간예납세액 및 원천납부세액(지방소득세 제외)을 반영하시오. 5. 분납 가능한 최대한의 금액을 분납처리하시오. 6. 선택가능한 방법이 있는 경우에는 법인세부담을 최소화하는 방법을 선택한다.

[실무수행평가] – 법인세관리 5

번호	평가문제 [법인세과세표준 및 세액조정계산서 조회]	배점
37	'120.산출세액'은 얼마인가? ① 52,424,010원　　　　　　　② 64,566,810원 ③ 72,105,242원　　　　　　　④ 81,725,464원	1
38	'124.가산세액'은 얼마인가?	3
39	'132.기납부세액 합계'는 얼마인가?	3
	법인세관리 소계	35

실무이론평가

1	2	3	4	5	6	7	8	9	10
③	①	④	②	①	①	③	②	③	②

01 · 반품예상액을 합리적으로 추정할 수 없는 경우 : **구매자가 재화의 인수를 공식적으로 수락한 시점 또는 재화가 인도된 후 반품기간이 종료된 시점**에 인식한다.

· 반품예상액을 합리적으로 추정할 수 있는 경우 : **제품 등의 인도시점에 인식**한다.

02

퇴직급여충당부채			
지급(보통예금)	*1,000,000*	기초잔액	10,000,000
기말잔액	12,000,000	설정	3,000,000
계	13,000,000	계	13,000,000

03 · 다음 항목은 내부적으로 창출한 무형자산의 원가에 포함하지 아니한다

① 자산이 **계획된 성과를 달성하기 전에 발생한 비효율로 인한 손실**과 초기 영업손실

② 판매비, 관리비 및 일반경비 지출

③ 무형자산을 창출한 이후 이를 운용하는 직원의 교육훈련과 관련된 지출

04 순액으로 계산하여 장부금액을 산출해도 된다.

상각금액 = [취득가액(2,000,000) - 정부보조금(200,000) - 잔존가치(0)] ÷ 5년 × 3개월/12개월
= 90,000원

기말장부금액 = 취득가액(2,000,000) - 정부보조금(200,000) - 상각금액(90,000) = 1,710,000원

[제시된 답안]

· 감가상각비 : (2,000,000원 ÷ 5년) × 3개월/12개월 = 100,000원

· 정부보조금 미상각잔액 : 200,000원 - ((200,000원 ÷ 5년) × 3개월/12개월) = 190,000원

· 장부금액 : 2,000,000원 - 100,000원 - 190,000원 = 1,710,000원

05 결산정리후 법인세차감전순이익 = 반영전 법인세차감전순이익(3,000,000) + 미수이자(200,000) + 선급비용 × 100,000) - 미지급이자(300,000) - 선수수익(400,000) = 2,600,000원

06 매출세액 = 제품매출액(170,000,000) × 10% - 대손세액(77,000,000 × 10/110) = 10,000,000원
토지는 면세대상이므로 과세표준에 포함하지 아니하며, 매출채권의 회수지연에 따른 연체이자는 공급가액으로 보지 않으므로 과세표준에 포함하지 아니한다.

07 ① 원천징수의무자가 매월분의 근로소득을 지급할 때에는 **근로소득 간이세액표**에 따라 소득세를 원천징수한다.

② 원천징수의무자는 해당 과세기간의 **다음 연도 2월분의 급여 지급 시 연말정산**을 한다.

④ 일용근로자의 근로소득은 분리과세되므로 연말정산의 절차를 거치지 않는다.

08 ・ 퇴직소득과 양도소득은 분류과세되고, 이자소득금액은 2,000만원 이하이므로 분리과세된다. 기타소득금액은 300만원을 초과하므로 종합과세한다.

・ 근로소득금액(14,000,000원) + 사업소득금액(20,000,000원) + 기타소득금액(3,500,000원)

= 종합소득금액(37,500,000원)

09 손금불산입 = 업무무관재산세(300,000) + 법인세추징액(4,000,000) = 4,300,000원

업무무관 건물의 재산세, 전기분 법인세추징액은 손금불산입으로 세무조정한다. 간주임대료에 대한 부가가치세와 조달청 납품 지연 지체상금은 손금항목이므로 세무조정이 불필요하다.

10 ① 외국납부세액공제한도는 **국가별 한도방식만을 적용**한다.

③ 재해손실세액공제는 **사업용 자산가액의 20% 이상을 상실**하는 경우에 적용받을 수 있다.

④ 사실과 다른 회계처리로 인한 경정에 따른 세액공제는 각 사업연도별로 **과다납부한 세액의 20%를 한도로 공제**하고, 공제 후 남아 있는 과다납부한 세액은 이후 사업연도에 이월하여 공제 가능하다.

▬▬▬▬▬ 실무수행평가

실무수행 1. 거래자료 입력

1. 정부보조금

(1) [계정과목및적요등록]

241.정부보조금(계정구분 : 4.차감, 관계코드 : 239.개발비) 등록

	240	소 프 트 웨 어	일 반	○	240	
	241	정 부 보 조 금	차 감	○	241	239
	242	회 사 설정계정과목		○	242	

(2) [일반전표입력] 1월 30일

(차) 개발비	20,000,000원	(대) 보통예금(국민은행)	18,500,000원
		예수금	1,500,000원
(차) 정부보조금(104)	20,000,000원	(대) 정부보조금(241)	20,000,000원

2. 사채 [일반전표입력] 12월 31일

(차) 사채　　　　　　　　　　 10,000,000원　　(대) 보통예금(국민은행)　　 9,800,000원

　　 사채상환손실　　　　　　 147,107원　　　　사채할인발행차금*　　 347,107원

〈사채할인차금 상각표〉

연도	유효이자(A) (BV×10%)	액면이자(B) (액면가액×8%)	할인차금상각 (A−B)	장부금액 (BV)
20x1. 1. 1				9,502,630
20x1.12.31	950,263	800,000	150,263	**9,652,893**

상환손익 = 상환가액(9,800,000) − 장부가액(9,652,893) = 147,107원(상환손실)

제거되는 할인발행차금 = 액면금액(10,000,000) − 장부가액(9,652,893) = 347,107원

실무수행 2. 부가가치세관리

1. 수정전자세금계산서의 발행

(1) [매입매출전표입력] 3월 10일

① [매입매출전표 입력] 3월 10일 전표 선택 ➡ [수정세금계산서] 클릭 ➡ [수정사유] 화면에서 [6.착오에 의한 이중발급 등] 선택 후 [확인(Tab)]을 클릭

② 수정세금계산서(매출) 화면에서 수정분을 입력한 후 [확인(Tab)] 클릭

③ [매입매출전표입력] 3월 10일

거래유형	품명	공급가액	부가세	거래처	전자세금
11.과세	남성용 가방	−20,000,000	−2,000,000	(주)강남가방	전자발행
분개유형	(차) 외상매출금	−22,000,000원		(대) 제품매출	−20,000,000원
2.외상				부가세예수금	−2,000,000원

(2) [전자세금계산서 발행 및 내역관리] 기출문제 78회 참고

2. 예정신고누락분의 확정신고 반영

(1) [매입매출전표입력]

※ 전표입력 후 기능모음의 [예정누락]을 클릭하여 [예정신고누락분 신고대상월 : 20x1년 10월]을 입력 - 9월 28일

거래유형	품명	공급가액	부가세	거래처	전자세금
11.과세	제품	15,000,000	1,500,000	(주)민성가방	전자입력
분개유형	(차) 외상매출금	16,500,000원		(대) 제품매출	15,000,000원
2.외상				부가세예수금	1,500,000원

- 9월 29일

거래유형	품명	공급가액	부가세	거래처	전자세금
51.과세	원재료	8,000,000	800,000	(주)다산패션	전자입력
분개유형	(차) 부가세대급금	800,000원		(대) 외상매입금	8,800,000원
2.외상	원재료	8,000,000원			

- 9월 25일

거래유형	품명	공급가액	부가세	거래처	전자세금
57.카과	숙박	150,000	15,000	(주)제주호텔	
분개유형	(차) 부가세대급금	15,000원		(대) 미지급금	165,000원
4.카드	여비교통비(판)	150,000원		(국민카드)	

(2) [부가가치세신고서] 10월 1일 ~ 12월 31일

1) 예정신고누락분명세

		구분		금액	세율	세액
예정신고누락분명세	매출	과세	세금계산서 33	15,000,000	10/100	1,500,000
			기타 34		10/100	
		영세율	세금계산서 35		0/100	
			기타 36		0/100	
		합계	37	15,000,000		1,500,000
	매입	세금계산서	38	8,000,000		800,000
		그 밖의 공제매입세액	39	150,000		15,000
		합계	40	8,150,000		815,000

2) 가산세명세

- 세금계산서 발급시기

공급시기	발급기한	지연발급(1%)	미발급(2%)
9/28	~10.10	10.11~익년도 1.25	익년도 1.25까지 미발급

구 분			공급가액	세액
매출	과세	세 금(전자)	15,000,000(지연발급)	1,500,000
		기 타		
	영세	세 금(전자)		
		기 타		
매입	세금계산서 등		8,150,000	815,000
미달신고(납부)←신고 · 납부지연 가산세				685,000

1. 전자세금계산서 지연발급	15,0000,000원×1% = 150,000원
2. 신고불성실	685,000원×10%×(1 − 75%) = 17,125원 * 3개월 이내 수정신고시 75% 감면
3. 납부지연	685,000원×92일×2.2/10,000 = 13,864원
계	180,989원

실무수행 3. 결산

1. 수동결산 및 자동결산

(1) [일반전표입력] 12월 31일

(차) 유동성장기부채(기업은행) 300,000,000원　　(대) 장기차입금(기업은행)　　300,000,000원

(2) [결산자료입력]

- 결산자료입력에서 원재료 6,000,000원, 제품 22,500,000원을 입력 하고 전표추가(F3) 를 클릭하여 결산분개를 생성한다.

※ 제품의 재고자산감모손실 중 정상적으로 발생한 감모는 매출원가에 산입되므로 별도의 회계처리 를 하지 않는다.

(3) [이익잉여금처분계산서] 메뉴

-이익잉여금처분계산서에서 처분일을 입력한 후, 전표추가(F3) 를 클릭하여 손익대체분개를 생성한다.

[실무수행평가] – 재무회계

번호	평가문제	배점	답
11	[일/월계표 조회] 4/4분기 영업외비용	2	5,172,370
12	[재무상태표 조회] 12월말 개발비 장부금액	3	0

번호	평가문제	배점	답
13	[재무상태표 조회] 12월말 장기차입금 잔액	3	900,000,000
14	[재무상태표 조회] 기말재고자산	2	28,500,000
15	[재무상태표 조회] 기말 이월이익잉여금(791,913,49)	2	③
16	[거래처원장 조회] 3월말 ㈜강남가방의 외상매출금 잔액	2	22,000,000
17	[전자세금계산서 발행 및 내역관리 조회] 수정입력사유코드번호	2	6
18	[부가가치세신고서 조회] 과세표준 합계	3	75,500,000
19	[부가가치세신고서 조회] 매입세액 차감계	3	43,815,000
20	[부가가치세신고서 조회] 가산세액	3	180,989
	재무회계 소계	25	

실무수행 4. 원천징수관리

1. 사업소득의 원천징수

(1) [사업소득자입력] 00500. 이미니, 학원강사

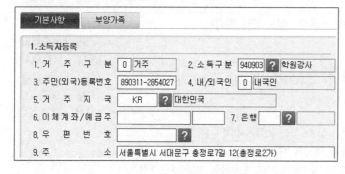

(2) [사업소득자료입력] 지급년월 2월

● 기타 관리 항목

소득구분	상 호	사업장등록번호	전화번호	계정과목	영수일자	연말적용
940903 학원강사					20×1-02-11	부

● 소득 지급 내역

귀속년월	지급년월일	지급총액	세율(%)	소득세	지방소득세	세액계	차인지급액
-02	02 11	600,000	3	18,000	1,800	19,800	580,200

2. 국세청연말정산간소화 및 이외의 자료를 기준으로 연말정산(안기요)

관계	요 건		기본 공제	추가 (자녀)	판 단
	연령	소득			
본인(여성)	–	–	○		근로소득금액이 45,350,000원이므로 부녀자공제 배제
배우자	–	○	○		총급여액 5백만원 이하자
자매(35)	×	○	○	장애(1)	완치 전일로 판단
자1(14)	○	○	○	자녀	
자2(13)	○	○	○	자녀	

〈안기요 : 근로소득금액〉

구 분		공제대상액
21.총 급 여(16)		58,000,000
22.근 로 소 득 공 제	>	12,650,000
23.근 로 소 득 금 액	>	45,350,000

[연말정산 근로소득원천징수영수증]

항 목	요건		내역 및 대상여부	입력
	연령	소득		
신용카드	×	○	• 본인 신용카드(**회사 경비 차감**) • 배우자 현금영수증 • 자매 신용카드는 대상에서 제외	○(신용 9,300,000 전통 2,500,000 도서 500,000) ○(현금 4,200,000 전통 600,000 도서 800,000) ×
의 료 비	×	×	• 자 1 의료비(안경은 500,000한도) (실손의료보험금 차감, 치료목적 성형수술은 대상)	○(일반 2,500,000)
보 험 료	○	○	• 배우자 생명보험료	○(일반 1,200,000)
퇴직연금	본인		• 퇴직연금	○(퇴직연금 2,400,000)

(1) 신용카드 공제

공제대상자			신용카드 등 공제대상금액								
내.외 관 계	성 명 생년월일	구분	⑤소계 (⑥+ ⑦+⑧+⑨+ ⑩+⑪)	⑥신용카드	⑦직불선불카드	⑧현금영수증	⑨도서공연박물관미술관사용분 (총급여7천만원이하자만)			⑩전통시장 사용분	⑪ 대중교통 이용분
							신용카드	직불선불카드	현금영수증		
내 본인	안기요 1985-05-27	국세청자료 그밖의자료	12,300,000	9,300,000			500,000			2,500,000	
내 3	이배민 1980-09-02	국세청자료 그밖의자료	5,600,000			4,200,000			800,000	600,000	

(2) 의료비 세액공제

	공제대상자					지급처			지급명세			난임시술비 해당 여부	중증질환 결핵환자등	산후조리원 해당여부 (7천만원이하)	미숙아· 선천성이상아
	부양가족 관계코드	성명	내외	주민등록번호	본인등 해당여부	상호	사업자번호	의료증빙 코드	건수	지급액	실손의료보험금				
1	직계비속(자녀,입	이하나	내	110101-4231454	X			국세청	1	3,000,000	500,000	X	X	X	X

(3) 보험료 세액공제

	관계 코드	성 명	기	소득 100 만원 초과 여부	부 녀 자	한 부 모	장 애 인	경 로 70	출산 입양	자 녀	구	보험료		
	내외 국인	주민등록번호	본								분	건강	고용	보장성
1	0	안기요	본인								국세청			
	1	850527-2899734									기타	1,919,520	747,000	
2	3	이배민	배우자								국세청			
	1	800902-1754110									기타			
3	4	이하나	20세 이하							○	국세청			1,200,000
	1	110101-4231454									기타			

- 보험료는 부양가족 기본공제 대상자인 배우자가 납부하였으므로, 공제 대상임.

(4) 연금계좌 세액공제

연금계좌				✕
구분		금융회사등	계좌번호	불입금액
1.퇴직연금	406	신한생명보험(주)	12345204578	2,400,000

[실무수행평가] – 원천징수관리

번호	평가문제	배점	답
21	[이미니 사업소득자료입력(지급년월 2월) 조회] 차인지급액	2	580,200
22	[안기요 연말정산 근로소득원천징수영수증 조회] 인적공제금액 *기본공제(1,500,000)×5명＋장애인공제(2,000,000)*	3	9,500,000
23	[안기요 연말정산 근로소득원천징수영수증 조회] 연금계좌의 공제 대상액	2	288,000
24	[안기요 연말정산 근로소득원천징수영수증 조회] 특별세액공제액	3	234,000
원천징수 소계		10	

〈참고사항 : 세액공제 총급여액 58,000,000원〉

※ 시험시 프로그램이 자동계산되어진 것으로 답을 입력하시고 시간이 남으시면 체크해 보시기 바랍니다.

		한도	공제율	대상금액	세액공제
1. 보험료	일반	1백만원	12%	1,200,000	120,000
2. 의료비	일반	–	15%	2,500,000	114.000
	☞ 의료비세액공제 = [2,500,000 – 총급여액(65,000,000)×3%]×15% = 114,000				
	특별세액공제 합계				**234,000**
3. 연금계좌	퇴직연금	9백만원	12%^{*1}	2,400,000	**288,000**

*1. 총급여액의 55백만원 초과일 경우 12%

실무수행 5. 법인세관리

1. 임대보증금 간주익금 조정

(1) [2. 임대보증금등의 적수계산] 365일

(2) [3. 건설비 상당액 적수계산]

298

(3) [4. 임대보증금등의 운용수입금액 명세서]

	(29)과 목	(30)계 정 금 액	(31)보증금운용수입금액	(32)기타수입금액	(33)비 고
1	이자수익	3,460,000	560,000	2,900,000	
2	배당금수익	3,640,000	940,000	2,700,000	

③ 4.임대보증금등의 운용수입금액 명세서

(4) [1. 임대보증금등의 간주익금 조정] 정기예금이자율 3.5%

1.임대보증금등의 간주익금 조정 [보증금 잔액 재계산] [보증금적수계산 일수 수정]

①임대보증금등 적 수	②건설비상당액 적 수	③보증금잔액 {(①-②)/ 365 }	④이자휸 (%)	⑤(③*④) 익금상당액	⑥보증금운용 수 입	⑦(⑤-⑥) 익금산입금액
201,000,000,000	53,600,000,000	403,835,616	3.5	14,134,246	1,500,000	12,634,246

(5) [소득금액조정합계표]

익금산입	임대보증금 간주익금	10,211,232원	기타사외유출

[실무수행평가] – 법인세관리 1

번호	평가문제[임대보증금 간주익금 조정명세서 조회]	배점	답
25	'①임대보증금등 적수'	2	201,000,000,000
26	'②건설비상당액 적수'	2	53,600,000,000
27	'⑦익금산입금액'	3	12,634,246

2. 세금과공과금 명세서

(1) [계정별원장 불러오기]를 이용한 손금불산입 항목 표기
- [계정별원장 불러오기]키를 이용하여 해당계정 데이터를 기장된 내역에서 불러온 후 [손금불산입만 별도 표기하기]키를 클릭하여 화면우측의 비고란에서 손금불산입할 항목만 선택한다.

9	세금과공과금(판)	03-31	계산서합계표 미제출가산세 납부	수원세무서	660,000	손금불산입
10	세금과공과금(판)	04-30	지방소득세(법인세분)	수원시청	5,900,000	손금불산입
11	세금과공과금(판)	06-30	간주임대료		179,506	
12	세금과공과금(판)	06-30	자동차세(관리부)	수원시청	1,138,000	
13	세금과공과금(판)	06-30	자동차세(관리부)	수원시청	156,000	
14	세금과공과금(판)	07-03	산재보험료 연체료	근로복지공단	3,500,000	
15	세금과공과금(제)	07-25	자동차세(공장)	수원시청	800,000	
16	세금과공과금(판)	07-25	인지세	수원시청	400,000	
17	세금과공과금(판)	07-31	건물재산세(주주 미소정 소유분)	수원시청	3,750,000	손금불산입
18	세금과공과금(판)	08-05	주민세(사업소분)	수원시청	3,590,000	
19	세금과공과금(판)	09-05	대표이사 개인물품의 관세법 위반 벌과	관세청	1,560,000	손금불산입
20	세금과공과금(판)	09-20	전기요금 연체료	한국전력공사	455,000	
21	세금과공과금(판)	09-30	간주임대료		181,479	
22	세금과공과금(제)	10-01	공장 등록면허세	수원시청	67,500	
23	세금과공과금(판)	10-25	교통 위반범 칙금	경찰청	1,150,000	손금불산입

(2) [소득금액조정합계표]

손금불산입	계산서합계표 미제출가산세 납부	660,000원	기타사외유출
손금불산입	지방소득세(법인세분)	5,900,000원	기타사외유출
손금불산입	건물재산세(주주 이소정 소유분)	3,750,000원	배당
손금불산입	대표이사 개인물품의 관세법 위반 벌과금	1,560,000원	상여
손금불산입	교통위반범칙금	1,150,000원	기타사외유출

[실무수행평가] – 법인세관리 2

번호	평가문제 [세금과공과금 명세서 조회]	배점	답
28	세무조정 대상 중 손금불산입(배당)으로 소득처분할 금액	2	3,750,000
29	세무조정 대상 중 손금불산입(상여)으로 소득처분할 금액	2	1,560,000
30	세무조정 대상 중 손금불산입(기타사외유출)으로 소득처분할 금액	3	7,710,000

3. 업무무관 지급이자조정명세서(갑,을)

(1) [업무무관 지급이자조정명세서(을)] 365일

① 업무무관 부동산의 적수

구분 1	1.업무무관 부동산의 적수	2.업무무관 동산의 적수	3.가지급금 등의 적수	4.가수금 등의 적수	5.그밖의 적수	6.자기자본적수			
								□ 적요수정	
	①월일	②적요	③차 변	④대 변	④잔 액	⑥일수		⑦적 수	
1	01-01	전기이월	100,000,000		100,000,000	365		36,500,000,000	

② 업무무관 동산의 적수

구분 2	1.업무무관 부동산의 적수	2.업무무관 동산의 적수	3.가지급금 등의 적수	4.가수금 등의 적수	5.그밖의 적수	6.자기자본적수			
								□ 적요수정	
	①월일	②적요	③차 변	④대 변	④잔 액	⑥일수		⑦적 수	
1	01-01	전기이월	65,000,000		65,000,000	365		23,725,000,000	

③ 가지급금등의 적수

구분 3	1.업무무관 부동산의 적수	2.업무무관 동산의 적수	3.가지급금 등의 적수	4.가수금 등의 적수	5.그밖의 적수	6.자기자본적수			
								□ 적요수정	
	①월일	②적요	③차 변	④대 변	④잔 액	⑥일수		⑦적 수	
1	05-17	지급	60,000,000		60,000,000	44		2,640,000,000	
2	06-30	회수		15,000,000	45,000,000	102		4,590,000,000	
3	10-10	지급	5,000,000		50,000,000	83		4,150,000,000	

(2) [업무무관 지급이자조정명세서(갑)]

2. 1. 업무무관 부동산등에 관련한 차입금 지급이자

① 지급 이자	적 수				⑥ 차입금 (=19)	⑦ ⑤와 ⑥중 적은금액	⑧ 손금불산입 지급이자 (① × ⑦÷⑥)
	②업무무관 부동산	③업무무관 동산	④가지급금 등	⑤계(②+③+④)			
20,300,000	36,500,000,000	23,725,000,000	11,380,000,000	71,605,000,000	118,625,000,000	71,605,000,000	12,253,584

1. 2. 지급이자 및 차입금 적수 계산 〈연이율 일수 -> 현재: 365 가지급금: 365〉

	(9) 이자율	(10)지급이자	(11)차입금적수	(12)채권자불분명 사채이자		(15)건설자금이자 등		차 감	
				(13)지급이자	(14)차입금적수	(16)지급이자	(17)차입금적수	(18)지급이자 (10-13-16)	(19)차입금적수(11-14-17)
1	10.00000	8,000,000	29,200,000,000	3,000,000	10,950,000,000			5,000,000	18,250,000,000
2	6.00000	10,500,000	63,875,000,000			1,200,000	7,300,000,000	9,300,000	56,575,000,000
3	5.00000	6,000,000	43,800,000,000					6,000,000	43,800,000,000

(3) [소득금액조정합계표]

손금불산입	채권자 불분명 사채이자	3,000,000원	상여
손금불산입	건설자금이자	1,200,000원	유보발생
손금불산입	업무무관지급이자	12,253,584원	기타사외유출

[실무수행평가] – 법인세관리 3

번호	평가문제 [업무무관 지급이자조정명세서(갑) 조회]	배점	답
31	세무조정 대상 중 상여로 소득처분할 금액	2	3,000,000
32	세무조정 대상 중 유보발생으로 소득처분할 금액	2	1,200,000
33	세무조정 대상 중 기타사외유출로 소득처분할 금액	3	12,253,584

4. 소득금액조정합계표

손금산입	전기 대손금부인액(외상매출금)	1,999,000원	유보감소
손금불산입	임원상여금 한도초과액	6,000,000원	상여
익금불산입	법인세 당기 환급액	5,989,000원	기타
손금산입	감가상각비 한도초과액 손금추인	2,500,000원	유보감소
익금불산입	미수수익(미수이자)	900,000원	유보발생

[실무수행평가] – 법인세관리 4

번호	평가문제 [소득금액조정합계표 조회]	배점	답
34	손금산입(유보감소)으로 소득금액조정합계표에 반영할 총금액	2	4,499,000
35	손금불산입(상여)으로 소득금액조정합계표에 반영할 총금액	2	6,000,000
36	익금불산입(기타)으로 소득금액조정합계표에 반영할 총금액	3	5,989,000

5. 법인세과세표준 및 세액조정계산서

① 각사업연도소득계산	101.결산서상당기순손익	01	340,907,471			120.산 출 세 액(120=119)		64,566,810
	소득금액조정금액	102.익 금 산 입	02	115,569,007	④ 납부할세액계산	121.최저한세 적용대상 공제감면세액	17	12,000,000
		103.손 금 산 입	03	11,388,000		122.차 감 세 액	18	52,566,810
	104.차가감소득금액(101 + 102 - 103)	04	445,088,478		123.최저한세 적용제외 공제감면세액	19	5,000,000
	105.기 부 금 한 도 초 과 액	05			124.가 산 세 액	20	18,000
	106.기부금한도초과이월액 손금산입	54			125.가 감 계(122-123+124)	21	47,584,810
	107.각사업연도소득금액(104+105-106)	06	445,088,478	기납부세액	126.중 간 예 납 세 액	22	9,000,000
② 과세표준계산	108.각 사 업 연 도 소득금액(108=107)		445,088,478		127.수 시 부 과 세 액	23	
	109.이 월 결 손 금	07			128.원 천 납 부 세 액	24	358,400
	110.비 과 세 소 득	08			129.간접회사등외국납부세액	25	
	111.소 득 공 제	09			130.소 계(126+127+128+129)	26	9,358,400
	112.과 세 표 준(108-109-110-111)	10	445,088,478		131.신 고 납 부 전 가 산 세 액	27	
	159.선 박 표 준 이 익	55			132.합 계(130+131)	28	9,358,400
③ 산출세액계산	113.과 세 표 준(113=112+159)	56	445,088,478		133.감 면 분 추 가 납 부 세 액	29	
	114.세 율	11	19%		134.차가감납부할 세액(125-132+133)	30	38,226,410
	115.산 출 세 액	12	64,566,810	토지등 양도소득에 대한 법인세 계산(TAB으로 이동)			
	116.지 점 유 보 소 득(법 제96조)	13		미환류소득법인세 계산(F3으로 이동)/ 중소기업제외			
	117.세 율	14		⑦ 세액계	151.차가감납부할세액계(134+150+166)	46	38,226,410
	118.산 출 세 액	15			152.사실과다른회계처리경정세액공제	57	
	119.합 계(115+118)	16	64,566,810		153.분 납 세 액 계 산 범 위 액	47	38,208,410
					154.분 납 할 세 액	48	19,104,205
					155.차 감 납 부 세 액	49	19,122,205

☞ 적격 영수증 미수취가산세 = 영수증수취명세서(900,000) × 2% = 18,000원

[실무수행평가] - 법인세관리 5

번호	평가문제 [법인세과세표준 및 세액조정계산서 조회]	배점	답
37	'120.산출세액'은 얼마인가?	1	②
38	'124.가산세액'은 얼마인가?	3	18,000
39	'132.기납부세액 합계'는 얼마인가?	3	9,358,400
	법인세관리 소계	35	

합격율	시험년월
33%	2023.2

실무이론평가

01. 다음과 관련된 회계정보의 질적특성은 무엇인가?

> 리스의 법적 형식은 임차계약이지만 리스이용자가 리스자산에서 창출되는 경제적 효익의 대부분을 향유하고 해당 리스자산과 관련된 위험을 부담하는 경우가 있다. 이와 같은 리스는 경제적 실질의 관점에서 자산과 부채의 정의를 충족하므로 리스이용자는 리스거래 관련 자산과 부채로 인식하여야 한다.

① 목적적합성 ② 이해가능성
③ 비교가능성 ④ 표현의 충실성

02. 다음은 (주)한공의 20x1년도 재고자산 관련 자료이다. 손익계산서에 계상될 매출원가와 재고자산감모손실은 각각 얼마인가?

> • 기초재고자산 500,000원
> • 당기매입액 1,000,000원
> • 장부상 기말재고수량 : 100개(취득원가 @6,000원/개)
> • 실제 기말재고수량 :   90개(순실현가능가치 @5,000원/개, 수량차이 중 5개는 정상감모이다.)

	매출원가	재고자산감모손실
①	900,000원	30,000원
②	900,000원	60,000원
③	1,020,000원	30,000원
④	1,020,000원	60,000원

03. 다음은 (주)한공의 외부감사인이 발견한 재고자산 관련 오류이다. 재고자산의 오류를 반영한 후 (주)한공의 당기순이익은 얼마인가?

- 20x1년 수정 전 당기순이익 :   2,000,000원
- 20x0년말 기말재고자산 과대계상 :   400,000원
- 20x1년말 기말재고자산 과소계상 :   300,000원

---

① 2,100,000원   ② 2,300,000원

③ 2,400,000원   ④ 2,700,000원

04. 다음은 (주)한공의 외화매출채권 관련 자료이다. 20x2년 3월 1일 외화매출채권 회수시 인식되는 손익으로 옳은 것은?

- (주)한공은 20x1년 10월 1일 미국 거래처에 $4,000의 상품을 판매하고, 대금은 20x2년 3월 1일 회수하였다.

[환율 변동표]

일자	원/$
20x1. 10. 1.	1,100원/$
20x1. 12.31.	1,000원/$
20x2. 3. 1.	1,200원/$

---

① 외환차손 400,000원   ② 외환차익 400,000원

③ 외환차손 800,000원   ④ 외환차익 800,000원

05. 다음은 (주)한공의 선박 관련 감가상각 자료이다. 이를 토대로 계산한 20x1년 재무제표 상 선박감가상각비와 선박감가상각누계액을 바르게 표시한 것은?

- 취득일 : 20x0년 1월 1일
- 내용연수 : 10년
- 상각방법 : 정률법(상각률 20%)
- 취득원가 : 500,000,000원
- 잔존가액 : 10,000,000원

	선박감가상각비	선박감가상각누계액
①	45,000,000원	98,000,000원
②	50,000,000원	100,000,000원
③	80,000,000원	180,000,000원
④	100,000,000원	200,000,000원

06. 다음은 (주)한공의 20x1년 제2기 부가가치세 확정신고기간(20x1.10.1.~20x1.12.31.)의 자료이다. 이를 토대로 부가가치세 과세표준을 계산하면 얼마인가?(단, 주어진 자료의 금액은 부가가치세가 포함되어 있지 않은 금액이며, 세금계산서 등 필요한 증빙서류는 적법하게 발급하였거나 수령하였다.)

가. 외상매출액(매출할인 500,000원을 차감하기 전의 금액임.)	10,000,000원
나. 재화의 직수출액	7,000,000원
다. 비영업용 승용차(2,000cc 미만임.)의 처분	4,000,000원
라. 과세사업용 부동산 처분액(토지 10,000,000원, 건물 7,000,000원)	17,000,000원
마. 공급받는 자에게 도달하기 전에 파손된 재화의 가액 (해당액은 위 매출액에 포함되어 있지 않음.)	2,000,000원

① 27,500,000원　　② 29,500,000원　　③ 31,000,000원　　④ 34,000,000원

07. 다음 중 소득세법상 퇴직소득의 범위에 해당하지 <u>않는</u> 것은?

① 사용자 부담금을 기초로 하여 현실적인 퇴직을 원인으로 지급받은 소득
② 퇴직급여지급규정상의 퇴직급여 한도액을 초과하여 지급하는 금액
③ 건설근로자의 고용개선 등에 관한 법률에 따라 지급받는 퇴직공제금
④ 종교관련 종사자가 현실적인 퇴직을 원인으로 종교단체로부터 지급받은 소득

08. 다음 자료를 토대로 거주자 김한공 씨의 20x1년 귀속 종합소득금액을 계산하면 얼마인가?(단, 소득에 대하여 필요경비는 확인되지 않으며 모든 금액은 원천징수세액을 차감하기 전의 금액이다.)

가. 비실명 배당소득	10,000,000원
나. 비영업대금이익(원천징수되지 아니하였음.)	15,000,000원
다. 퇴직 전에 부여받은 주식매수선택권을 퇴직 후에 행사하여 얻은 이익	20,000,000원
라. 복권 당첨소득	40,000,000원

① 35,000,000원　　② 50,000,000원　　③ 55,000,000원　　④ 70,000,000원

09. 다음 중 법인세법상 세무조정 단위와 세무조정 방법에 대한 설명으로 옳지 <u>않은</u> 것은?

① 감가상각비는 개별자산 단위별로 시부인 계산을 하므로 한 자산의 상각부인액을 다른 자산의 시인부족액과 상계할 수 없다.
② 대손충당금을 채권별로 설정한 경우에도 채권에 관계없이 대손충당금 기말잔액 합계액과 대손충당금 한도액을 비교하여 세무조정한다.
③ 공익성이 있는 기부금은 특례기부금·일반기부금 종류별로 일정한도 내에서 손금으로 인정하고, 특례기부금·일반기부금으로 열거되지 않은 비지정기부금은 전액 손금불산입한다.
④ 기업업무추진비(접대비)는 비용계상 기업업무추진비와 자산계상 기업업무추진비로 구분하여 각각의 한도액과 비교하여 세무조정한다.

10. 다음 자료를 토대로 중소기업인 (주)한공의 20x1년 사업연도(20x1.1.1.~20x1.12.31.) 법인세 과세표준을 계산하면 얼마인가?

> 가. 각사업연도 소득금액 : 200,000,000원
> 나. 이월결손금
> * 2008년 발생분 : 5,000,000원   * 2010년 발생분 : 20,000,000원
> * 2017년 발생분 : 30,000,000원   * 2018년 발생분 : 40,000,000원
> 다. 비과세소득 : 2,000,000원
> 라. 전기 특례기부금 한도초과 이월액 손금산입 : 10,000,000원

① 88,000,000원   ② 108,000,000원
③ 118,000,000원   ④ 128,000,000원

실무수행평가

(주)태창산업(1590)은 가구 등을 제조하여 판매하는 법인기업으로 회계기간은 제7기(20x1.1.1. ~ 20x1.12.31.)이다. 제시된 자료와 [자료설명]을 참고하여 [수행과제]를 완료하고 [평가문제]의 물음에 답하시오.

실무수행1 | 거래자료 입력

실무프로세스자료이다. [자료설명]을 참고하여 [수행과제]를 수행하시오.

1. 정부보조금

■ 보통예금(국민은행) 거래내역

(단위 : 원)

번호	거래일	내용	찾으신금액	맡기신금액	잔액	거래점
		계좌번호 112-12345-11231 (주)태창산업				
1	20x1-1-10	신용보증기금		150,000,000	***	***
2	20x1-1-20	중소벤처기업부		300,000,000	***	***

자료설명	1. 신용보증기금 입금액은 운영자금 소요목적으로 차입(연 2.5%)한 것으로 20x2년 1월부터 상환한다. 2. 중소벤처기업부 입금액은 스마트공장 구축을 위한 기계장치 취득목적의 보조금으로 상환의무는 없다. 해당 기계장치 취득은 하반기 내에 이루어질 예정이다.
수행과제	거래자료를 각각 입력하시오.

2. 리스회계

자료 1. 차량운반구 운용리스 계약내역

- 리스제공자 : (주)글로벌캐피탈
- 리스대상금액 : 165,000,000원
- 리스보증금 : 리스대상금액의 40%
- 리스대상 : 제네시스 G90
- 계약기간 : 2019.2.28.~20x1.2.28.
- 잔존가치 : 75,000,000원

자료 2. 전자세금계산서

전자계산서 (공급받는자 보관용)							승인번호		
공급자	등록번호	786-88-00849			공급받는자	등록번호	104-81-43125		
	상호	(주)글로벌캐피탈	성명(대표자)	홍슬기		상호	(주)태창산업	성명(대표자)	최종호
	사업장주소	서울특별시 구로구 구로동로7가길 10				사업장주소	서울특별시 서초구 서초대로 53		
	업태	서비스업	종사업장번호			업태	제조업외	종사업장번호	
	종목	리스				종목	가구외		
	E-Mail	globalcapital@bill36524.com				E-Mail	taechang@bill36524.com		

작성일자	20x1.3.1.	공급가액	75,000,000	비 고	

월	일	품목명	규격	수량	단가	공급가액	비고
3	1	제네시스 G90				75,000,000	

합계금액	현금	수표	어음	외상미수금	이 금액을	◉ 영수 ○ 청구 함
75,000,000	75,000,000					

자료 3. 보통예금(하나은행) 거래내역

번호	거래일	내용	찾으신금액	맡기신금액	잔액	거래점
		계좌번호 626-910004-9770 (주)태창산업				
1	20x1.3.1.	(주)글로벌캐피탈	9,000,000		***	***

자료설명	1. 자료 1은 리스제공자와 운용리스 계약을 체결한 주요 내역이다. 2. 자료 2는 리스계약 만료 시 리스대상자산을 인수하고 발급받은 전자계산서이다. 3. 자료 3은 리스대상자산 인수대금 중에서 리스보증금을 제외한 금액을 하나은행 보통예금 계좌에서 이체한 내역이다.
수행과제	운용리스자산 인수에 따른 거래자료를 매입매출전표에 입력하시오. (전자계산서 거래는 '전자입력'으로 입력하고, 고정자산등록은 생략할 것.)

실무수행2 | 부가가치세관리

부가가치세 신고 관련 자료이다. [자료설명]을 참고하여 [수행과제]를 수행하시오.

1. 수정전자세금계산서의 발행

전자세금계산서			(공급자 보관용)				승인번호		

공급자	등록번호	104-81-43125			공급받는자	등록번호	114-81-58741		
	상호	(주)태창산업	성명(대표자)	최종호		상호	(주)장수산업	성명(대표자)	이태훈
	사업장주소	서울특별시 서초구 서초대로 53				사업장주소	서울특별시 서대문구 충정로 30		
	업태	제조업외	종사업장번호			업태	제조업, 도매	종사업장번호	
	종목	가구외				종목	가구외		
	E-Mail	taechang@bill36524.com				E-Mail	jangsoo@bill36524.com		

작성일자	20x1.4.25.	공급가액	15,000,000	세 액	1,500,000

비고							

월	일	품목명	규격	수량	단가	공급가액	세액	비고
4	25	소형소파		30	500,000	15,000,000	1,500,000	

합계금액	현금	수표	어음	외상미수금	이 금액을	○ 영수 / ● 청구	함
16,500,000				16,500,000			

자료설명	1. 제품을 공급하고 발급한 전자세금계산서이다. 2. 담당자의 착오로 작성연월일 5월 25일이 4월 25일로 잘못 기재되었다.
수행과제	수정사유를 선택하여 수정전자세금계산서를 발급 전송하시오. ※ 전자세금계산서는 전자세금계산서 발행 및 내역관리 메뉴에서 발급·전송하시오.

2. 확정신고누락분의 수정신고서 반영

자료 1. 매출 전자세금계산서 발급 목록(제품 매출)

					매출전자세금계산서 목록			
번호	작성일자	승인 번호	발급일자	전송일자	상호	공급가액	세액	전자세금 계산서종류
1	20x1-11-20	생략	20x2-2-11	20x2-2-12	(주)가구세상	20,000,000원	2,000,000원	일반

자료 2. 매입 전자세금계산서 수취 목록(본사사무실 임차료)

					매입전자세금계산서 목록			
번호	작성일자	승인 번호	발급일자	전송일자	상호	공급가액	세액	전자세금 계산서종류
1	20x1-12-20	생략	20x1-12-20	20x1-12-20	이수산업	1,000,000원	100,000원	일반

자료 3. 사업상 증여한 제품 누락분

- 10월 31일 매출처 (주)가구마을에 사업상 목적으로 증여한 제품에 대한 회계처리가 누락되었음을 발견하다.(제품의 원가 2,500,000원, 시가 3,000,000원)
  (단, 부가가치세는 (주)태창산업이 부담하기로 한다.)

자료설명	1. 자료 1~3은 20x1년 제2기 부가가치세 확정신고시 누락된 매출과 매입 관련 자료이다. 2. 매입매출전표에 작성일자로 자료를 입력하고 제2기 부가가치세 확정 수정신고서(수정차수 1)를 작성하려고 한다. 3. 20x2년 2월 12일에 수정신고 및 추가 납부하며, 신고불성실가산세는 일반과소신고에 의한 가산세율을 적용하고, 미납일수는 18일, 1일 2.2/10,000로 한다.
수행과제	1. 누락된 거래자료를 입력하시오.(자료 1과 자료 2의 거래는 모두 외상이며, 전자세금계산서 발급거래는 '전자입력'으로 입력할 것.) 2. 가산세를 적용하여 제2기 부가가치세 확정신고에 대한 수정신고서를 작성하시오.

실무수행3 | 결산

[결산자료]를 참고로 결산을 수행하시오.(단, 제시된 자료 이외의 자료는 없다고 가정함.)

1. 수동결산 및 자동결산

<table>
<tr><td rowspan="13">자료설명</td><td colspan="4">1. 외화평가
　　결산일 현재 보유한 외화예금과 환율정보는 다음과 같다.</td></tr>
</table>

		1. 외화평가
자료설명		결산일 현재 보유한 외화예금과 환율정보는 다음과 같다.

계정과목	거래처	발생일 환율
외화예금 (USD20,000)	기업은행(외화)	20x1.10.01. 1,250원/USD

* 일별 매매기준율

날짜	통화명	매매 기준율	전일 대비	시가	고가	저가	종가	시장거래량 (Mio)
20x1.12.31	미 달러화 (USD)	1,338.20	11.50▲	1,341.80	1,346.60	1,337.00	1,345.50	6,844.00

※ 참고 : 서울외국환중개소

결산정리분개를 입력하시오.

2. 재고자산 실사내역

구 분	내역		
	수량	단가	금액
제 품	400개	230,000원	92,000,000원

3. 이익잉여금처분계산서 처분확정(예정)일
 - 당기 : 20x2년 2월 28일
 - 전기 : 20x1년 2월 28일

수행과제

결산을 완료하고 이익잉여금처분계산서에서 손익대체분개를 하시오.
(단, 이익잉여금처분내역은 없는 것으로 하고 미처분이익잉여금 전액을 이월이익잉여금으로 이월하기로 한다.)

평가문제

입력자료 및 회계정보를 조회하여 [평가문제]의 답안을 입력하시오.(70점)

[실무수행평가] – 재무회계

번호	평가문제	배점
11	**평가문제 [손익계산서조회]** 당기 발생한 영업외수익 금액은 얼마인가?	3
12	**평가문제 [재무상태표 조회]** 3월 말 차량운반구 장부금액은 얼마인가?	3
13	**평가문제 [재무상태표 조회]** 12월 말 비유동부채 금액은 얼마인가?	2
14	**평가문제 [재무상태표 조회]** 12월 31일 현재 이월이익잉여금(미처분이익잉여금) 잔액은 얼마인가? ① 415,210,166원 ② 523,150,111원 ③ 658,120,781원 ④ 1,141,090,124원	2
15	**평가문제 [거래처원장 조회]** 1/4분기(1월~3월) 국민은행의 보통예금 입금액은 얼마인가?	2
16	**평가문제 [세금계산서합계표 조회]** 제1기 확정 신고기간의 매출전자세금계산서 발급매수는 총 몇 매인가?	2
17	**평가문제 [전자세금계산서 발행 및 내역관리 조회]** 4월 25일자 수정세금계산서의 수정입력사유를 코드번호로 입력하시오.	2
18	**평가문제 [부가가치세신고서 조회]** 제2기 확정 신고기간 부가가치세 수정신고서의 과세표준 합계(9란) 세액은 얼마인가?	3
19	**평가문제 [부가가치세신고서 조회]** 제2기 확정 신고기간 부가가치세 수정신고서의 세금계산서수취분_일반매입(10란) 세액은 얼마인가?	3
20	**평가문제 [부가가치세신고서 조회]** 제2기 확정 신고기간 부가가치세 수정신고서의 가산세액(26란) 합계금액은 얼마인가?	3
	재무회계 소계	25

실무수행4 | 원천징수관리

인사급여 관련 자료이다. [자료설명]을 참고하여 [수행과제]를 수행하시오.

1. 급여자료 입력
자료 1. 10월 급여자료

(단위 : 원)

사원	수당				공제			
	기본급	상여	직책수당	국외근로수당	국민연금	건강보험	고용보험	장기요양보험
1005.이우철 (건설감리직)	2,000,000	수당내역 참고하여 직접입력	300,000	3,000,000	프로그램에서 자동 계산된 금액으로 공제한다.			

자료 2. 수당 및 공제내역

구분	코드	수당 및 공제명	내 용
수당 등록	101	기본급	설정된 그대로 사용한다.
	102	상 여	기본급의 100%
	200	직책수당	직책별로 매월 차등 지급하고 있다.
	201	국외근로수당	사우디 건설현장에 근무하는 직원에게 매월 고정적으로 지급하고 있다.

자료설명	1. 이우철 팀장은 20x1년 10월 1일자로 사우디 건설현장에 건설감리직으로 파견근무를 하고 있다. 2. 회사는 당월분 급여를 당월 25일 지급한다. 3. 사회보험료와 소득세 및 지방소득세는 자동 계산된 금액으로 공제한다. 4. 당사는 반기별 원천징수 납부대상자가 아니다. 5. 전월미환급세액은 110,000원(지방소득세 10,000원 포함)이다. 6. 본 문제에 한하여 당사는 제조업과 건설업을 겸업한다고 가정한다.
수행과제	1. 사원등록 메뉴에 국외근로수당을 반영하시오. 2. 급여자료입력 메뉴에 수당등록을 하시오. 3. 10월분 급여자료를 입력하시오.(단, 구분 2.급여+상여로 선택할 것.) 4. 전월미환급세액을 반영하여 10월 귀속분 [원천징수이행상황신고서]를 작성하시오.

2. 사업소득의 원천징수

자료. 사업소득자 관련정보

성 명	이선희 (코드 02203)
거주구분(내국인 / 외국인)	거주자 / 내국인
주민등록번호	661128-2173361
주 소	서울특별시 서초구 헌릉로 8길 22
귀속년월 / 지급년월일	20x1년 11월 /20x1년 11월 27일
이체계좌/예금주/은행명	350-01-12345/이선희/하나은행
지급금액	800,000원

자료설명	1. 당사는 전 직원을 대상으로 20x1년 법정의무교육(2차)을 진행하고, 강사료를 지급하였다. 2. 이선희는 회사와 고용관계가 없으며, 주업인 법정의무교육을 반복적으로 하고 있다.(업종 코드 : 940903)
수행과제	1. [사업소득자입력]에서 소득자를 등록하시오.(우편번호 입력은 생략할 것.) 2. [사업소득자료입력]에서 소득자료를 입력하고 사업소득세를 산출하시오. 3. [원천징수이행상황신고서]에 반영하시오.

[실무수행평가] - 원천징수관리

번호	평가문제	배점
21	**평가문제 [이우철 10월 급여자료 조회]** 수당항목 중 비과세 총액은 얼마인가?	4
22	**평가문제 [원천징수이행상황신고서 조회]** 10월 귀속.10월 지급분 원천징수이행상황신고서의 '9.당월조정환급세액'은 얼마인가?	2
23	**평가문제 [이선희 사업소득자료입력 조회]** 11월 지급분 강사료에 대한 차인지급액은 얼마인가?	4
	원천징수 소계	10

실무수행5 　법인세관리  회사변경 확인할 것

(주)동해산업(1591)은 중소기업으로 사업연도는 제15기(20x1.1.1. ~ 20x1.12.31.)이다. 입력된 자료와 세무조정 참고자료에 의하여 법인세무조정을 수행하시오.

1. 수입금액조정명세서

세무조정 참고자료	1. 결산서상 수입금액은 손익계산서의 매출계정을 조회한다. 2. 회사는 상품판매를 촉진하기 위하여 상품권을 발행하고 있다. 20x1년 9월 9일에 상품권 33,000,000원을 발행하고 상품매출로 회계처리 하였으나, 20x1년 12월 31일까지 회수된 상품권은 없다. 3. 제품매출 중 20x1년 9월 22일 거래는 (주)럭키물산에 제품을 인도하고 제품매출(판매가 25,000,000원, 원가 20,000,000원)로 회계처리 하였으나, 20x1년 12월 31일까지 (주)럭키물산은 동 제품 전부를 보관하고 있다.(회사는 베트남시장 진출을 위해 (주)럭키물산과 위탁판매계약을 체결하였다.)
수행과제	수입금액조정명세서를 작성하시오. 1. [1.수입금액 조정계산]에 결산서상 수입금액을 조회하여 반영하시오. 2. [2.수입금액 조정명세]에 기타수입금액을 반영하시오. 3. [1.수입금액 조정계산]에 조정사항을 반영하시오. 4. 소득금액조정합계표에 세무조정사항을 반영하시오.

[실무수행평가] – 법인세관리 1

번호	평가문제 [수입금액 조정명세서 조회]	배점
24	상품매출의 '⑥조정후 수입금액'은 얼마인가?	2
25	제품매출의 '⑥조정후 수입금액'은 얼마인가?	2
26	문제 [1]과 관련된 세무조정 대상 중 손금불산입(유보발생)으로 소득처분할 금액은 얼마인가?	3

2. 재고자산(유가증권) 평가조정명세서

자료설명	1. 재고자산에 대한 자료는 다음과 같다. (단위 : 원)

과목	장부상 금액	총평균법	선입선출법	후입선출법
상품	81,700,000	83,300,000	85,000,000	81,700,000
제품	198,000,000	200,200,000	211,300,000	198,000,000
재공품	357,550,000	359,500,000	362,000,000	357,550,000
원재료	550,000,000	570,000,000	600,000,000	550,000,000

자료설명	2. 상품과 제품은 2009.3.31에 총평균법으로 신고하였으나, 20x1.9.1.에 후입선출법으로 변경신고하였고 후입선출법으로 평가하였다. 3. 재공품은 평가방법을 신고하지 않고 후입선출법으로 평가하였다. 4. 원재료는 2009.3.31.에 총평균법으로 신고하였으나, 재고자산 평가방법 변경신고 없이 후입선출법으로 평가하였다.
수행과제	재고자산(유가증권)평가조정명세서를 작성하시오. 1. [1.재고자산 평가방법 검토]를 작성하시오. 2. [2.평가조정 계산]에서 조정금액을 계산하시오. 3. 소득금액조정합계표에 세무조정사항을 반영하시오.

[실무수행평가] – 법인세관리 2

번호	평가문제 [재고자산(유가증권)평가조정명세서 조회]	배점
27	'1.재고자산 평가방법 검토'에서 법인세법에 따라 재고자산을 적법하게 평가한 자산을 모두 고르면? 가. 제품 및 상품 나. 재공품 다. 원재료 ① 가 ② 가, 나 ③ 가, 다 ④ 가, 나, 다	2
28	재공품 '평가조정계산의 18.조정액'은 얼마인가?	2
29	원재료 '평가조정계산의 18.조정액'은 얼마인가?	3

3. 선급비용명세서

자료 1. 전기 자본금과 적립금 조정명세서(을) 내역

[별지 제50호 서식(을)]						(앞 쪽)
사업 연도	20x0.01.01 ~ 20x0.12.31	자본금과 적립금 조정명세서(을)			법인명	(주)동해산업
세무조정유보소득계산						
① 과목 또는 사항	② 기초잔액	당 기 중 증감		⑤ 기말잔액 (익기초현재)	비고	
		③ 감 소	④ 증 가			
선급비용(보험료)	1,200,000	1,200,000	1,500,000	1,500,000		
중 략						

자료 2. 당기말 기간미경과분(선급분) 내역

지급일	내용	금액	거래처	기간
20x1.10. 1.	임차료 (본사 건물)	6,000,000원	세계빌딩(주)	20x1.10.1.~20x2.9.30.
20x1. 6. 1.	자동차보험료 (회계부)	1,200,000원	현대화재보험(주)	20x1.6.1.~20x2.5.31.

세무조정 참고자료	1. 전기분 자본금과 적립금조정명세서(을) 내역을 참고하여 조정한다. (선급기간 : 20x1. 1. 1. ~ 20x1. 3. 31.) 2. 선급비용을 계상할 계정은 지급임차료(판), 보험료(판)이다.
수행과제	선급비용명세서를 작성하시오. 1. 계정과목의 원장내역을 조회하여 해당금액을 반영하시오. 2. 각 건별로 소득금액조정합계표에 세무조정사항을 반영하시오.

[실무수행평가] – 법인세관리 3

번호	평가문제 [선급비용명세서 조회]	배점
30	본사 건물임차료의 세무조정 대상 금액은 얼마인가?	3
31	자동차보험료의 세무조정 대상 금액은 얼마인가?	2
32	전기분 보험료의 세무조정 대상 금액은 얼마인가?	2

4. 업무무관지급이자조정명세서(갑,을)

자료 1. 업무무관 자산현황

계정과목	금액	참 고 사 항
토지	500,000,000원	20x1년 11월 25일에 공장신축과 관련하여 취득하였다. (전기에 취득한 토지는 현재 본사사옥을 신축중임)
투자부동산	270,000,000원	20x1년 4월 6일에 비업무용으로 토지를 취득하였다.

자료 2. 이자비용 지출내역

이자율	이자비용	참 고 사 항
8%	4,700,000원	채권자를 알 수 없는 이자비용이다. (원천징수를 하지 않았음)
7%	32,000,000원	본사사옥 신축 목적으로 차입된 이자비용으로 건물신축 기간에 발생된 것이다.(완공예정일 20x2.10.31.)
4%	24,000,000원	

세무조정 참고자료	1. 자료 1은 당해연도 재무상태표에 반영이 되어 있다. 2. 자료 2는 당해연도 손익계산서에 반영이 되어 있다. 3. 가지급금 및 가수금은 [가지급금등의인정이자조정(갑,을)]의 데이터를 이용하기로 한다.
수행과제	업무무관 지급이자조정명세서(갑,을)을 작성하시오. 1. 업무무관 지급이자조정명세서(을)를 작성하시오. 2. 업무무관 지급이자조정명세서(갑)를 작성하시오. 3. 소득금액조정합계표에 세무조정사항을 반영하시오.

[실무수행평가] – 법인세관리 4

번호	평가문제 [업무무관 지급이자조정명세서(갑) 조회]	배점
33	문제 [4]와 관련된 세무조정 대상 중 상여로 소득처분할 금액은 얼마인가?	2
34	문제 [4]와 관련된 세무조정 대상 중 유보발생으로 소득처분할 금액은 얼마인가?	2
35	문제 [4]와 관련된 세무조정 대상 중 기타사외유출로 소득처분할 금액은 얼마인가?	3

5. 법인세과세표준 및 세액조정계산서

세무조정 참고자료	1. 소득금액조정금액은 다음과 같이 가정한다. 　- 당기순이익 150,000,000원 　- 가산조정 : 220,000,000원 　- 차감조정　　50,000,000원 2. 연구인력개발비 세액공제액은 10,500,000원이다. 3. 영수증수취명세서에 적격증빙 미수취에 대한 거래분이 입력되어 있다. 4. 결산 시 법인세계정으로 대체한 선납세금계정에는 중간예납과 원천납부세액이 포함되어 　있다.
수행과제	법인세과세표준 및 세액조정계산서를 작성하시오. 1. 소득금액조정합계표 및 위 세무조정 참고자료를 반영하시오. 2. 연구인력개발비 세액공제액을 반영하시오. 3. 지출증명서류 미수취에 대한 가산세를 반영하시오. 4. 중간예납세액 및 원천납부세액(지방소득세 제외)을 반영하시오. 5. 분납 가능한 최대한의 금액을 분납처리하시오.

[실무수행평가] - 법인세관리 5

번호	평가문제 [법인세과세표준 및 세액조정계산서 조회]	배점
36	'122.차감세액'은 얼마인가?	2
37	'128.원천납부세액'은 얼마인가?	2
38	분납할 세액(50)은 얼마인가? ① 1,250,000원　　　　　　　② 78,250,364원 ③ 100,845,772원　　　　　　④ 159,363,223원	3
	법인세관리 소계	35

실무이론평가

1	2	3	4	5	6	7	8	9	10
④	③	④	④	③	①	②	①	④	④

01 **표현의 충실성을 확보**하기 위해서는 회계처리대상이 되는 거래나 **사건의 형식보다는 그 경제적 실질에 따라 회계처리하고 보고**하여야 한다. 거래나 사건의 경제적 실질은 법적 형식 또는 외관상의 형식과 항상 일치하는 것은 아니다.

02 재고자산감모손실(영업외비용) = 5개(비정상감모) × @6,000원 = 30,000원
기말재고금액 = 실제수량(90개) × 순실현가능가치(@5,000) = 450,000원
정상감모는 매출원가에 해당한다.

재고자산

기초	500,000	*매출원가*	*1,020,000*
		재고자산감모손실 (영업외비용)	30,000
순매입액	1,000,000	기말	450,000
계	1,500,000	계	1,500,000

03 **자산과 이익은 비례관계**이다. 기말재고자산의 과소계상은 **이익이 과소계상된 것**이고, 기초재고의 과대계상은 매출원가를 과대계상하므로 이익이 과소계상되어 있다.

수정전 당기순이익	2,000,000원
(+)기초재고 과대계상(이익과소계상)	400,000원
(+)기말재고 과소계상(이익과소계상)	300,000원
수정후 당기순이익	2,700,000원

04 20x1년 12월 31일 외화환산손실 = $4,000 × (1,000원 - 1,100원) = (-)400,000원
20x2년 3월 1일 외화매출채권 회수시 외환차익 = $4,000 × (1,200원 - 1,000원) = 800,000원

05 전기 감가상각비(정률법) = 500,000,000원 × 20% = 100,000,000원
당기감가상각비 = 장부가액(500,000,000 - 100,000,000원) × 20% = 80,000,000원
감가상각누계액 = 전기(100,000,000) + 당기(80,000,000) = 180,000,000원

06

외상매출액	: 10,000,000원 - 500,000원(매출할인) =	9,500,000원
직수출액	:	7,000,000원
비영업용 승용차 처분	:	4,000,000원
건물처분	:	7,000,000원
부가가치세 과세표준	:	27,500,000원

07 "**퇴직급여지급규정상 퇴직급여 한도초과액은 근로소득**에 해당한다."라는 지문은 잘못된 지문이다. 이 규정은 임원에 한해서 적용된다. 근로자의 경우에는 현실적 **퇴직을 원인으로 지급받는 금액은 퇴직소득**에 해당한다.

〈2013 개정세법해설 - 국세청〉

14 퇴직소득의 소득구분 명확화

(소득세법 제22조)

가. 개정취지

○ 급여지급 규정 유무에 따른 과세불형평(근로소득 · 퇴직소득) 문제 개선

 * 다만, 임원퇴직금 한도 초과액은 퇴직시 지급하더라도 근로소득

나. 개정내용

종 전	개 정
☐ 퇴직소득 범위	☐ 퇴직소득의 범위 개선
○ 법령에 열거하고 있으나, 근로소득과 퇴직소득의 구분이 불분명	○ 근로대가로서 현실적 퇴직*을 원인으로 지급받는 소득
* 예) 퇴직공로금 · 위로금 : 불특정 다수에게 지급시 퇴직소득이나, 이외에는 근로소득으로 구분 * 일반근로자는 퇴직급여지급규정 등에 따라 퇴직소득 결정	* 근로대가의 명칭여하에 관계없이 퇴직을 원인으로 지급받은 대가는 원칙적으로 퇴직소득으로 인정
☐ 퇴직소득 한도	(좌 동)
○ 적용대상 : 임원	
○ 적용한도 $\frac{\text{퇴직전 3년}}{\text{연평균 급여}} \times \frac{1}{10} \times \text{근속} \times 3$ 연수 * 한도초과분은 근로소득 간주	(좌 동)

다. 적용시기 및 적용례

○ 2013.1.1. 이후 발생하는 소득 분부터 적용

08 15,000,000원(비영업대금이익)＋20,000,000원(주식매수선택권 행사이익)＝35,000,000원

원천징수되지 않은 비영업대금의 이익은 무조건 종합과세에 해당한다.

퇴직 전에 부여받은 주식매수선택권을 **퇴직 후에 행사하여 얻은 이익은 기타소득에 해당**하며, **비실명 배당소득과 복권 당첨소득은 무조건 분리과세에 해당**한다.

09 기업업무추진비(접대비)는 **비용계상 기업업무추진비와 자산계상 기업업무추진비를 합하여** 회사의 **세법상 한도액과 비교**하여 세무조정한다.

10 과세표준 : 200,000,000원(각사업연도 소득금액) − 70,000,000원[*](이월결손금)

− 2,000,000원(비과세소득) ＝ 128,000,000원

> * 이월결손금은 15년간 공제가능(2020. 1. 1 이전 개시하는 사업연도에서 발생하는 결손금은 10년간 이월하여 공제가능하고, 2008. 12. 31 이전 개시하는 과세연도에서 발생하는 결손금은 5년간 공제가 가능)하다. 그러므로 이월결손금 공제액은 2017년과 2018년 발생분의 합계액인 70,000,000원이다.

■ 실무수행평가

실무수행 1. 거래자료 입력

1. 정부보조금 [일반전표입력] 1월 10일

(차) 보통예금(국민은행)	150,000,000원	(대) 장기차입금(신용보증기금)	150,000,000원

[일반전표입력] 1월 20일

(차) 보통예금(국민은행)	300,000,000원	(대) 정부보조금(104)	300,000,000원

2. 리스회계

(1) [매입매출전표입력] 3월 1일

거래유형	품명	공급가액	부가세	거래처	전자세금
53.면세	제네시스 G90	75,000,000		(주)글로벌캐피탈	전자입력
분개유형	(차) 차량운반구	75,000,000원		(대) 리스보증금	66,000,000원
3.혼합				보통예금(하나은행)	9,000,000원

실무수행 2. 부가가치세관리

1. 수정전자세금계산서의 발행

(1) [수정세금계산서 발급]

① [매입매출전표입력] 4월 25일 전표 선택 ➔ 수정세금계산서 ➔ [수정사유] 화면에서
[1.기재사항 착오·정정]을 선택하고 비고란에 [2.작성년월일]을 선택하여 확인(Tab) 클릭

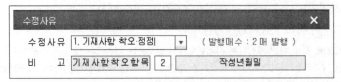

② [수정세금계산서(매출)]화면에서 [작성일 5월 25일], [수량 30], [단가 500,000원]을 입력한 후
확인(Tab) 클릭

구분	년	월	일	유형	품명	수량	단가	공급가액	부가세	합계	코드	거래처명	사업.주민번호
당초분		04	25	과세	소형소파	30	500,000	15,000,000	1,500,000	16,500,000	04030	(주)장수산업	114-81-58741
수정분		04	25	과세	소형소파	-30	500,000	-15,000,000	-1,500,000	-16,500,000	04030	(주)장수산업	114-81-58741
수정분		05	25	과세	소형소파	30	500,000	15,000,000	1,500,000	16,500,000	04030	(주)장수산업	114-81-58741
				합 계				15,000,000	1,500,000	16,500,000			

수정입력사유 1 기재사항 착오·정정 / 기재사항착오항목 2. 작성년월일

③ 수정세금계산서 2건이 입력이 되는 것을 확인

➔ 4월 25일 당초에 발급한 세금계산서의 (-)세금계산서 발급분에 대한 회계처리

거래유형	품명	공급가액	부가세	거래처	전자세금
11.과세	소형소파	- 15,000,000원	- 1,500,000원	(주)장수산업	전자발행
분개유형	(차) 외상매출금	- 16,500,000원	(대) 제품매출		- 15,000,000원
2.외상			부가세예수금		- 1,500,000원

➔ 5월 25일 수정분 세금계산서 발급분에 대한 회계처리

거래유형	품명	공급가액	부가세	거래처	전자세금
11.과세	소형소파	15,000,000원	1,500,000원	(주)장수산업	전자발행
분개유형	(차) 외상매출금	16,500,000원	(대) 제품매출		15,000,000원
2.외상			부가세예수금		1,500,000원

(2) [전자세금계산서 발행 및 내역관리] 기출문제 78회 참고

2. 확정신고누락분의 수정신고서 반영

(1) [매입매출전표입력]

- 11월 20일

거래유형	품명	공급가액	부가세	거래처	전자세금
11.과세	제품	20,000,000	2,000,000	(주)가구세상	전자입력
분개유형	(차) 외상매출금	22,000,000원	(대) 제품매출		20,000,000원
2.외상			부가세예수금		2,000,000원

- 12월 20일

거래유형	품명	공급가액	부가세	거래처	전자세금
51.과세	사무실 임차료	1,000,000	100,000	이수산업	전자입력
분개유형	(차) 임차료(판)	1,000,000원	(대) 미지급금		1,100,000원
3.혼합	부가세대급금	100,000원			

- 10월 31일

거래유형	품명	공급가액	부가세	거래처	전자세금
14.건별	제품증여	3,000,000	300,000		
분개유형	(차) 접대비(판)	2,800,000원	(대) 제품(적요8.타계정으로 대체)		2,500,000원
3.혼합			부가세예수금		300,000원

(2) [부가가치세신고서] 10월 1일 ~ 12월 31일(수정차수 1)

	구 분		금액	세율	세액	No	금액	세율	세액
과세표준및매출세액	과세	세금계산서발급분 1	850,000,000	10/100	85,000,000	1	870,000,000	10/100	87,000,000
		매입자발행세금계산서 2		10/100		2		10/100	
		신용카드·현금영수증 3		10/100		3		10/100	
		기타 4		10/100		4	3,000,000	10/100	300,000
	영세	세금계산서발급분 5		0/100		5		0/100	
		기타 6		0/100		6		0/100	
	예정신고누락분 7					7			
	대손세액가감 8					8			
	합계 9		850,000,000	㉗	85,000,000	9	873,000,000	㉗	87,300,000
매입세액	세금계산서수취부분	일반매입 10	450,000,000		45,000,000	10	451,000,000		45,100,000
		수출기업수입분납부유예 10-1				10-1			
		고정자산매입 11				11			
	예정신고누락분 12					12			
	매입자발행세금계산서 13					13			
	그밖의공제매입세액 14					14			
	합계 (10-(10-1)+11+12+13+14) 15		450,000,000		45,000,000	15	451,000,000		45,100,000
	공제받지못할매입세액 16					16			
	차감계 (15-16) 17		450,000,000	㉯	45,000,000	17	451,000,000	㉯	45,100,000
납부(환급)세액 (㉗매출세액-㉯매입세액)				㉰	40,000,000			㉰	42,200,000
경감공제세액	그밖의경감·공제세액 18					18			
	신용카드매출전표등발행공제계 19			[참고]		19		[참고]	
	합계 20			㉱		20		㉱	
소규모 개인사업자 부가가치세 감면세액 20-1				㉲		20-1		㉲	
예정신고미환급세액 21				㉳		21		㉳	
예정고지세액 22				㉴		22		㉴	
사업양수자가 대리납부한 세액 23				㉵		23		㉵	
매입자납부특례에따라납부한세액 24				㉶		24		㉶	
신용카드업자가 대리납부한 세액 25				㉷		25		㉷	
가산세액계 26				㉸		26		㉸	430,712
차가감납부할세액(환급받을세액) (㉰-㉱-㉲-㉳-㉴-㉵-㉶-㉷+㉸) 27			40,000,000					27	42,630,712
총괄납부사업자 납부할세액 (환급받을세액)									

(3) [가산세명세]

 - 세금계산서 발급시기

공급시기	발급기한	지연발급(1%)	미발급(2%)
11.20	~12.10	12.11~익년도 1.25	익년도 1.25까지 미발급

구 분			공급가액	세액
매출	과세	세 금(전자)	20,000,000(미발급)	2,000,000
		기 타	3,000,000	300,000
	영세	세 금(전자)		
		기 타		
매입	세금계산서 등		1,000,000	100,000
미달신고(납부)←신고 · 납부지연 가산세				2,200,000

1. 전자세금계산서 미발급	20,000,000원×2%=400,000원
2. 신고불성실	2,200,000원×10%×(1−90%)=22,000원 * 1개월 이내 수정신고시 90% 감면
3. 납부지연	2,200,000원×18일×2.2(가정)/10,000=8,712원
계	430,712원

실무수행 3. 결산

1. 수동결산 및 자동결산

(1) [일반전표입력] 12월 31일

(차) 외화예금(기업은행(외화)) 1,764,000원* (대) 외화환산이익 1,764,000원*

* 외화환산이익 : (1,338.20원−1,250원)×$20,000=1,764,000원

(2) [결산자료입력]

 - 결산자료입력 메뉴에 실제 제품 재고액 92,000,000원 입력 후 상단 툴바의 전표추가(F3) 를 클릭하여 결산분개 생성한다.

(3) [이익잉여금처분계산서] 메뉴

 - 이익잉여금처분계산서에서 처분일을 입력한 후, 전표추가(F3) 를 클릭하여 손익대체 분개를 생성한다.

[실무수행평가] – 재무회계

번호	평가문제	배점	답
11	[손익계산서조회] 영업외수익 금액	3	3,764,000
12	[재무상태표 조회] 3월말 차량운반구 장부금액	3	181,000,000
13	[재무상태표 조회] 12월말 비유동부채 금액	2	524,000,000
14	[재무상태표 조회] 기말 이월이익잉여금 금액	2	④
15	[거래처원장 조회] 1/4분기 국민은행 보통예금 입금액	2	665,500,000
16	[세금계산서합계표 조회] 1기 확정신고기간 매출세금계산서 발급매수	2	32
17	[전자세금계산서 발행 및 내역관리 조회] 수정입력사유 코드	2	1
18	[부가가치세신고서 조회] 2기 확정신고기간 수정신고서의 과세표준 합계의 세액	3	87,300,000
19	[부가가치세신고서 조회] 2기 확정신고기간 수정신고서의 세금계산서 수취분(일반매입) 세액	3	45,100,000
20	[부가가치세신고서 조회] 2기 확정신고기간 수정신고서의 가산세액 합계금액	3	430,712
	재무회계 소계	25	

실무수행 4. 원천징수관리

1. 급여자료 입력
(1) 사원등록
- 국외 건설현장 등에서 설계·감리업무를 제공하고 받는 **국외근로수당은 월 500만원 한도로 비과세**하므로 '500만원 비과세'를 선택하여 입력한다.
(2) 수당등록

수당 및 공제등록

	코드	수당명	과세구분	근로소득유형
1	101	기본급	과세	1.급여
2	102	상여	과세	2.상여
3	200	직책수당	과세	1.급여
4	201	국외근로수당	비과세	10.국외근로(원양선박)

(3) 급여자료입력(귀속년월 10월, 구분 : 2.급여+상여, 지급일 : 20x1년 10월 25일)

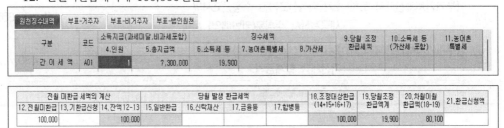

	코드	사원명	직급	감면율	급여항목	지급액	공제항목	공제액
	1005	이우철			기본급	2,000,000	국민연금	135,000
					상여	2,000,000	건강보험	104,850
					직책수당	300,000	고용보험	38,700
					국외근로수당	3,000,000	장기요양보험료	12,860
							소득세	19,900
							지방소득세	1,990
							농특세	

☞ 소득세 등은 자동계산되어집니다.

(4) 원천징수이행상황신고서

- 귀속기간 : 20x1년 10월 ~ 20x1년 10월, 지급기간 : 20x1년 10월 ~ 20x1년 10월 입력
- 12. 전월미환급세액에 100,000원을 입력

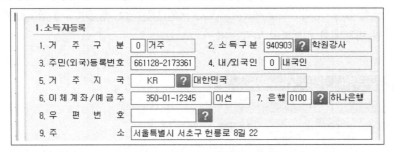

원천징수내역	부표-거주자	부표-비거주자	부표-법인원천							
구분	코드	소득지급(과세미달,비과세포함)		징수세액				9.당월 조정 환급세액	10.소득세 등 (가산세 포함)	11.농어촌특별세
		4.인원	5.총지급액	6.소득세 등	7.농어촌특별세	8.가산세				
간 이 세 액	A01	1	7,300,000	19,900						

전월 미환급 세액의 계산			당월 발생 환급세액					18.조정대상환급 (14+15+16+17)	19.당월조정 환급액계	20.차월이월 환급액(18-19)	21.환급신청액
12.전월미환급	13.기환급신청	14.잔액12-13	15.일반환급	16.신탁재산	17.금융등	17.합병등					
100,000		100,000						100,000	19,900	80,100	

2. 사업소득의 원천징수

(1) [사업소득자입력] 02203.이선희, '940903.학원강사'

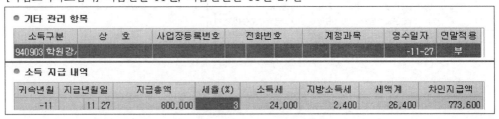

1.소득자등록

1. 거 주 구 분　　0 거주　　　2. 소득구분　940903　? 학원강사
3. 주민(외국)등록번호　661128-2173361　4. 내/외국인　0 내국인
5. 거 주 지 국　　KR　?　대한민국
6. 이체계좌/예금주　350-01-12345　이선　7. 은행 0100 ? 하나은행
8. 우 편 번 호　　　?
9. 주　　　　소　서울특별시 서초구 헌릉로 8길 22

(2) [사업소득자료입력] 지급년월 11월, 지급년월일 11월 27일

● 기타 관리 항목

소득구분	상호	사업장등록번호	전화번호	계정과목	영수일자	연말적용
940903 학원강사					-11-27	부

● 소득 지급 내역

귀속년월	지급년월일	지급총액	세율(%)	소득세	지방소득세	세액계	차인지급액
-11	11 27	800,000	3	24,000	2,400	26,400	773,600

(3) [원천징수이행상황신고서]

귀속기간, 지급기간 20x1년 11월 ~ 20x1년 11월

사업소득	매 월 징 수	A25	1	800,000	24,000			
	연 말 정 산	A26						
	가 감 계	A30	1	800,000	24,000			24,000

[실무수행평가] – 원천징수관리

번호	평가문제	배점	답
21	[이우철 10월 급여자료 조회] 비과세 총액(국외근로자–건설현장 5백만원)	4	3,000,000
22	[원천징수이행상황신고서 조회] 당월조정환급세액	2	19,900
23	[이선희 사업소득자료입력 조회] 차인지급액	4	773,600
	원천징수 소계	10	

※22,23은 프로그램이 자동계산되어지므로 시점(세법변경, 프로그램 업데이트 등)마다 달라질 수가 있습니다.

실무수행 5. 법인세관리

1. 수입금액조정명세서

(1) [1. 수입금액 조정계산]

– 상단부의 [매출조회]를 클릭하여 결산서상 수입금액을 반영한다.

1	1.수입금액 조정계산					
	계정과목		③결산서상 수입금액	조 정		⑥조정후 수입금액 (③+④-⑤)
	①항 목	②과 목		④가산	⑤차감	
1	매 출	상품매출	228,000,000			228,000,000
2	매 출	제품매출	2,306,655,210			2,306,655,210

(2) [2. 수입금액 조정명세]

다. 기타수입금액 반영

– 상품권매출 수입금액 – 33,000,000원을 입력한다.

– 위탁매출 수입금액 – 25,000,000원 대응원가 – 20,000,000원을 입력한다.

4	다. 기타 수입금액				
	(23)구분	(24)근거법령	(25)수입금액	(26)대응원가	비고
1	상품권매출		–33,000,000		
2	위탁매출		–25,000,000	–20,000,000	

(3) [1. 수입금액 조정계산]

- 상품매출 ⑤차감란에 33,000,000원 입력한다.

- 제품매출 ⑤차감란에 25,000,000원 입력한다.

	1.수입금액 조정계산						
	계정과목		③결산서상 수입금액	조 정		⑥조정후 수입금액 (③+④-⑤)	
	①항 목	②과 목		④가산	⑤차감		
1	매 출	상품매출	228,000,000		33,000,000	195,000,000	
2	매 출	제품매출	2,306,655,210		25,000,000	2,281,655,210	

(4) 소득금액조정합계표 작성

익금불산입	상품권매출	33,000,000원	유보발생
익금불산입	위탁매출	25,000,000원	유보발생
손금불산입	위탁매출원가	20,000,000원	유보발생

[실무수행평가] – 법인세관리 1

번호	평가문제 [수입금액 조정명세서 조회]	배점	답
24	상품매출의 '⑥조정후 수입금액'은 얼마인가?	2	195,000,000
25	제품매출의 '⑥조정후 수입금액'은 얼마인가?	2	2,281,655,210
26	손금불산입(유보발생)으로 소득처분할 금액은 얼마인가?	3	20,000,000

2. 재고자산(유가증권) 평가조정명세서

(1) [1. 재고자산 평가방법 검토]

	1. 재고자산 평가방법 검토					
	1. 자산별	2. 신고일	3.신고방법	4.평가방법	5.적부	6.비고
	제 품 및 상 품	2022-09-01	후입선출법	후입선출법	O	
	반제품및재공품		무 신 고	후입선출법	X	
	원 재 료	2009-03-31	총 평균법	후입선출법	X	
	저 장 품					

(2) [2. 평가조정계산]

- 회사계산액과 조정계산금액을 아래와 같이 입력한다.

	2. 평가조정 계산					회사계산		조정계산금액				18.조정액 (15또는15와17 중 큰금액-13)
No	7.과목	8.품명	9.규격	10.단위	11.수량	12.단가	13.금액	신고방법		선입선출법		
								14.단가	15.금액	16.단가	17.금액	
1	상품						81,700,000		81,700,000			
2	제품						198,000,000		198,000,000			
3	재공품						357,550,000				362,000,000	4,450,000
4	원재료						550,000,000		570,000,000		600,000,000	50,000,000
	계						1,187,250,000		849,700,000		962,000,000	54,450,000

(3) [소득금액조정합계표] 작성

익금산입	재고자산평가감(재공품)	4,450,000원	유보발생
익금산입	재고자산평가감(원재료)	50,000,000원	유보발생

[실무수행평가] – 법인세관리 2

번호	평가문제 [재고자산(유가증권)평가조정명세서 조회]	배점	답
27	재고자산을 적법하게 평가한 자산을 모두 고르면?	2	①
28	재공품 '평가조정계산의 18.조정액'은 얼마인가?	2	**4,450,000**
29	원재료 '평가조정계산의 18.조정액'은 얼마인가?	3	**50,000,000**

3. 선급비용명세서

(1) 선급비용명세서

구분	거래내용	거래처	대상기간		지급액	선급비용	회사계상액	조정대상금액
			시작일	종료일				
선급임차료	본사건물임차료	세계빌딩(주)	20x1.10.01	20x2.09.30	6,000,000	4,487,671	4,000,000	487,671
선급보험료	자동차보험료	현재화재보험(주)	20x1.06.01	20x2.05.31	1,200,000	496.438		496.438

(2) 소득금액조정합계표 작성

손금불산입	임차료 선급비용	487,671원	유보발생
손금불산입	자동차보험료 선급비용	496,438원	유보발생
손금산입	전기분 보험료 선급비용	1,500,000원	유보감소

[실무수행평가] – 법인세관리 3

번호	평가문제 [선급비용명세서 조회]	배점	답
30	본사 건물임차료의 세무조정 대상 금액은 얼마인가?	3	**487,671**
31	자동차보험료의 세무조정 대상 금액은 얼마인가?	2	**496,438**
32	전기분 보험료의 세무조정 대상 금액은 얼마인가?	2	**1,500,000**

4. 업무무관지급이자조정명세서(갑,을)

(1) [업무무관 지급이자조정명세서(을)]

① 업무무관 부동산의 적수

구분 1	1.업무무관 부동산의 적수	2.업무무관 동산의 적수	3.가지급금 등의 적수	4.가수금 등의 적수	5.그밖의 적수	6.자기자본적수

□ 적요수정

	①월일	②적요	③차 변	④대 변	④잔 액	⑥일수	⑦적 수
1	04-06	취득	270,000,000		270,000,000	270	72,900,000,000

② 가지급금등의 적수

구분 3	1.업무무관 부동산의 적수	2.업무무관 동산의 적수	3.가지급금 등의 적수	4.가수금 등의 적수	5.그밖의 적수	6.자기자본적수

□ 적요수정

	①월일	②적요	③차 변	④대 변	④잔 액	⑥일수	⑦적 수
1	01-09	지급	50,000,000		50,000,000	79	3,950,000,000
2	03-29	지급	20,000,000		70,000,000	36	2,520,000,000
3	05-04	지급	50,000,000		120,000,000	28	3,360,000,000
4	06-01	지급	40,000,000		160,000,000	38	6,080,000,000
5	07-09	회수		30,000,000	130,000,000	132	17,160,000,000
6	11-18	회수		70,000,000	60,000,000	44	2,640,000,000

③ 가수금 등의 적수

	①월일	②적요	③차 변	④대 변	④잔 액	⑥일수	⑦적 수
1	11-20	일시가수		3,000,000	3,000,000	11	33,000,000
2	12-01	일시가수		7,000,000	10,000,000	31	310,000,000

(2) [업무무관 지급이자조정명세서(갑)]

① 지급이자 및 차입금 적수계산

2. 지급이자 및 차입금 적수 계산 〈연이율 일수 -> 현재: 365 가지급금: 365〉

(9)이자율	(10)지급이자	(11)차입금적수	(12)채권자불분명 사채이자		(15)건설자금이자 등		차 감	
			(13)지급이자	(14)차입금적수	(16)지급이자	(17)차입금적수	(18)지급이자(10-13-16)	(19)차입금적수(11-14-17)
1	8.00000	4,700,000	21,443,750,000	4,700,000	21,443,750,000				
2	7.00000	32,000,000	166,857,142,857			32,000,000	166,857,142,857		
3	4.00000	24,000,000	219,000,000,000					24,000,000	219,000,000,000

② 업무무관 부동산등에 관련한 차입금지급이자

1. 업무무관 부동산등에 관련한 차입금 지급이자

①지급이자	적 수				⑥차입금(=19)	⑦⑤와 ⑥중 적은금액	⑧손금불산입 지급이자(①×⑦÷⑥)
	②업무무관 부동산	③업무무관 동산	④가지급금 등	⑤계(②+③+④)			
24,000,000	72,900,000,000		35,367,000,000	108,267,000,000	219,000,000,000	108,267,000,000	11,864,876

(3) 소득금액조정합계표 작성

손금불산입	채권자불분명사채이자	4,700,000원	상여
손금불산입	건설자금이자	32,000,000원	유보발생
손금불산입	업무무관지급이자	11,864,876원	기타사외유출

[실무수행평가] – 법인세관리 4

번호	평가문제 [업무무관 지급이자조정명세서(갑) 조회]	배점	답
33	세무조정 대상 중 상여로 소득처분할 금액은 얼마인가?	2	**4,700,000**
34	세무조정 대상 중 유보발생으로 소득처분할 금액은 얼마인가?	2	**32,000,000**
35	세무조정 대상 중 기타사외유출로 소득처분할 금액은 얼마인가?	3	**11,864,876**

5. 법인세과세표준 및 세액조정계산서

(1) [소득금액조정합계표]의 소득금액 반영

- 당기순이익 등을 입력하면 소득금액, 과세표준, 산출세액이 자동반영된다.

(2) 연구인력개발비 세액공제 입력

- 연구인력개발비 세액공제 10,500,000원을 [123.최저한세 적용제외 공제감면세액]란에 입력한다.

(3) 가산세액

- [124.가산세액] (**지출증명서류 미수취 가산세 = 3,600,000원 × 2% = 72,000원**)

(4) 중간예납세액 및 원천납부세액 입력

- 선납세금(136) 계정별 원장에서 중간예납세액 및 원천납부세액을 조회하여 중간예납세액 17,800,000원, 원천징수세액 1,250,000원을 입력한다.

	101.결산서상당기순손익	01	150,000,000

	101.결 산 서 상 당 기 순 손 익	01	150,000,000
① 각사업연도소득계산	소득금액조정 금 액	102.익 금 산 입	02	220,000,000
		103.손 금 산 입	03	50,000,000
	104.차가감소득금액(101 + 102 - 103)	04	320,000,000
	105.기 부 금 한 도 초 과 액	05	
	106.기부금한도초과이월액 손 금 산 입	54	
	107.각사업연도소득금액(104+105-106)	06	320,000,000
② 과세표준계산	108.각 사 업 연 도 소 득 금 액 (108=107)		320,000,000
	109.이 월 결 손 금	07	
	110.비 과 세 소 득	08	
	111.소 득 공 제	09	
	112.과 세 표 준 (108-109-110-111)	10	320,000,000
	159.선 박 표 준 이 익	55	
③ 산출세액계산	113.과 세 표 준 (113=112+159)	56	320,000,000
	114.세 율	11	19%
	115.산 출 세 액	12	40,800,000
	116.지 점 유 보 소 득(법 제96조)	13	
	117.세 율	14	
	118.산 출 세 액	15	
	119.합 계(115+118)	16	40,800,000

	120.산 출 세 액(120=119)		40,800,000
④ 납부할세액계산	121.최저한세 적용대상 공제감면세액	17	
	122.차 감 세 액	18	40,800,000
	123.최저한세 적용제외 공제감면세액	19	10,500,000
	124.가 산 세 액	20	72,000
	125.가 감 계(122-123+124)	21	30,372,000
	기한내납부세액	126.중 간 예 납 세 액	22	17,800,000
		127.수 시 부 과 세 액	23	
		128.원 천 납 부 세 액	24	1,250,000
		129.간접회사등외국납부세액	25	
		130.소 계(126+127+128+129)	26	19,050,000
	131.신 고 납 부 전 가 산 세 액	27	
	132.합 계(130+131)	28	19,050,000
	133.감 면 분 추 가 납 부 세 액	29	
	134.차가감납부할 세액(125-132+133)	30	11,322,000
토지등 양도소득에 대한 법인세 계산(TAB으로 이동)			
미환류소득법인세 계산(F3으로 이동)/ 중소기업제외			
⑦ 세액계	151.차가감납부할세액계(134+150+166)	46	11,322,000
	152.사실과다른회계처리경정세액공제	57	
	153.분 납 세 액 계 산 범 위 액	47	11,250,000
	154.분 납 할 세 액	48	1,250,000
	155.차 감 납 부 세 액	49	10,072,000

[실무수행평가] – 법인세관리 5

번호	평가문제 [법인세과세표준 및 세액조정계산서 조회]	배점	답
36	'122.차감세액'은 얼마인가?	2	40,800,000
37	'128.원천납부세액'은 얼마인가?	2	1,250,000
38	분납할 세액(50)은 얼마인가?	3	①
법인세관리 소계		35	

기출문제

Tax Accounting Technician
세무정보처리 자격시험 1급

58회

합격율	시험년월
30%	2022.12

실무이론평가

01. (주)한공은 기업의 이해관계자에게 적시성 있는 정보를 제공하기 위해 사업연도(1년) 단위 재무제표 뿐 아니라 반기 및 분기재무제표를 작성하여 공시하고 있다. 이와 관련된 재무제표의 기본가정은 무엇인가?

① 계속기업   ② 기업실체   ③ 발생주의 회계   ④ 기간별 보고

02. 다음은 (주)한공의 매도가능 증권 관련 자료이다. 이를 토대로 계산한 20x1년도 매도가능증권처분손익으로 인식되는 금액은 얼마인가?

- 20x0년 8월 10일 매도가능증권 500주를 1주당 공정가치 8,000원에 현금으로 취득하다.
- 20x0년 12월 31일 매도가능증권을 1주당 공정가치 9,000원으로 평가하다.
- 20x1년 7월 1일 매도가능증권 500주를 1주당 6,000원에 처분하고 처분대금 현금으로 수취하다.

① 매도가능증권처분이익 500,000원   ② 매도가능증권처분이익 1,000,000원
③ 매도가능증권처분손실 1,500,000원   ④ 매도가능증권처분손실 1,000,000원

03. 다음은 (주)한공의 토지와 건물 재평가 관련 자료이다. 당기말 재무제표에 미치는 영향으로 옳지 <u>않은</u> 것은?(당기부터 재평가모형을 적용하는 것으로 가정한다.)

결산일 현재	토 지	건 물
평가전 취득원가	3,000,000원	2,000,000원
평가전 장부금액	3,000,000원	1,200,000원
당기말 공정가치	2,400,000원	3,000,000원

① 유형자산   1,200,000원 증가   ② 기타포괄손익누계액   1,800,000원 증가
③ 자본잉여금   1,200,000원 증가   ④ 당기순이익   600,000원 감소

04. 다음은 (주)한공이 20x1년 1월 1일에 발행한 사채에 대한 자료이다. 이에 대한 설명으로 옳지 <u>않은</u> 것은?

> - 액면금액 1,000,000원
> - 유효이자율 6%, 액면이자율 5%
> - 3년 만기
> - 이자는 매년말 지급한다

① 사채가 할인발행되었다.

② 20x1년 손익계산서 상의 이자비용은 현금으로 지급한 이자비용보다 크다.

③ 20x1년말 사채장부금액은 발행당시 보다 크다.

④ 손익계산서상의 이자비용은 20x1년보다 20x2년이 작다.

05. (주)한공의 회계담당자는 20x1년도 결산 과정에서 다음과 같이 회계처리가 누락되었음을 발견하였다. 이러한 회계처리 누락이 20x1년도 재무제표에 미치는 영향으로 옳은 것은?

> - 3월 1일 소모품 100,000원을 구입하고 전액 비용 처리하였으나, 기말 현재 30,000원의 소모품이 남아 있다.
> - 7월 1일 2년분 보험료 240,000원을 지급하면서 전액 선급보험료로 처리하였다.(월할계산)
> - 12월 31일 당기 12월분 급여 500,000원을 지급하지 못함에 따라 회계처리를 하지않았다.

① 수익 530,000원 과대계상, 자산 30,000원 과소계상

② 자본 530,000원 과소계상, 부채 500,000원 과소계상

③ 비용 530,000원 과소계상, 자산 30,000원 과대계상

④ 자산 30,000원 과대계상, 부채 500,000원 과대계상

06. 다음 중 부가가치세 신고 · 납부 및 환급에 대한 설명으로 옳은 것은?

① 폐업하는 경우 폐업일이 속한 달의 다음달 25일 이내에 과세표준과 세액을 신고 · 납부하여야 한다.

② 각 예정신고기간의 환급세액은 예정신고기한 경과 후 15일 이내에 환급하여야 한다.

③ 영세율을 적용받는 경우에만 조기환급을 받을 수 있다.

④ 각 과세기간이 끝난 후 30일 이내에 과세표준과 세액을 신고 · 납부하여야 한다.

07. 다음은 (주)한공의 경리과장인 김회계 씨가 20x1년에 근로제공 대가로 지급받은 내역이다. 김회계 씨의 총급여액은 얼마인가?(단, 제시된 자료의 금액은 원천징수하기 전의 금액이다.)

> 가. 매월 지급된 급여합계액 : 45,000,000원
> 나. 자녀학자금 수령액 : 5,000,000원
> 다. 식사대(월 20만원) : 2,400,000원(회사에서는 식사를 별도로 제공하였음)
> 라. 사회통념상 타당한 범위 내의 경조금 : 1,000,000원

① 40,000,000원　　② 43,400,000원　　③ 51,200,000원　　④ 52,400,000원

08. 다음은 (주)한공의 영업부장인 김공인 씨(남성, 50세)의 부양가족 현황이다. 이 자료를 토대로 20x1년 인적공제금액을 계산하면 얼마인가?

구 분	나 이	비 고
배우자	47세	소득 없음
부 친	75세	20x1년 4월 7일 사망하였으며, 소득 없음
모 친	69세	주거형편상 별거하고 있으며, 소득 없음
자 녀	21세	장애인, 정기예금이자 100만원 있음

① 9,000,000원　　② 10,000,000원　　③ 10,500,000원　　④ 11,000,000원

09. 다음 중 법인세법상 결산조정 항목에 해당하는 것을 모두 고른 것은?

> 가. 대손충당금　　　　　　　　나. 퇴직급여충당금
> 다. 파손 · 부패 등의 사유로 정상가격으로 판매할 수 없는 재고자산의 평가손실
> 라. 천재지변 등으로 인한 유형자산의 평가손실

① 가　　　　② 가, 나　　　　③ 가, 나, 다　　　　④ 가, 나, 다, 라

10. 다음 중 법인세법상 업무용승용차와 관련된 설명으로 옳지 않은 것은?

① 업무전용자동차보험을 가입하지 않은 경우 업무용승용차 관련비용 전액을 손금불산입하고 상여로 소득처분한다.

② 업무전용자동차보험을 가입하고 운행기록을 작성하지 아니한 경우, 업무용승용차 관련비용이 1,500만원 이하인 경우에는 전액을 손금으로 인정한다.

③ 업무용차량 중 리스차량은 리스료 중 보험료 · 자동차세 · 수선유지비를 차감한 잔액을 감가상각비 상당액으로 하고, 업무용차량 중 렌트차량은 렌트료의 70%를 감가상각비 상당액으로 한다.

④ 업무사용 감가상각비와 임차료 중 감가상각비 상당액이 1,000만원을 초과하는 경우, 그 초과하는 금액은 손금불산입하고 유보로 소득처분한다.

■■■■ **실무수행평가**

(주)스마일산업(1580)은 안마의자를 제조하여 판매하는 법인기업으로 회계기간은 제7기(20x1.1.1. ~ 20x1.12.31.)이다. 제시된 자료와 [자료설명]을 참고하여 [수행과제]를 완료하고 [평가문제]의 물음에 답하시오.

| 실무수행1 | **거래자료 입력** |

실무프로세스자료이다. [자료설명]을 참고하여 [수행과제]를 수행하시오.

1. 잉여금처분

이익잉여금처분계산서

20x0년 1월 1일부터 20x0년 12월 31일까지
처분확정일 20x1년 2월 28일

(주)스마일산업 (단위 : 원)

과　목	금　　액	
I. 미처분이익잉여금		550,000,000
1. 전기이월미처분이익잉여금	310,000,000	
2. 당기순이익	240,000,000	
II. 임의적립금 등의 이입액		15,000,000
1. 감채적립금	15,000,000	
합　계		565,000,000
III. 이익잉여금 처분액		58,000,000
1. 이익준비금	3,000,000	
2. 배당금	50,000,000	
가. 현금배당	30,000,000	
나. 주식배당	20,000,000	
3. 사업확장적립금	5,000,000	
IV. 차기이월 미처분이익잉여금		507,000,000

자료설명	자료는 정기주주총회에서 승인된 이익잉여금처분계산서이다.
수행과제	1. 전기분 이익잉여금처분계산서를 완성하시오. 2. 처분확정에 대한 거래자료를 일반전표에 입력하시오.

2. 퇴직연금

자료 1. 퇴직연금 규약 신고서

[ ] 확정급여형 [■] 확정기여형 [ ] 혼합형		퇴직연금규약 신고서			
발급번호		접수일	발급일	처리기간	7일

신고 내용	사업명(사업장명) (주)스마일산업		사업자등록번호(법인등록번호) 114 - 81 - 74945		
	대표자 성명 장윤정		업종(주산품) 제조업/안마의자		
	상시 근로자 수 28명		노동조합원 수 12명		
	주소 서울특별시 서대문구 충정로7길 12				
	전화번호 02 - 569 - 4209		팩스(Fax)번호 02 - 569 - 4248		
	퇴직급여제도 형 태	[ ] 확정급여형퇴직연금제도 　[■] 확정기여형퇴직연금제도 [ ] 「근로자퇴직급여 보장법」 제6조에 따른 혼합형 퇴직연금제도(뒤쪽 참조) [ ] 퇴직금제도 ※ 해당 사업(사업장) 적용되는 퇴직급여제도에 모두 표시합니다.			
	의 견 청 취 일 또는 동의일	20x1 년 3월 10일			

「근로자퇴직급여 보장법」 제13조 · 제19조 및 같은 법 시행규칙 제2조에 따라 위와 같이 퇴직연금규약을 신고(신규 / 변경)합니다.

20x1 년 　3 월 　10일

신고인(사업장 대표) 　(주)스마일산업 　(서명 또는 인)

자료 2. 보통예금(하나은행) 거래내역

		내 용	찾으신금액	맡기신금액	잔 액	거래점
번호	거래일	계좌번호 629 - 910004 - 9770 　(주)스마일산업				
1	20x1 - 3 - 10	퇴직연금납부	4,320,000		***	***

자료설명	1. 자료 1은 당사 생산부 직원들의 퇴직연금을 신규가입하고 관할 관청에 제출한 퇴직연금 규약 신고서이다. 2. 자료 2는 당월분 퇴직연금 기여금이 하나은행 보통예금 통장에서 출금된 내역이다.
수행과제	거래자료를 입력하시오.

실무수행2 | 부가가치세관리

부가가치세 신고 관련 자료이다. [자료설명]을 참고하여 [수행과제]를 수행하시오.

1. 수정전자세금계산서의 발행

전자세금계산서			(공급자 보관용)				승인번호			

공급자	등록번호	114-81-74945				공급받는자	등록번호	129-81-25636		
	상호	(주)스마일산업	성명(대표자)	장윤정			상호	(주)웰빙스토어	성명(대표자)	김성일
	사업장주소	서울특별시 서대문구 충정로7길 12					사업장주소	서울특별시 동작구 국사봉2가길 10		
	업태	제조업		종사업장번호			업태	도소매업		종사업장번호
	종목	안마의자					종목	안마의자		
	E-Mail	smile@bill36524.com					E-Mail	wellbeing@bill36524.com		

작성일자	20x1.5.20	공급가액	3,500,000	세 액	350,000
비고					

월	일	품목명	규격	수량	단가	공급가액	세액	비고
5	20	소형안마의자		10	150,000	1,500,000	150,000	
5	20	대형안마의자		5	400,000	2,000,000	200,000	

합계금액	현금	수표	어음	외상미수금	이 금액을	○ 영수	함
3,850,000				3,850,000		● 청구	

자료설명	1. 5월 20일 (주)웰빙스토어에 제품을 공급하고 발급한 전자세금계산서이다. 2. 제품에 하자가 발생하여 반품되었다. 　-환입일자 : 20x1년 5월 31일 　-환입수량 : 소형안마의자 3개, 대형안마의자 2개
수행과제	수정사유를 선택하여 전자세금계산서 발행 및 내역관리 메뉴에서 발급 및 전송하시오. (전자세금계산서 발급 시 결제내역 입력 및 전송일자는 무시할 것.)

2. 기한후 신고

자료 1. 매출전자세금계산서 누락분(제품 매출)

매출전자세금계산서 목록								
번호	작성일자	승인 번호	발급일자	전송일자	상호	공급가액	세액	전자세금 계산서종류
1	20x1-12-10	생략	20x2-1-31	20x2-2-1	(주)바디나라	30,000,000원	3,000,000원	일반
2	20x1-12-20	생략	20x2-1-31	20x2-2-1	(주)힐스템	20,000,000원	2,000,000원	일반

자료 2. 매입전자세금계산서 누락분(차량운반구 2,500cc 화물차)

매입전자세금계산서 목록								
번호	작성일자	승인 번호	발급일자	전송일자	상호	공급가액	세액	전자세금 계산서종류
1	20x1-10-25	생략	20x1-10-25	20x1-10-25	(주)현대자동차	18,000,000원	1,800,000원	일반

자료설명	1. 자료 1 ~ 2는 20x1년 제2기 과세기간 최종 3개월(20x1.10.1.~20x1.12.31.)의 매출과 매입자료이다. 2. 제2기 부가가치세 확정신고를 기한내에 하지 못하여 20x2년 2월 4일에 기한 후 신고납부하려고 한다. 3. 20x1년 제2기 예정신고는 적법하게 신고하였다. 4. 자료 2의 차량운반구는 생산부에서 사용할 목적으로 취득하였다. 5. 신고불성실가산세는 일반무신고에 의한 가산세율을 적용하며, 미납일수는 10일, 1일 2.2/10,000로 한다.
수행과제	1. 자료 1 ~ 2까지 작성일자로 거래자료를 입력하시오.(제시된 거래는 모두 외상이며, 전자세금계산서 거래분은 '전자입력'으로 처리할 것.) 2. 가산세를 적용하여 제2기 부가가치세 확정신고서를 작성하시오. (과세표준명세의 '신고구분'과 '신고년월일'을 기재할 것.)

실무수행3 | 결산

[결산자료]를 참고로 결산을 수행하시오.(단, 제시된 자료 이외의 자료는 없다고 가정함.)

1. 수동결산 및 자동결산

자료설명	1. 유가증권(매도가능증권) 평가 자료 1. 유가증권취득 내역

1. 유가증권(매도가능증권) 평가
자료 1. 유가증권취득 내역

취득일	종류	보유목적	수량	주당 액면금액	주당 구입금액
20x0년 10월 10일	주식	장기투자목적	1,000주	5,000원	10,000원

자료 2. 유가증권 평가

평가일	공정가치
20x0년 12월 31일	11,000원
20x1년 12월 31일	6,000원

- 보유중인 매도가능증권의 시장가치가 급격히 하락하여 손상차손으로 회계처리를 하고자한다.

2. 재고자산 실사내역

구 분	내역		수량
	단위당 취득원가	단위당 현행대체원가	
원재료	300,000원	320,000원	40개

3. 이익잉여금처분계산서 처분확정(예정)일
　- 당기 : 20x2년 2월 28일
　- 전기 : 20x1년 2월 28일

수행과제	결산을 완료하고 이익잉여금처분계산서에서 손익대체분개를 하시오. (단, 이익잉여금처분내역은 없는 것으로 하고 미처분이익잉여금 전액을 이월이익잉여금으로 이월하기로 한다.)

평가문제 입력자료 및 회계정보를 조회하여 [평가문제]의 답안을 입력하시오.(70점)

[실무수행평가] - 재무회계

번호	평가문제	배점
11	**평가문제 [일/월계표 조회]** 3월 노무비 발생액은 얼마인가?	2
12	**평가문제 [손익계산서 조회]** 당기에 발생한 영업외비용 금액은 얼마인가?	3
13	**평가문제 [재무상태표 조회]** 2월 말 감채적립금 잔액은 얼마인가?	3
14	**평가문제 [재무상태표 조회]** 기말 재고자산 잔액은 얼마인가?	2
15	**평가문제 [재무상태표 조회]** 12월 31일 현재 이월이익잉여금(미처분이익잉여금) 잔액은 얼마인가? ① 652,120,312원 ② 934,906,124원 ③ 869,159,870원 ④ 742,506,124원	2
16	**평가문제 [거래처원장 조회]** 5월말 (주)웰빙스토어의 외상매출금 잔액은 얼마인가?	2
17	**평가문제 [전자세금계산서 발행 및 내역관리 조회]** 5월 31일자 수정세금계산서의 수정입력사유를 코드번호로 입력하시오.	2
18	**평가문제 [부가가치세신고서 조회]** 제2기 확정 신고기간 부가가치세 기한후신고서의 과세표준 합계(9란) 세액은 얼마인가?	3
19	**평가문제 [부가가치세신고서 조회]** 제2기 확정 신고기간 부가가치세 기한후신고서의 고정자산매입(11란) 세액은 얼마인가?	3
20	**평가문제 [부가가치세신고서 조회]** 제2기 확정 신고기간 부가가치세 기한후신고서의 가산세액(26란) 합계금액은 얼마인가?	3
	재무회계 소계	25

실무수행4 │ 원천징수관리

인사급여 관련 실무프로세스를 수행하시오.

1. 주민등록표(등본) 사원등록

자료 1. 김준호의 주민등록표

자료 2. 안숙자의 주민등록표

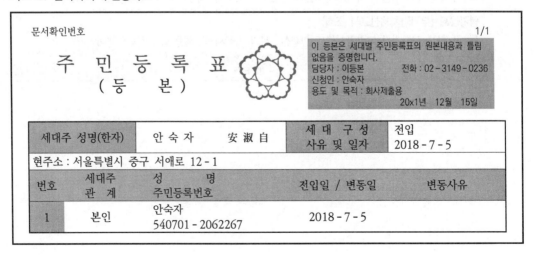

자료설명	20x1년 1월 2일 입사한 사무직 직원 김준호(사원코드 : 2005)의 주민등록표이다. 1. 배우자 이유리는 부친으로부터 증여받은 현금 10,000,000원이 있으며, 그 외에 별다른 소득은 없다. 2. 아버지 김춘식은 지역 공공근로사업을 통해 지급받은 일용근로소득 10,000,000원이 있다. 3. 자녀 김동석은 별도 소득은 없다. 4. 어머니 안숙자는 도시락전문점을 운영하며 주거의 형편상 별거하고 있으며, 연간 총수입 금액 12,000,000원에 단순경비율(91.9%)를 적용한 사업소득이 있다. 5. 세부담을 최소화 하는 방법으로 선택하여 입력한다.
수행과제	[사원등록]의 부양가족명세를 작성하시오.

2. 이자/배당소득의 원천징수

자료. 배당금 지급내역

구분	주주명	주민(법인)등록번호	배당금액	주소
거주자	이채혁	720204 – 1850214	5,000,000원	서울특별시 서대문구 충정로7길 31 (충정로2가)

자료설명	1. 회사는 2월 28일 현금배당을 결의하였다. 2. 4월 10일 주주 이채혁(4140)에게 현금 배당금을 지급하였다.
수행과제	1. [기타소득자입력]에서 소득자를 등록하시오.(소득구분 : 151) 2. [이자배당소득자료입력]에서 소득지급내역을 입력하고 소득세를 산출하시오.

[실무수행평가] – 원천징수관리

번호	평가문제	배점
21	**평가문제 [김준호 연말정산 근로소득원천징수영수증 조회]** 김준호의 기본공제 대상 인원수(본인포함)는 모두 몇 명인가?	3
22	**평가문제 [김준호 연말정산 근로소득원천징수영수증 조회]** 김준호의 '27.경로우대' 공제대상액은 얼마인가?	3
23	**평가문제 [김준호 연말정산 근로소득원천징수영수증 조회]** 김준호의 37.차감소득금액은 얼마인가?	2
24	**평가문제 [이채혁 이자배당소득자료입력(지급년월 4월) 조회]** 이채혁의 소득지급내역에서 확인되는 세액합계는 얼마인가?	2
	원천징수 소계	10

실무수행5 법인세관리  회사변경 확인할 것

(주)보람시계(1581)은 중소기업으로 사업연도는 제15기(20x1.1.1. ~ 20x1.12.31.)이다. 입력된 자료와 세무조정 참고자료에 의하여 법인세무조정을 수행하시오.

1. 조정후수입금액명세서

<table>
<tr>
<td rowspan="9">세무조정 참고자료</td>
<td colspan="5">1. 수입금액에 대한 상세내역이다.</td>
</tr>
<tr>
<td>구분</td>
<td>업태</td>
<td>종 목</td>
<td>기준경비율코드</td>
<td>비 고</td>
</tr>
<tr>
<td>제품매출</td>
<td>제조업</td>
<td>시계 및 시계 부품 제조업</td>
<td>333000</td>
<td></td>
</tr>
<tr>
<td>상품매출</td>
<td>도매 및 소매업</td>
<td>시계 및 귀금속 제품 도매업</td>
<td>513931</td>
<td></td>
</tr>
<tr>
<td>임대료수입</td>
<td>부동산업</td>
<td>비주거용 건물 임대업</td>
<td>701203</td>
<td></td>
</tr>
<tr>
<td colspan="5">2. 제품매출 3,653,600,000원 중 700,000,000원은 해외수출분이고 나머지는 내수(국내생산품)분이다.</td>
</tr>
<tr>
<td colspan="5">3. 수입금액과의 차액내역</td>
</tr>
<tr>
<td>코드</td>
<td>구분(내용)</td>
<td colspan="2">금액</td>
<td>비 고</td>
</tr>
<tr>
<td colspan="5">
<table>
<tr><td>22</td><td>사업상증여</td><td>2,000,000원</td><td></td></tr>
<tr><td>24</td><td>간주임대료</td><td>7,000,000원</td><td></td></tr>
<tr><td>25</td><td>유형자산매각액</td><td>5,000,000원</td><td></td></tr>
</table>
</td>
</tr>
<tr>
<td>수행과제</td>
<td colspan="4">조정후 수입금액명세서를 작성하시오.
1. [업종별 수입금액 명세서]에 업종별 수입금액을 반영하시오.
2. [수입금액과의 차액내역]에 차액내역을 반영하시오.</td>
</tr>
</table>

[실무수행평가] – 법인세관리 1

번호	평가문제 [조정후 수입금액명세서 조회]	배점
25	제품매출(333000) ⑤국내생산품 수입금액은 얼마인가?	2
26	임대료수입(701203) ⑤국내생산품 수입금액은 얼마인가?	2
27	[수입금액과의 차액내역]에서 차액계(50) 금액은 얼마인가?	3

2. 대손충당금 및 대손금조정명세서

자료 1. 전기 자본금과 적립금 조정명세서(을) 내역

[별지 제50호 서식(을)]					(앞 쪽)
사업 연도	20x0.01.01. ~ 20x0.12.31.	자본금과 적립금 조정명세서(을)		법인명	(주)보람시계

세무조정유보소득계산					
① 과목 또는 사항	② 기초잔액	당 기 중 증감		⑤ 기말잔액 (익기초현재)	비고
		③ 감 소	④ 증 가		
대손충당금 한도초과액	8,000,000	8,000,000	20,359,000	20,359,000	
외상매출금(대손금)			7,000,000	7,000,000	
중　략					

자료 2. 대손에 관한 사항

일자	계정과목	대손사유	금액	비고
20x1.8.26.	외상매출금	파산	6,500,000원	대손요건 충족
20x1.12.3.	받을어음	부도	14,000,000원	부도확인일 20x1.12.3.

세무조정 참고자료	1. 자료 1의 전기 외상매출금(대손금) 부인액은 20x1년 10월 10일에 소멸시효가 완성되어 대손금의 손금산입 요건을 충족하였다. 2. 자료 2는 당기에 발생한 대손내역이며, 그 외의 대손발생은 없다. 3. 회사는 매출채권에 대해서만 대손충당금을 설정하며, 대손충당금 설정대상 제외 채권은 없다. 4. 회사의 대손실적률은 1/100이다.
수행과제	대손충당금 및 대손금조정명세서를 작성하시오. 1. [2.대손금조정]에 대한 대손처리내역을 원장조회하여 반영하시오. 2. [1.대손충당금조정(채권잔액)]에 채권잔액을 반영하시오. 3. [1.대손충당금조정(손금 및 익금산입조정)]에 손금산입액 및 익금산입액 조정사항을 반영하시오. 4. 소득금액조정합계표에 세무조정사항을 반영하시오.

[실무수행평가] – 법인세관리 2

번호	평가문제 [대손충당금 및 대손금조정명세서 조회]	배점
28	회사계상액 '5.보충액'은 얼마인가?	2
29	문제 2.와 관련된 세무조정 대상 중 손금산입으로 소득금액조정합계표에 반영할 총 금액은 얼마인가?	2
30	문제 2.와 관련된 세무조정 대상 중 손금불산입으로 소득금액조정합계표에 반영할 총 금액은 얼마인가?	3

3. 세금과공과금명세서

세무조정 참고자료	입력된 자료를 조회하시오. (단, 517.세금과공과금, 817.세금과공과금 계정만 반영하도록 할 것.)
수행과제	세금과공과금명세서를 작성하시오. 1. [계정별원장 불러오기]를 이용하여 손금불산입할 항목을 표기하시오. 2. 소득금액조정합계표에 세무조정사항을 각각 반영하시오.

[실무수행평가] – 법인세관리 3

번호	평가문제 [세금과공과금 명세서 조회]	배점
31	문제 3.과 관련된 세무조정 대상 중 손금불산입(유보발생)으로 소득처분할 금액은 얼마인가?	2
32	문제 3.과 관련된 세무조정 대상 중 손금불산입(상여)으로 소득처분할 금액은 얼마인가?	2
33	문제 3.과 관련된 세무조정 대상 중 손금불산입(기타사외유출)으로 소득처분할 금액은 얼마인가?	3

4. 감가상각비조정명세서

자료 1. 전기 자본금과 적립금 조정명세서(을) 내역

[별지 제50호 서식(을)]						(앞 쪽)
사업 연도	20x0.01.01. ~ 20x0.12.31.	자본금과 적립금 조정명세서(을)			법인명	(주)보람시계
세무조정유보소득계산						
① 과목 또는 사항	② 기초잔액	당 기 중 증감		⑤ 기말잔액 (익기초현재)	비고	
		③ 감 소	④ 증 가			
감가상각비 한도초과액			843,000	843,000		
중 략						

자료 2. 감가상각 자료

고정자산 내 역	코드	자산명	경비 구분	업종 코드	취득일	취득금액	전기말 상각누계액	당기 회사 감가상각비	비고
기계장치 (정률법 10년)	230	밀링머신	제조	SS	20x1. 2.7.	130,000,000원	0원	25,000,000원	자본적지출액 15,000,000원
비품 (정률법 5년)	330	사무용 가구	판관	05	2021.1.16.	7,000,000원	4,000,000원	1,000,000원	
상표권 (정액법 5년)	430	상표권	판관	75	20X0.7.1	6,000,000원	600,000원	1,200,000원	

세무조정 참고자료	1. 자료 1의 감가상각비는 비품(사무용가구)에 대한 전년도 상각부인액이다. 2. 9월 25일 밀링머신의 성능향상을 위한 자본적지출액 15,000,000원을 회계담당자의 실수로 수익적지출로 회계처리 하였다. 3. 제시된 자산 외에는 감가상각을 하지 않는다고 가정한다.
수행과제	감가상각비조정명세서를 작성하시오. 1. 감가상각액을 산출하기 위하여 고정자산을 각각 등록하시오. 　(고정자산등록에 관련된 자료는 주어진 자료를 최대한 입력하시오.) 2. 미상각분 감가상각조정명세를 작성하시오. 3. 소득금액조정합계표에 개별자산별로 세무조정사항을 반영하시오.

[실무수행평가] – 법인세관리 4

번호	평가문제 [감가상각비조정명세서합계표 조회]	배점
34	문제 4.와 관련된 세무조정 대상 중 손금불산입(유보발생)으로 소득처분할 금액은 얼마인가?	2
35	문제 4.와 관련된 세무조정 대상 중 손금산입(유보감소)으로 소득처분할 금액은 얼마인가?	3
36	⑥무형자산에서 '(101)기말현재액'은 얼마인가?	2

5. 가산세액계산서

자료 1. 3만원 초과 지출 내역

계정과목	금 액	참 고 사 항
여비교통비	70,000원	택시를 이용하고 영수증을 수취
소모품비	1,000,000원	직전연도 공급대가 합계액이 48백만원 이상인 간이과세자(부산소재)로부터 소모용 자재를 구입하고 영수증 수취
교육훈련비	3,000,000원	소득세법상 원천징수 대상 사업소득으로서 적절하게 원천징수하여 세액을 신고납부
수수료비용	5,000,000원	한공회계법인(일반과세자)으로 경영컨설팅 용역을 공급받고 영수증 수취

자료 2. 기타 가산세 대상 내역

구 분	해당금액	참 고 사 항
계산서 합계표 미제출	32,000,000원(주)	제출기한 경과후 1개월 이내 제출

(주) 해당금액은 종이계산서 수취분이다.

세무조정 참고자료	1. 소득금액조정금액은 다음 사항을 반영하여 수정한다. 　-당기순이익 100,000,000　　-가산조정　150,000,000 　-차감조정　50,000,000 2. 자료는 가산세 대상내역이다. 제시된 자료 외의 가산세 대상 자료는 없다.
수행과제	가산세액 계산서를 작성하시오. 1. 자료 1, 자료 2에 대한 가산세액을 반영하시오. 　(경과일수를 파악하여 가산세율에 감면을 적용할 것.) 2. 가산세액을 법인세과세표준 및 세액조정계산서에 반영하시오.

[실무수행평가] – 법인세관리 5

번호	평가문제	배점
37	**평가문제 [가산세액계산서 조회]** 지출증명서류 미수취 가산세액은 얼마인가?	2
38	**평가문제 [가산세액계산서 조회]** 계산서 합계표 미제출 가산세액은 얼마인가?	2
39	**평가문제 [법인세과세표준 및 세액조정계산서 조회]** '125.가감계' 금액은 얼마인가?	3
	법인세관리 소계	35

해답해설

Tax Accounting Technician
세무정보처리 자격시험 1급

58회

실무이론평가

1	2	3	4	5	6	7	8	9	10
④	④	③	④	③	①	④	③	④	④

01 기업실체의 이해관계자는 지속적으로 의사결정을 해야 하므로 적시성 있는 정보가 필요하게 된다. 이러한 정보수요를 충족시키기 위하여 도입된 재무제표의 기본가정이 기간별 보고이다.

02 처분손익(매도) = 처분가액(500주 × 6,000) - 취득가액(500주 × 8,000) = △1,000,000원(손실)

03 유형자산의 **장부금액이 재평가로 인하여 감소된 경우에는 당기손익**으로, **증가된 경우에는 기타포괄 손익누계액**으로 인식한다.

	취득원가	장부가액	공정가액	평가이익 (재평가잉여금)	평가손실 (당기손익)
토지	3,000,000	3,000,000	2,400,000	–	600,000
건물	2,000,000	1,200,000	3,000,000	1,800,000	–
계		4,200,000	5,400,000	②1,800,000	④600,000

유형자산 = 공정가액(5,400,000) - 장부가액(4,200,000) = +1,200,000원(증가①)

04 **유효이자율(6%) 〉 액면이자율(5%)이므로 할인발행**되었다.
사채가 할인발행되어 손익계산서 이자비용은 20x2년이 20x1년보다 크게 된다.

05 수정분개 (차) 소모품   30,000원   (대) 소모품비   30,000원
            (차) 보험료   60,000원   (대) 선급보험료   60,000원
            (차) 급여   500,000원   (대) 미지급급여   500,000원
비용 530,000원 과소계상, 자산 30,000원 과대계상, 부채 500,000원 과소계상, 자본 530,000원 과대계상, 수익과는 무관하다.

06 ② 각 예정신고기간의 환급세액은 **조기환급의 경우를 제외하고**는 확정신고시 납부할 세액에서 차감한다.

③ 사업 설비를 신설·취득·확장 또는 증축하는 경우와 재무구조개선계획을 이행 중인 경우에도 조기환급을 받을 수 있다.

④ 사업자는 각 과세기간에 대한 과세표준과 세액을 그 **과세기간이 끝난 후 25일 이내에 납세지 관할 세무서장에게 신고·납부**하여야 한다.

07 급여(45,000,000)+학자금(5,000,000)+식대(2,400,000)=52,400,000원

식사를 제공받은 경우 식사대는 총급여액에 포함한다.

사회통념상 타당한 범위 내의 경조금은 총급여액에 포함되지 않는다.

08

관계	요 건		기본 공제	추가 공제	판 단
	연령	소득			
본인	–	–	○		
배우자	–	○	○		
부(75)	○	○	○	경로	사망일 전일로 판단
모친(69)	○	○	○		주거상 별거도 인정
자녀(21)	×	○	○	장애	장애인은 연령요건을 따지지 않는다. 금융소득 2천만원이하자

- 기본공제(4명)=1,500,000×5=7,500,000원
- 장애인공제(1명)=2,000,000원
- 경로우대공제(1명)=1,000,000원
- 계 : 10,500,000원

09 모두 결산조정 항목에 해당한다.

10 업무사용 **감가상각비와 임차료 중 감가상각비 상당액이 800만원을 초과**하는 경우, 그 초과하는 금액은 손금불산입한다. 그리고, **감가상각비 한도초과액은 유보(임차료 중 감가상각비 상당액은 기타사외유출)로 소득처분**한다.

■■■■■ 실무수행평가

실무수행 1. 거래자료 입력

1. 잉여금처분

(1) [전기분 이익잉여금처분계산서] 작성(처분확정일자 20x1.02.28)

과목	계정코드 및 과목명		금액
Ⅰ. 미처분이익잉여금			550,000,000
1. 전기이월미처분이익잉여금			310,000,000
2. 회계변경의 누적효과	369	회 계 변 경 의 누 적 효 과	
3. 전기오류수정이익	370	전 기 오 류 수 정 이 익	
4. 전기오류수정손실	371	전 기 오 류 수 정 손 실	
5. 중간배당금	372	중 간 배 당 금	
6. 당기순이익			240,000,000
Ⅱ. 임의적립금 등의 이입액			15,000,000
1. 감채적립금	357	감 채 적 립 금	15,000,000
2.			
합 계			565,000,000
Ⅲ. 이익잉여금처분액			58,000,000
1. 이익준비금	351	이 익 준 비 금	3,000,000
2. 기업합리화적립금	352	기 업 합 리 화 적 립 금	
3. 배당금			50,000,000
가. 현금배당	265	미 지 급 배 당 금	30,000,000
나. 주식배당	387	미 교 부 주 식 배 당 금	20,000,000
4. 사업확장적립금	356	사 업 확 장 적 립 금	5,000,000
5. 감채 적립금	357	감 채 적 립 금	
6. 배당평균적립금	358	배 당 평 균 적 립 금	
Ⅳ. 차기이월 미처분이익잉여금			507,000,000

(2) [일반전표입력] 2월 28일

(차) 감채적립금	15,000,000원	(대) 이월이익잉여금	15,000,000원
이월이익잉여금	58,000,000원	이익준비금	3,000,000원
		미지급배당금	30,000,000원
		미교부주식배당금	20,000,000원
		사업확장적립금	5,000,000원

2. 퇴직연금 [일반전표입력] 3월 10일

(차) 퇴직급여(제)	4,320,000원	(대) 보통예금(하나은행)	4,320,000원

실무수행 2. 부가가치세관리

1. 수정전자세금계산서의 발행

(1) [수정전자세금계산서 발급]

① [매입매출전표입력] 5월 20일 전표선택 ➡ 수정세금계산서 클릭 ➡ 수정사유(3.환입)를 선택 ➡ 당초 세금계산서 작성일(5월 20일)에 자동 반영하고 [확인(Tab)]을 클릭

② 수정세금계산서(매출) 화면에서 [복수거래(F7)]를 클릭하고 반품수량과 단가를 입력한다.

품명	수량	단가	공급가액	부가세	비고
소형안마의자	-3	150,000	-450,000	-45,000	
대형안마의자	-2	400,000	-800,000	-80,000	

③ 수정세금계산서(매출) 화면에서 확인(Tab) 을 클릭한다.

수정입력사유	3	환입			당초(세금)계산서작성			2022-05-20				
구분	년	월	일	유형	품명	수량	단가	공급가액	부가세	합계	코드	거래처명	사업.주민번호
당초분		05	20	과세	소형안마의자외			3,500,000	350,000	3,850,000	02100	(주)웰빙스토어	129-81-25636
수정분		05	31	과세	소형안마의자외			-1,250,000	-125,000	-1,375,000	02100	(주)웰빙스토어	129-81-25636
				합 계				3,500,000	350,000	3,850,000			

④ 수정세금계산서 1건에 대한 회계처리가 자동 반영된다.

➡ 당초에 발급한 과세세금계산서의 (-)세금계산서 발급분에 대한 회계처리

[매입매출전표입력] 5월 31일

거래유형	품명	공급가액	부가세	거래처	전자세금
11.과세	소형안마의자외	-1,250,000	-125,000	(주)웰빙스토어	전자발행
분개유형	(차) 외상매출금	-1,375,000원	(대) 제품매출		-1,250,000원
2.외상			부가세예수금		-125,000

(2) [전자세금계산서 발행 및 내역관리] 기출문제 78회 참고

2. 기한후 신고

(1) [매입매출전표입력]

- 12월 10일

거래유형	품명	공급가액	부가세	거래처	전자세금
11.과세	제품	30,000,000	3,000,000	(주)바디나라	전자입력
분개유형	(차) 외상매출금	33,000,000원	(대) 부가세예수금		3,000,000원
2.외상			제품매출		30,000,000원

- 12월 20일

거래유형	품명	공급가액	부가세	거래처	전자세금
11.과세	제품	20,000,000	2,000,000	(주)힐스템	전자입력
분개유형	(차) 외상매출금	22,000,000원	(대) 부가세예수금		2,000,000원
2.외상			제품매출		20,000,000원

- 10월 25일

거래유형	품명	공급가액	부가세	거래처	전자세금
51.과세	화물차	18,000,000	1,800,000	(주)현대자동차	전자입력
분개유형	(차) 차량운반구	18,000,000원	(대) 미지급금		19,800,000원
3.혼합	부가세대급금	1,800,000원			

(2) [부가가치세신고서] 10월 1일 ~ 12월 31일

1) 20x1년 제2기 기한후 부가가치세신고서

		구 분		금액	세율	세액
과세표준및매출세액	과세	세금계산서발급분	1	50,000,000	10/100	5,000,000
		매입자발행세금계산서	2		10/100	
		신용카드.현금영수증	3		10/100	
		기타	4		10/100	
	영세	세금계산서발급분	5		0/100	
		기타	6		0/100	
	예정신고누락분		7			
	대손세액가감		8			
	합계		9	50,000,000	㉮	5,000,000
매입세액	세금계산수취부분	일반매입	10			
		수출기업수입분납부유예	10-1			
		고정자산매입	11	18,000,000		1,800,000
	예정신고누락분		12			
	매입자발행세금계산서		13			
	그밖의공제매입세액		14			
	합계 (10-(10-1)+11+12+13+14)		15	18,000,000		1,800,000
	공제받지못할매입세액		16			
	차감계 (15-16)		17	18,000,000	㉯	1,800,000
납부(환급)세액 (㉮매출세액 -㉯매입세액)					㉰	3,200,000

2) 가산세명세

[공급시기에 따른 전자세금계산서 발급 및 전송관련 가산세]

공급시기	발급기한	지연발급(1%)	미발급(2%)
12.10/12.20	익년도 1.10	익년도 1.11~1.25	익년도 1.25까지 미발급

〈매출매입신고누락분〉

구 분			공급가액	세액
매출	과세	세 금(전자)	50,000,000(미발급)	5,000,000
		기 타		
	영세	세 금(전자)		
		기 타		
매입	세금계산서 등		18,000,000	1,800,000
미달신고(납부)◀신고·납부지연 가산세				3,200,000

1. 전자세금계산서 미발급	50,000,000원×2%=1,000,000원
2. 신고불성실	3,200,000원×20%×(1-50%)=320,000원
	* 1개월 이내 기한 후 신고시 50% 감면
3. 납부지연	3,200,000원×10일×2.2(가정)/10,000=7,040원
계	1,327,040원

	구분		금액	세율	세액
25. 가산세 명세	사업자미등록	61		1%	
	세금계산서지연발급등	62		1%	
	세금계산서지연수취	63		0.5%	
	세금계산서미발급등	64	50,000,000	뒤쪽참조	1,000,000
	전자세금계산서 지연전송	65		0.3%	
	전자세금계산서 미전송	66		0.5%	
	세금계산서합계표불성실	67		뒤쪽참조	
	신고불성실	69	3,200,000	뒤쪽참조	320,000
	납부지연	73	3,200,000	뒤쪽참조	7,040
	영세율과세표준신고불성	74		0.5%	

3) 과세표준명세

화면상단의 과표(F7) 를 클릭하여 '신고구분'에서 '4.기한후과세표준'을 선택하고, '신고년월일'에 '20x2-02-04'을 기입 후 확인 을 클릭하면 부가가치세신고서에 '기한후신고'가 표시된다.

과세표준명세					X

신고구분 4 (1.예정 2.확정 3.영세율등 조기환급 4.기한후과세표준)

세무대리인	성명		사업자번호	___-__-_____	전화번호			-	
신고년월일	20x2I-02-04		핸드폰				-		
	E-MAIL	smile@bill36524.com							

실무수행 3. 결산

1. 수동결산 및 자동결산

(1) [일반전표입력] 12월 31일

    (차) 매도가능증권평가익   1,000,000원   (대) 매도가능증권(178)   5,000,000원

        매도가능증권손상차손   4,000,000원

(2) [결산자료입력]

    – 결산자료입력 메뉴에 실제 재고액 원재료 12,000,000원 입력 후 상단 툴바의 전표추가(F3) 를 클릭
하여 결산분개 생성한다.

(3) [이익잉여금처분계산서]

    – 이익잉여금처분계산서에서 처분일을 입력한 후, 전표추가(F3) 를 클릭하여 손익대체 분개를 생성한다.

[실무수행평가] – 재무회계

번호	평가문제	배점	답
11	[일/월계표 조회] 3월 노무비 발생액	2	31,320,000
12	[손익계산서 조회] 당기 발생 영업외비용	3	5,250,000
13	[재무상태표 조회] 2월말 감채적립금 잔액	3	5,000,000
14	[재무상태표 조회] 기말 재고자산 금액	2	12,000,000
15	[재무상태표 조회] 기말 이월이익잉여금 잔액	2	④
16	[거래처원장 조회] 5월말 ㈜웰빙스토어의 외상매출금 잔액	2	2,475,000
17	[전자세금계산서 발행 및 내역관리 조회] 수정입력사유 코드번호	2	3
18	[부가가치세신고서 조회] 과세표준 합계(9란) 세액	3	5,000,000
19	[부가가치세신고서 조회] 고정자산매입세액(11)	3	1,800,000
20	[부가가치세신고서 조회] 가산세액 합계금액	3	1,327,040
	재무회계 소계	25	

실무수행 4. 원천징수관리

1. 주민등록표(등본) 사원등록(김준호)

관계	요 건		기본	추가	판 단
	연령	소득	공제	(자녀)	
본인(세대주)	–	–	○		
배우자	–	○	○		증여소득은 판단하지 않음.
부(76)	○	○	○	경로	일용근로소득은 분리과세소득
자(28)	×	○	부		
모(71)	○	○	○	경로	사업소득금액 = 총수입금액(12,000,000) × (1 – 91.9%) = 972,000원

2. 이자/배당소득의 원천징수

(1) [기타소득자입력](04140.이채혁)

(2) [이자배당소득자료입력] 지급년월 4월

	소득구분	계좌번호	과세구분	금융상품
151	내국법인 배당 · 분배금, 건설이자의 배당			

● 소득 지급 내역

귀속월	지급일자	채권…	이자지급대…	금액	세율	소득세	법	지방소득세
-02	-04	10		5,000,000	14.000%	700,000		70,000

- <u>귀속월은 20x1년 2월(배당결의일)</u>

[실무수행평가] – 원천징수관리

번호	평가문제 [연말정산 근로소득원천징수영수증 조회]	배점	답
21	김준호의 기본공제대상 인원수(본인 포함)	3	4
22	김준호의 경로우대 공제대상액(2명)	3	2,000,000
23	김준호의 37.차감소득금액	2	23,398,600
24	[이채혁 이자배당소득자료입력(지급년월 4월) 조회] 세액합계액	2	770,000
	원천징수 소계	10	

※ 23(차감소득금액)는 프로그램이 자동계산되어지므로 시점(세법변경, 프로그램 업데이트 등)마다 달라질 수가 있습니다.

실무수행 5. 법인세관리

1. 조정후수입금액명세서

(1) [1.업종별 수입금액 명세서]

	①업태	②종목	코드	③기준(단순)경비율번호	수입금액 ④계(⑤+⑥+⑦)	내 수 ⑤국내생산품	⑥수입상품	⑦수 출
1	제조업	시계 및 시계 ᄇ	01	333000	3,653,600,000	2,953,600,000		700,000,000
2	도매 및 소매업	시계 및 귀금속	02	513931	481,000,000	481,000,000		
3	부동산업	비주거용 건물	03	701203	60,000,000	60,000,000		
	합 계		99		4,194,600,000	3,494,600,000		700,000,000

(2) [3.수입금액과의 차액내역]

부가가치세 과세표준 수입금액 차액검토 [상세보기]

부가가치세 과세표준	일 반	3,508,600,000
	영 세 율	700,000,000
	계	4,208,600,000
면 세 수 입 금 액		
합	계	4,208,600,000
수 입 금 액		4,194,600,000
차	액	14,000,000

수입금액과의 차액내역 [일괄작성]

코드	구분(내용)	금액	비고
22	사업상증여	2,000,000	
24	간주임대료	7,000,000	
25	유형자산 및 무형자산매각액	5,000,000	
50	차액계	14,000,000	

[실무수행평가] – 법인세관리 1

번호	평가문제 [조정후 수입금액명세서 조회]	배점	답
25	제품매출 국내생산품 수입금액	2	2,953,600,000
26	임대료수입(701203) 국내생산품 수입금액	2	60,000,000
27	수입금액과의 차액내역의 차액계 금액	3	14,000,000

2. 대손충당금 및 대손금조정명세서

(1) 전기 세무조정

- 전기대손충당금 한도초과액은 손금산입하며, 당기에 대손요건을 충족한 부인액도 손금산입한다.

(손금산입) 전기 대손충당금 손금추인 20,359,000 (유보감소)

(손금산입) 전기 대손금부인액 손금추인 7,000,000 (유보감소)

(2) [2.대손금조정]의 대손처리내역

① 8월 26일 대손처리내역

월	일	번호	구분	코드	계정과목	코드	거래처	적요	차변	대변
8	26	00001	차변	109	대손충당금			(주)천연산업 파산으로 인한	6,500,000	
8	26	00001	대변	108	외상매출금	00108	(주)천연산업	파산으로 인한 대손처리		6,500,000

➡ 파산으로 인한 대손요건을 갖추었으므로 시인액으로 처리한다.

② 12월 3일 대손처리내역

월	일	번호	구분	코드	계정과목	코드	거래처	적요	차변	대변
12	3	00001	차변	111	대손충당금			(주)수성산업 어음부도	5,000,000	
12	3	00001	차변	835	대손상각비			(주)수성산업 어음부도	9,000,000	
12	3	00001	대변	110	받을어음	00117	(주)수성산업	(주)수성산업 어음부도		14,000,000

| 1 | 2. 대손금 조정 | | | | | | | | | | |

	22.일자	23.계정과목	24.채권내역	25.대손사유	26.금액	대손충당금			당기손금 계상액		
						27.계	28.시인액	29.부인액	30.계	31.시인액	32.부인액
1	08-26	외상매출금	제품매출대금	파산	6,500,000	6,500,000	6,500,000				
2	12-03	받을어음	제품매출대금	부도	14,000,000	5,000,000		5,000,000	9,000,000		9,000,000

➡ **부도발생일로부터 6개월이 경과하지 않았으므로 손금불산입**한다.

(3) [1.대손충당금조정(채권잔액)]에 설정채권 입력

| 2 | 1. 대손충당금 조정 (채권잔액) | | | | □ 비고 사용 | 크게 |

	16.계정과목	17.채권잔액의 장부가액	18.기말현재 대손금 부인 누계액	19.합계 (17+18)	20.충당금 설정제외 채권	21.채권잔액 (19 - 20)
1	외상매출금	3,963,660,000		3,963,660,000		3,963,660,000
2	받을어음	146,000,000	14,000,000	160,000,000		160,000,000
	계	4,109,660,000	14,000,000	4,123,660,000		4,123,660,000

➡ 부도(부도확정일 20x1.12.3.) 발생 후 6개월이 경과하지 않았으므로 당기 대손금 부인액 14,000,000 원을 설정대상채권에 가산한다.

(4) [1.대손충당금조정(손금및익금산입조정)]에 대손충당금 조정입력

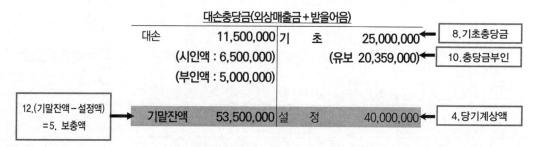

3	1. 대손충당금 조정 (손금 및 익금산입 조정)						설정률 수정

손금 산입액 조정	1. 채권잔액 (21의 금액)	2. 설정률	3. 한도액 (1 × 2)	회사계상액			7. 한도초과액 (6-3)
				4. 당기계상액	5. 보충액	6. 계	
	4,123,660,000	1	41,236,600	40,000,000	13,500,000	53,500,000	12,263,400
익금 산입액 조정	8. 장부상 충당금 기초잔액	9. 기중 충당금 환입액	10. 충당금 부인 누계액	11. 당기대손금 상계액 (27의 금액)	12. 당기설정 충당금 보충액	13. 환입할금액 (8-9-10-11-12)	14. 회사 환입액	15. 과소환입 과다환입 (△)(13-14)
	25,000,000		20,359,000	11,500,000	13,500,000	-20,359,000		-20,359,000

(5) [소득금액조정합계표]

손금산입	전기 대손충당금 손금추인	20,359,000원	유보감소
손금산입	전기 대손금부인액 손금추인	7,000,000원	유보감소
손금불산입	대손금 부인액(받을어음)	14,000,000원	유보발생
손금불산입	대손충당금 한도초과	12,263,400원	유보발생

[실무수행평가] - 법인세관리 2

번호	평가문제 [대손충당금 및 대손금조정명세서 조회]	배점	답
28	회사계상액 보충액	2	13,500,000
29	손금산입 총금액	2	27,359,000
30	손금불산입 총금액	3	26,263,400

3. 세금과공과금명세서

(1) [계정별원장 불러오기]를 이용한 손금불산입 항목 표기

No	①과목	②일자	③적요	④지급처	⑤금액	비고
1	세금과공과금(판)	01-05	인지세	구로구청	50,000	
2	세금과공과금(판)	01-30	자동차세	구로구청	360,000	
3	세금과공과금(제)	02-28	공장증축용 토지구입 취득세	구로구청	2,570,000	손금불산입
4	세금과공과금(판)	03-28	면허세	구로구청	61,000	
5	세금과공과금(판)	03-31	1분기 간주임대료	구로세무서	170,000	
6	세금과공과금(제)	04-25	자동차세	구로구청	752,100	
7	세금과공과금(판)	05-03	대표이사 개인차량 주차위반 과태료	구로구청	70,000	손금불산입
8	세금과공과금(판)	05-15	등록면허세	구로구청	210,000	
9	세금과공과금(판)	06-07	부가가치세 수정신고 가산세	구로세무서	756,000	손금불산입
10	세금과공과금(판)	06-30	2분기 간주임대료	구로세무서	170,000	
11	세금과공과금(판)	07-22	폐수배출부담금(의무불이행)	구로구청	1,570,000	손금불산입
12	세금과공과금(판)	07-25	재산세(건물)	구로구청	4,600,000	
13	세금과공과금(판)	08-05	면허세	구로구청	92,000	
14	세금과공과금(판)	08-30	법인균등분주민세	구로구청	150,000	
15	세금과공과금(판)	09-30	재산분 주민세	구로구청	3,200,000	
16	세금과공과금(판)	09-30	토지 재산세 납부	구로구청	2,500,000	
17	세금과공과금(판)	09-30	3분기 간주임대료	구로세무서	180,000	
18	세금과공과금(판)	11-17	산재보험료 가산금	근로복지공단	350,000	손금불산입
19	세금과공과금(판)	11-20	산재보험료연체료	근로복지공단	39,200	
20	세금과공과금(제)	12-21	자동차세	구로구청	468,000	
21	세금과공과금(판)	12-31	4분기 간주임대료	구로세무서	180,000	
			손 금 불 산 입 계		5,316,000	
			계		18,498,300	

(2) [소득금액조정합계표]

손금불산입	공장증축용 토지구입 취득세	2,570,000원	유보발생
손금불산입	대표이사 개인차량 주차위반 과태료	70,000원	상여
손금불산입	부가가치세 수정신고 가산세	756,000원	기타사외유출
손금불산입	폐수배출부담금(의무불이행)	1,570,000원	기타사외유출
손금불산입	산재보험료 가산금	350,000원	기타사외유출

[실무수행평가] – 법인세관리 3

번호	평가문제 [세금과공과금 명세서 조회]	배점	답
31	**손금불산입(유보발생) 금액**	2	**2,570,000**
32	**손금불산입(상여) 금액**	2	**70,000**
33	**손금불산입(기타사외유출) 금액**	3	**2,676,000**

4. 감가상각비조정명세서

〈기계장치(정률법)→내용연수 10년〉

세무상취득가액(A)		세무상 기초감가상각누계액(B)	
=기말 재무상태표상 취득가액	130,000,000	기초 재무상태표상 감가상각누계액	0
+즉시상각의제액(당기)	15,000,000	(−) 전기상각부인누계액	0
145,000,000		0	

미상각잔액(C=A−B)=145,000,000	
상각범위액(D)	세무상미상각잔액(C)×상각률(0.259)×11개월/12개월=34,425,416
회사계상상각비(E)	25,000,000원(상각비)+15,000,000원(즉시상각)=40,000,000
시부인액(D−E)	**부인액 5,574,584(손금불산입, 유보)**

〈비품(정률법)→내용연수 5년〉

세무상취득가액(A)		세무상 기초감가상각누계액(B)	
=기말 재무상태표상 취득가액	7,000,000	기초 재무상태표상 감가상각누계액	4,000,000
+즉시상각의제액(당기)		(−) 전기상각부인누계액	(843,000)
7,000,000		3,157,000	

미상각잔액(C=A−B)=3,843,000	
상각범위액(D)	세무상미상각잔액(C)×상각률(0.451)=1,733,193
회사계상상각비(E)	1,000,000원(상각비)
시부인액(D−E)	**시인액 733,193(손금산입, 유보추인)**

〈상표권(정액법)→내용연수 5년〉

세무상취득가액(A)		상각범위액(B)	
= 기말 재무상태표상 취득가액	6,000,000	상각률	1,200,000
6,000,000		0.2	
회사계상상각비(C)		1,200,000(상각비)	
시부인액(B – C)		0	

(1) [고정자산등록]

① 기계장치(취득일 20X1.2.7)

② 비품(취득일 2021.01.16.)

③ 상표권(취득일 20X0.07.01.)

☞무형자산은 직접법이므로 기초가액에 미상각잔액
(6,000,000 – 600,000)을 입력한다.

(2) [미상각분 감가상각조정명세]

① 기계장치(취득일 20X1.2.7)

합계표 자산구분		2	기계
상각계산의기초가액	재무상태표 자산가액 (5)기말현재액		130,000,000
	(6)감가상각누계액		25,000,000
	(7)미상각잔액(5 - 6)		105,000,000
	(8)회사계산감가상각비		25,000,000
	(9)자본적지출액		15,000,000
	(10)전기말의제상각누계액		
	(11)전기말부인누계액		
	(12)가감계(7 + 8 + 9 - 10 + 11)		145,000,000
(13)일반상각률, 특별상각률		0.259	
상각범위액계산	당기산출상각액 (14)일반상각액		34,425,416
	(15)특별상각액		
	(16)계(14+15)		34,425,416
	취득가액 (17)전기말 현재 취득가액		130,000,000
	(18)당기회사계산증가액		
	(19)당기자본적지출액		15,000,000
	(20) 계(17+18+19)		145,000,000
(21)잔존가액((20) × 5 / 100)			7,250,000
(22)당기상각시인범위액(16 단,(12-16)<21인경우 12)			34,425,416
(23)회사계산상각액(8+9)			40,000,000
(24)차감액 (23-22)			5,574,584
(25)최저한세적용에따른특별상각부인액			
조정액	(26)상각부인액(24+25)		5,574,584
	(27)기왕부인액중당기손금추인액(11,단11≤ㅣ△24ㅣ)		
(28)당기말부인액 누계(11+26-ㅣ27ㅣ)			5,574,584

② 비품(취득일 2021.01.16.)

합계표 자산구분		3	기타
상각계산의기초가액	재무상태표 자산가액 (5)기말현재액		7,000,000
	(6)감가상각누계액		5,000,000
	(7)미상각잔액(5 - 6)		2,000,000
	(8)회사계산감가상각비		1,000,000
	(9)자본적지출액		
	(10)전기말의제상각누계액		
	(11)전기말부인누계액		843,000
	(12)가감계(7 + 8 + 9 - 10 + 11)		3,843,000
(13)일반상각률, 특별상각률		0.451	
상각범위액계산	당기산출상각액 (14)일반상각액		1,733,193
	(15)특별상각액		
	(16)계(14+15)		1,733,193
	취득가액 (17)전기말 현재 취득가액		7,000,000
	(18)당기회사계산증가액		
	(19)당기자본적지출액		
	(20) 계(17+18+19)		7,000,000
(21)잔존가액((20) × 5 / 100)			350,000
(22)당기상각시인범위액(16 단,(12-16)<21인경우 12)			1,733,193
(23)회사계산상각액(8+9)			1,000,000
(24)차감액 (23-22)			-733,193
(25)최저한세적용에따른특별상각부인액			
조정액	(26)상각부인액(24+25)		
	(27)기왕부인액중당기손금추인액(11,단11≤ㅣ△24ㅣ)		733,193
(28)당기말부인액 누계(11+26-ㅣ27ㅣ)			109,807

③ 상표권(취득일 20X0.07.01.)

합계표 자산구분		4	무형자산(
상각계산의기초가액	재무상태표 자산가액 (5)기말현재액		4,200,000
	(6)감가상각누계액		
	(7)미상각잔액(5-6)		4,200,000
	회사계산상각비 (8)전기말누계		600,000
	(9)당기상각비		1,200,000
	(10)당기말누계액(8+9)		1,800,000
	자본적지출액 (11)전기말누계		
	(12)당기지출액		
	(13)합계(11+12)		
(14)취득가액(7+10+13)			6,000,000
(15)일반상각률,특별상각률		0.2	
상각범위액계산	당기산출상각액 (16)일반상각액		1,200,000
	(17)특별상각액		
	(18)계(16+17)		1,200,000
(19)당기상각시인범위액(18,단18≤14-8-11+25-전기28)			1,200,000
(20)회사계산상각액(9+12)			1,200,000
(21)차감액(20-19)			
(22)최저한세적용에 따른 특별상각부인액			
조정액	(23)상각부인액(21+22)		
	(24)기왕부인액중당기손금추인액(25,단 25≤ㅣ△21ㅣ)		
부인액누계	(25)전기말부인액누계(전기26)		
	(26)당기말부인액누계(25+23-ㅣ24ㅣ)		

(3) [감가상각비조정명세서합계표]

①자산구분		②합계액	유형자산			⑥무형자산
			③건축물	④기계장치	⑤기타자산	
재무상태표상액	(101)기말현재액	141,200,000		130,000,000	7,000,000	4,200,000
	(102)감가상각누계액	30,000,000		25,000,000	5,000,000	
	(103)미상각잔액	111,200,000		105,000,000	2,000,000	4,200,000
(104)상각범위액		37,358,609		34,425,416	1,733,193	1,200,000
(105)회사손금계상액		42,200,000		40,000,000	1,000,000	1,200,000
조정금액	(106)상각부인액 ((105) - (104))	5,574,584		5,574,584		
	(107)시인부족액 ((104)-(105))	733,193			733,193	
	(108)기왕부인액 중 당기손금추인액	733,193			733,193	

(4) [소득금액조정합계표]

손금불산입	기계장치 감가상각비 상각부인액	5,574,584원	유보발생
손금산입	비품 감가상각비 손금추인액	733,193원	유보감소

[실무수행평가] – 법인세관리 4

번호	평가문제 [감가상각비조정명세서합계표 조회]	배점	답
34	손금불산입(유보발생) 소득처분 금액	2	5,574,584
35	손금산입(유보감소) 소득처분 금액	3	733,193
36	무형자산의 기말현재액(101)	2	4,200,000

5. 가산세액계산서

(1) 가산세액계산서

각 사업연도 소득에 대한 법인세분		토지 등 양도소득에 대한 법인세분		미환류소득에 대한 법인세분	
(1) 구 분	(2) 계 산 기 준	(3) 기 준 금 액	(4) 가산세율	(5)코드	(6) 가 산 세 액
지출증명서류	미 (허위)수취 금액	6,000,000	2/100	8	120,000

계산서 합계표	미제출	공급가액	32,000,000	2.5/1,000	18	80,000
	불분명	공급가액		5/1,000	19	
세금 계산서 합계표	미제출	공급가액		5/1,000	75	
	불분명	공급가액		5/1,000	76	
소 계			32,000,000		20	80,000
합 계					21	200,000

① 지출증명서류 미수취 가산세 계산

※ 가산세 : 6,000,000원×2% = 120,000원

계정과목	금 액	가산세 대상여부
여비교통비	70,000원	**법정증빙 제외대상(가산세 제외)**
소모품비	1,000,000원	가산세(세금계산서 발급대상 간이과세자) 대상
교육훈련비	3,000,000원	법정증빙 제외대상(가산세 제외)
수수료비용	5,000,000원	가산세 대상(일반과세자로부터 세금계산서 수취대상)

② 기타 가산세 계산

구 분	해 당 금 액	계 산 내 역
계산서 합계표 미제출	32,000,000원	32,000,000원×0.25% = 80,000원 (1개월 이내에 제출하였으므로 0.25% 적용)

(2) 법인세과세표준 및 세액조정계산서

① 각 사 업 연 도 소 득 계 산		101.결산서상당기순손익	01	100,000,000	④ 납 부 할 기 기	120.산 출 세 액(120=119)			18,000,000
	소득금액조정금액	102.익 금 산 입	02	150,000,000		121.최저한세 적용대상 공제감면세액	17		
		103.손 금 산 입	03	50,000,000		122.차 감 세 액	18		18,000,000
	104.차가감소득금액(101 + 102 - 103)		04	200,000,000		123.최저한세 적용제외 공제감면세액	19		
	105.기 부 금 한 도 초 과 액		05			124.가 산 세 액	20		200,000
	106.기부금한도초과이월액 손금산입		54			25.가 감 계(122-123+124)	21		18,200,000
	107.각사업연도소득금액 (104+105-106)		06	200,000,000		126.중 간 예 납 세 액	22		

[실무수행평가] – 법인세관리 5

번호	평가문제	배점	답
37	[가산세액계산서 조회] 지출증명서류 미수취 가산세액	2	120,000
38	[가산세액계산서 조회] 계산서 합계표 미제출 가산세액	2	80,000
39	[법인세과세표준 및 세액조정계산서 조회] 125.가감계 (세율 2억이하 9%, 2억초과 19%)	3	18,200,000
	법인세관리 소계	35	

저자약력

■ **김영철** 세무사

· 고려대학교 공과대학 산업공학과
· 한국방송통신대학 경영대학원 회계 · 세무전공
· (전)POSCO 광양제철소 생산관리부
· (전)삼성 SDI 천안(사) 경리/관리과장
· (전)강원랜드 회계팀장
· (전)코스닥상장법인CFO(ERP. ISO추진팀장)
· (전)농업진흥청/농어촌공사/소상공인지원센타 세법 · 회계강사

로그인 TAT 1급 기출문제집
세무정보처리(Tax Accounting Technician)

6 판 발 행 : 2025년 3월 13일
저   자 : 김 영 철
발 행 인 : 허 병 관
발 행 처 : 도서출판 어울림
주   소 : 서울시 영등포구 양산로 57-5, 1301호 (양평동3가)
전   화 : 02-2232-8607, 8602
팩   스 : 02-2232-8608
등   록 : 제2-4071호
Homepage : http://www.aubook.co.kr

저자와의
협의하에
인지생략

ISBN   978-89-6239-983-7   13320   정 가 : 18,000원